终极品牌

价值与信用创造的秘密

Ultimate Branding

The Trinity Rule for
Creating Value and Credit

蒋海峰 ◎著

中国财经出版传媒集团

经济科学出版社
Economic Science Press

·北京·

图书在版编目（CIP）数据

终极品牌：价值与信用创造的秘密 / 蒋海峰著. --
北京：经济科学出版社，2024.6
ISBN 978-7-5218-5882-2

Ⅰ.①终…　Ⅱ.①蒋…　Ⅲ.①品牌战略—研究　Ⅳ.
①F272.3

中国国家版本馆CIP数据核字（2024）第094787号

责任编辑：朱明静
责任校对：王苗苗
责任印制：邱　天

终极品牌
价值与信用创造的秘密
ZHONGJI PINPAI
JIAZHI YU XINYONG CHUANGZAO DE MIMI
蒋海峰　著

经济科学出版社出版、发行　新华书店经销
社址：北京市海淀区阜成路甲28号　邮编：100142
编辑部电话：010-88190489　发行部电话：010-88191522
网址：www.esp.com.cn
电子邮箱：esp@esp.com.cn
天猫网店：经济科学出版社旗舰店
网址：http://jjkxcbs.tmall.com
固安华明印业有限公司印装
710×1000　16开　17.5印张　240000字
2024年6月第1版　2024年6月第1次印刷
ISBN 978-7-5218-5882-2　定价：98.00元
（图书出现印装问题，本社负责调换。电话：010-88191545）
（版权所有　侵权必究　打击盗版　举报热线：010-88191661
QQ：2242791300　营销中心电话：010-88191537
电子邮箱：dbts@esp.com.cn）

前言

　　商业文明从本质上讲就是人类协作共生的范式，商业活动从本质上讲无外乎是价值创造、信用解码（也即价值告之）与价值交易三种行为。通常所谓的营销——价值告之与信用解码是促成价值交易的关键环节，当交易行为越来越高频时，这种告之／解码的成本就必须足够低，否则交易行为本身就会变得不经济，频次就会大大受限。因此，伴随着人类商业文明的演进，用于信用解码和昭示价值密度的信用符号就自然而然地诞生了，从图腾、纹章、印章、勋章，到奢侈品、金银、货币、商标、品牌等，都是人类用于识别价值密度的信用符号。所以，一个企业如何成本最小化地解码和展示自己的信用就是营销，这也是商业实践中最本质的元问题。

品牌不是从来就有的，也不会永远存在，它是人类商业文明进入工业化时代的产物。此时商品供应极大丰富且同质化严重，品牌就是在这种背景下出现的。品牌的本质是一种信用标签，是企业创造的客户价值在消费者心智中的留痕，具有功能属性、心理属性、信仰属性的"三一律结构"。企业的营销活动在本质上就是价值告知和信用解码的行为，但这里有个隐含的前提，即产品确实是有客户价值的，如果对没有客户价值的东西去营销，那就是欺骗。作为信用标签的品牌当然不能脱离客户价值独自存在。研究品牌就必须先研究如何创造客户价值，也就是产品和服务，以及企业的使命、愿景和价值观。工业化时代的学术研究者们不自觉地把品牌定性为营销的工具，甚至片面地将品牌理解为就是做广告，以此为出发点衍生出了大量"品牌理论"和"概念"：品牌形象、品牌个性、品牌—客户关系、品牌体验、品牌社群，以及文字钩、视觉锤、大创意之类的方法论。但品牌实际上是对价值的映射，是在消费者心智中积累而成的信用，是结果而不是原因。而且，品牌不是战术层面而是战略层面的问题，确切地说，品牌战略和企业战略是一体两面的东西。

　　本书开篇两个章节主要回顾了人类创造价值的历程，以及与之对应的，运用种种信用符号工具来解码信用促成交易的历程。品牌战略本质上是由创造价值和信用解码两个部分构成的，所以在本书第三章和第四章，我们通过产品战略和传播战略两个部分来阐述。世界上不存在抽象的价值，所有的价值都必须有载体，也就是产品或服务。产品和服务本质上都是针对人性需求提供的某种解决方案，传统经济学理论中则常用"效用"这个词来表达。本书就是试图揭示如何洞察人性的需要，以及如何来提供解决方案，或者说如何打造出伟大的产品和服务，这部分内容我们称之为"产品战略"。随后的"传播战略"主要揭示如何有效地进行价值告知（或信用解码）。

在本书第五章，也就是最后的部分，我们展望了品牌的终局与文明的未来，当人类文明迈入智能化时代，万物互联和人工智能技术也在重塑人们创造价值和信用解码的方式。工业化时代的商业文明是一种供需双方的若即若离的单向关系，中间隔着渠道、分销、代理等环节；而在万物互联和 AI 赋能的智能化时代，供需双方已经演变成双向直连、高频互动的关系，甚至连供与需的角色也开始模糊和融合。效率驱动的品牌已经被大型的电商平台所取代，价值驱动的高势能品牌则逐渐被人格化 IP 所取代。因此，我们需要从更宏大的格局来重新审视品牌现象，以及它未来的归宿。相信通过本书阐述的这个隐藏在商业现象背后的"价值和信用三一律法则"，可以赋能企业家们的商业实践，将人类的商业文明推向新的高峰。让我们借助这个全新的方法论和视角，一起去看到更大的世界，看见更远的未来。

第一章　价值创造简史

一、贸易：人类的协作共生…………………………003

二、信仰：人类需要意义感…………………………009

三、战争：秩序的优胜劣汰…………………………013

四、科技：人类对大自然的掌控……………………019

五、金融：信用的流动循环…………………………028

六、文明：输出增量价值的秩序……………………035

拈花时刻……………………………………………038

第二章　信用符号简史

一、图腾、印章与纹章………………………………043

二、金银、货币与区块链……………………………049

三、商标与品牌………………………………………055

四、工业时代的品牌理论 ···································· 059

五、跨学科视角审视品牌现象 ······················· 079

拈花时刻 ··· 106

第三章　价值与信用创造

一、需求洞察：人的本质、经济周期与价值网络 ··············· 109

二、价值与信用的载体：企业家、企业、产品（服务）、

品牌 ·· 114

三、价值的创造：产品战略 ·························· 141

四、信用解码——营销战略 ·························· 160

拈花时刻 ··· 183

第四章　管理品牌资产

一、品牌资产的核心要素 ····························· 189

二、品牌定位 ··· 206

三、时间维度上的品牌：生命周期与滞后效应 ············· 214

四、空间维度上的品牌：区域品牌与全球化品牌·················223

五、品牌资产的估值·················228

拈花时刻·················234

第五章　品牌的终局与文明的未来

一、品牌淡出，人格 IP 崛起·················239

二、商业的未来：从碎片化的商品、服务到完整的

　　美好生活方式·················244

三、万物互联：重塑人类文明和宇宙的关系·················252

拈花时刻·················258

附录　图片、版权和文献说明·················259

参考文献·················262

后　记·················267

CONTENTS

Chapter 1 A Brief History of Value Creation

Trade: Collaboration and Symbiosis... 003

Faith: Man is Searching for Meaning 009

War: The Survival of the Fittest Order.. 013

Science & Technology: Human Control Over Nature......................... 019

Finance: The Circulation of Credit 028

Civilization: The Order of Sustainable Growth................................ 035

A Moment of Inspiration... 038

Chapter 2 A Brief History of Credit Symbols

Totems, Seals and Coat of Arms.. 043

Gold and Silver, Currency and Blockchain...................................... 049

Trademarks and Brands... 055

Brand Theory in the Industrial Age.. 059

Examine the Brand Phenomenon from an Interdisciplinary

    Perspective 079

A Moment of Inspiration... 106

Chapter 3 Value and Credit Creation

The Insight of Demand:

    The Fundamentals of Human Nature, Economic Cycles and Value-Net...... 109

Carriers of Value and Credit:

    Entrepreneurs, Enterprises, Products/Services, and Brands................. 114

Value Creation: The Product Strategy... 141

Credit Decode: Marketing Strategy.. 160

A Moment of Inspiration... 183

Chapter 4 Managing the Brand Equity

The Core Elements of Brand Equity.. 189

Brand Positioning.. 206

Time Dimension: Life Cycle and Lag Effect 214

Spatial Dimension:

    Regional Brands and Global Brands 223

Valuation of the Brand Equity... 228

A Moment of Inspiration... 234

Chapter 5 The Endgame of Brands and the Future of Civilization

The Brand Fades Out, and the Influencer Rises 239

The Future of Commerce:

    From Goods and Services to a Complete Lifestyle........................... 244

The Internet of Everything:

    Reshape the Relation Between Human Civilization and the Universe.. 252

A Moment of Inspiration... 258

Appendix   About the Illustrations, Copyrights

    and References.. 259

References.. 262

Postscript 267

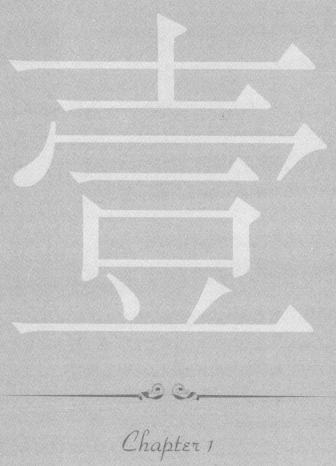

Chapter 1

A Brief History of Value Creation

价值创造简史

　　人类商业文明的本质就是创造价值和交换价值，而创造价值的能力会形成一个人或一个组织的信用；在人类协作的过程中，如何创造价值固然是永恒的主题，但对彼此信用的识别也一直不可或缺，人们都希望用最低的成本找到并获得自己需要的价值。所以，商业演进的终极趋势就是不断创造新价值，不断降低协作成本。为了让读者更容易理解这一高度抽象的底层逻辑，我们有必要快速回望一下有文字以来几千年人类商业文明中的价值创造和信用识别的历程。为了不至于迷失在漫无边际的宏大叙事之中，在本章中我们拣选出那些促进价值创造的催化剂因素：贸易、信仰、战争、科技、资本，审视它们是如何推动人类价值创造的。

一、贸易：人类的协作共生

Trade: Collaboration and Symbiosis

　　约公元前 1000 年开始，人类社会逐渐出现了三种最主要的交流互动模式：贸易、战争、宗教。贸易活动是人类，尤其是在农耕文明、游牧文明、海洋文明等不同生产和生活方式过渡和交界的区域，自发出现的价值交换行为。大多数历史悠久的城市，比如地中海沿岸的城邦，欧洲历史上汉萨同盟的城市，中国西部丝绸之路上的古国、边镇，西南茶马古道上的集镇，北方长城沿线的边城，都是贸易活动最频繁的地区。也可以说，正是频繁的商贸活动催生了这些城镇，它们因商业活动而兴盛，也有不少因贸易活动减少而衰败乃至成为死城。贸易的本质是价值交换，是人类协作共生的最基本的形态，也是最公平的方式。抽象地说，就是身处不同地理环境、不同生产方式和生活方式中的人群，用各自创造的价值去换取自己需要的价值。从历史上来看，如果因为某种原因一方停止和拒绝贸易，那么往往会爆发战争，所以说：贸易终止之时即战争开始之日。中国历代王朝的历史中有一个不变的主题：中原的农业文明和西部的高原部落、北部的草原民族、东北部的森林部落、南部的百越部落后裔以及来自东南沿海外来势力之间的贸易与战争交替的历史。每当贸易和互市被中央王朝叫停的时候，就会爆发武力冲突。比如当中原王朝禁止长城沿线以内的百姓和长城以外的游牧民族互市的时候，长城以外的游牧民族就会出现粮食短缺，没有布匹、丝绸、铁器类生活用品的情况，如果再赶上天灾等，那这些游牧民族就会突破长城防线到中原王朝的地盘上抢掠生存资源；当中央王朝实行海禁的时候，东南沿海就会出现"倭寇"对百姓进行骚扰和劫掠。事实上这些所谓的倭寇有好多原本是从事海上贸易的商人和渔民，甚至有好多就是沿海地区的中国人。蒙古帝国横跨欧亚的武力扩张以及西欧历史上的多次十字军东征，表面上看是野蛮民族洪水猛兽一样的随机行为，但客观上看是一种在打通亚欧大陆贸易通道的努力，如果没有后续源源不断的商业行为带来的财富作为支撑，那么无论是蒙古的黄金家族还是十字军骑士团都不太可能为了纯粹的信仰去拼命。这也解释了为什么蒙古大汗窝阔台接班后，越来越倚重精于算计和敛财的西域人奥都剌合蛮，让他掌管帝国的财政大权，而逐渐疏远满腹诗书、道德高尚的肱骨元老耶律楚材。而东征的各路十字军中的圣殿骑士团，后来则干脆干起了金融放贷的生意。

13世纪，在德意志北部城市之间形成了欧洲历史上著名的贸易组织——汉萨同盟，最初的成员主要是北欧的港口城市，后来普鲁士和利沃尼亚的各城邦也加入同盟。汉萨同盟主要交易的货物为盐、青鱼、咸肉、粮食、酒类、呢绒、羊毛、毛皮和铁铜锡等金属制品，在事实上疏通了原料产地与加工地之间的连接。后来随着来自北方丹麦和来自南方勃兰登堡的军事威胁扩大，汉萨同盟甚至开始组建自己的海军，许多贸易城市为获得安全保障也加入了汉萨同盟。1368~1370年，汉萨同盟的联合舰队击败丹麦，迫使丹麦签订《施特拉尔松德和约》。该和约的签订扩大了汉萨同盟对波罗的海、北海的贸易以及对斯堪的纳维亚的控制，也维护了贸易的顺畅和秩序。鼎盛时期汉萨同盟的结盟城市多达160多个。

1793年10月3日，远渡重洋的英国使团在马戛尔尼的带领下到北京觐见乾隆皇帝，他提出了与中国相互贸易和通商的请求，并提出了六条具体方案，但都被乾隆皇帝拒绝了。乾隆皇帝在致英王乔治三世（King George Ⅲ）的敕书中说："天朝统驭万国、抚有四海、物产丰富，无所不有，原不籍外夷货物，以通有无"，^①四十多年之后，英国东印度公司把林则徐的禁烟行动看成侵犯英国商人的私人财产，为了获得与巨大的中国市场自由贸易的机会，以要求赔偿鸦片贸易的损失为由，用军舰和大炮打开了清帝国的大门，武力迫使清政府签订了《南京条约》，赔偿西方商人的鸦片损失2 100万两白银，并开放广州、福州、厦门、宁波、上海五口通商，还在条约中要求清政府保护西方商人在中国贸易的权利。

对于商人这个群体来说，发现市场需求，然后去采购商品、交易商品（一般说成是低买高卖），就是他们的工作，所以只要有价差存在，在他们眼里世界就是一个大市场，所有人都是潜在的客户。世界范围内的贸易体系最早出现于16世纪的大航海时代，当时绝大多数人相信大地是有尽头的，最能折腾和搞事的北欧海盗们也从未想过远距离航行，他们担心航行到地球的边缘会掉入无尽深渊。但哥伦布掌握的知识让他相信地球是圆的，他计划从海上航行去寻找"遍地是黄金和香料"的印度。当时的英格兰商人试图寻找西北航道，计划经过北亚到达东方，但尝试许多次之后都失败了。想从海上到达东方的不止哥伦布一个人，幸存者偏差让哥伦布成了人类历史上的英雄。但让他成就如此丰功伟业的既不是什么伟大的宗教信仰，也不是什么英雄主义的梦想，唯一的动机就是想发一笔横财。当时的奥斯曼帝国横亘东西方，挡住了西欧诸国和东方通商的必经之路，如果谁能从海上打通东西方直接贸易的路径，就如同获得了开启宝藏洞穴的咒语。

16~18世纪的中国特别需要白银，而西欧各国特别需要中国的茶叶、瓷器、丝绸、漆器，刚刚加入全球贸易交换体系盛产白银的美洲

---

① 徐中约.中国近代史（第1卷）[M].计秋枫，朱庆葆，译.茅家琦，钱乘旦，校.香港：香港中文大学出版社，2001.

开始向欧洲输送白银，之后这些白银继续向阿拉伯世界、远东流动。当时以中国和印度为代表的亚洲是全球农业文明的制高点，处于全球贸易中的价值创造中心。据记载，1608年荷兰东印度公司订购了十万多件中国瓷器。除了一小部分会被再卖到其他欧洲国家，大部分瓷器会出现在荷兰人的餐桌和陈列柜中。人们普遍希望拥有更高级、更优雅的生活方式。英国伦敦凭借其四通八达的地理位置成为全国的商业中心和各种商品的集散地。通过泰晤士河，伦敦可以与西欧大陆进行贸易，从这里沿海上航道可以到达北欧的斯堪的纳维亚半岛，通过波罗的海到达东欧各地，通过比斯开湾和地中海到达南欧。随着美洲的发现和新航道的开辟，英国与东方的贸易越来越频繁。

17世纪以来，随着欧洲资本主义的诞生，西欧各国工业和城市力量日益强大，土地这一传统封建领主们财富的象征逐渐被金银所取代，而只有通过商业和贸易才能够给人们带来金银。获取顺差成为欧洲各国在对外贸易中追逐的目标。18世纪，英国经济学家亚当·斯密提出"重商主义"的概念："财富由金银或货币构成"，"增加金银"应当是一个国家政治经济的首要目标"，而达成目的两大手段是"奖励输出和阻抑输入"。现在回看斯密的建议，本质上是说强国的途径是要让国家创造出的价值大于消费掉的价值，也就是追求增量财富。重商主义为后来的工业革命和日不落帝国的形成奠定了基础。18世纪，大多数西欧国家的税收来自关税和货物税，海外贸易需要国家的军力护航，所以新兴资本主义国家的政府就有充分的理由支持对外的贸易和商业活动。一旦由于商业利益引起战争，各国政府会直接参与招募、组织战争和筹集战争资金。此刻，政府俨然成为服务于商业和贸易的组织，与几百年前的汉萨同盟简直异曲同工。

此时的中国和印度虽然开始受到西方世界的影响，但依旧各自沉浸在自己的存量世界里。中国正值明朝，朝廷的海禁非常严格，不允许百姓私自出海，开放的只有朝贡贸易。之后的清朝开始实行"闭关锁国"的政策。中国与世界隔绝，文化、经济、科学无法和世界接轨，清朝统治者为了维护统治，压制汉族反清复明的力量，对于西方传过来的热兵器和先进武器都加以封藏和管制，禁止使用和传播，也禁止仿制和研发。明清两朝陆续由西方传教士带到中国的各种先进科学技术和知识被中国皇帝斥之为"奇技淫巧"，遭到冷遇和扼杀，中国开始落后于西方。由于中国清政府闭关政策的影响，欧洲各国的对华贸易一直存在严重的逆差，林则徐的禁烟行动彻底激怒了英国的东印度公司。于是第一次鸦片战争爆发，中国也就开始逐渐沦为列强的半殖民地。随着西方的崛起，世界的面貌被彻底改变。西方人对东方的神秘、向往的观念发生了转变，中国和印度在西方的眼里成了愚昧、守旧、落后的老古董。工业革命之后，海陆运输网络和信息网络加强了各个大陆之间的联系，逐步建立起以西方为中心的资本主义世界体系。有意思的是：传统的连接欧亚的丝绸之路沿线国家、城邦从此逐渐衰落，阿拉伯世界作为东西方贸易枢纽的地位烟消云散了。自从1883年英国马克沁爵士发明的机枪投入战场之后，那些曾经横扫欧亚草原的彪悍游牧民族们就再也无法对文明国家构成实质性的威胁了，他们的领地却逐渐沦为大英帝国和俄国沙皇的殖民地。新崛起的欧洲资本主义国家，对内迅速完成工业化进程，对外加快殖民地的扩张。这些欧洲国家在殖民地攫取廉价原料，加工生产成商品后又高价销往殖民地。对于率先工业化的国家，这是一个正向的经济循环。海外市场的扩大刺激着国内制造业的发展，而国内不断升级的产业化又驱动着国家进一步向海外殖民的步伐。

英国学者李约瑟在其著作《中国科学技术史》中提出一个问题："尽管中国古代对人类科技发展作出了很多重要贡献，但为什么科学和工业革命没有在近代的中国发生？"这个问题困扰了中西学者很多年。由于中国自身就是世界上最大的单一市场，所以有着超强的稳定性，对外贸易产生的税收对于中央帝国的税收来说无足轻重。根据前文所述，西欧各国的体量都不大，所以对外贸易构成政府税收的大头，因此西欧各国基本都是外向型经济。正是这种重商主义的本质，促使 17 世纪的英国形成了君主立宪制、责任内阁制，建立了资产阶级和新贵族的统治结构。资产阶级通过国家政权制定和推行了一系列符合自己利益的政策与制度，其中私有产权的确立使得私人经营的产业及其收入有了合法的保障，激发了个人获取增量财富的动力，促进了工商业的发展。而在中国，由于朝廷—各级官僚—地方乡绅这个长期稳定的三角形政治结构存在，本质上是一个存量博弈的结构，商人群体一直无法在这个政治结构体系中占有一席之地，只能依附于官僚和乡绅系统而存在，《金瓶梅》中的西门庆就是这种典型的商人角色。现实中富可敌国的晚清商人胡雪岩则是依托封疆大吏左宗棠才大富大贵的，之后又瞬间倾覆于左宗棠的政敌朝廷重臣李鸿章的政治权谋。所以，自由贸易、私有产权的确认，商人群体的政治话语权，是让西方资本主义崛起和发生工业革命的本质原因。

二、信仰：人类需要意义感
Faith: Man is Searching for Meaning

德国思想家卡尔·雅斯贝尔斯（Karl Jaspers）提出 [1]：公元前 600 年至公元前 300 年间，是人类文明的"轴心时代"。"轴心时代"的空间维度是在北纬 25 度至 35 度区间。这个现象的本质是：人类从原始狩猎、采集的生产方式进入农耕文明，一些社会精英，也就是有闲暇时间的贵族、祭司、教师们，开始思考人生、自然、宇宙的意义是什么？它们之间的关系是什么？如何面对痛苦和生死？轴心时代诞生了四大文明——中国的儒、道思想，印度的印度教、佛教，耶路撒冷地区的一神教，希腊的哲学和理性主义。涌现出了一大批思想巨人：孔子、孟子、老子、庄子、释迦牟尼、苏格拉底、柏拉图、亚里士多德和犹太先知们，他们都提出了自己对人类、对自然和宇宙的思考和态度，他们的思想如同火炬般照亮了此后几千年的人类，其中不少思想逐渐形成了宗教。人类和低等动物的最大区别就是：人类是需要意义才能生存的动物，宗教和信仰，正是为人类提供了意义感。

无论是信仰哪一种宗教的国家，人们都会把凝聚了最高工艺技术、艺术想象力和集体协作水平的创造物首先奉献给至高的神明，然后是世俗社会中的宗教领袖，然后是社会组织中的国王，然后是官员、富豪等精英阶层。比如 16 世纪至 17 世纪初重建的梵蒂冈圣彼得

---

[1]　Jaspers K. Origin and Goal of History [M]. Routledge Revivals, 2011.

大教堂是意大利文艺复兴时期规模最宏大的建筑。达·芬奇、米开朗琪罗、拉斐尔等艺术家都参加了建筑的设计、建造、装饰工作。梵蒂冈收藏了大量文艺复兴乃至古希腊罗马时期的珍贵艺术品和图书文献。因为在东罗马帝国被灭国之后，梵蒂冈成为教皇栖身的地方，也是全世界基督教的中心，所以整个西方世界最高水平的工艺匠人、艺术家和财富都像被磁石吸引一样集聚到这里。这些大师的创造力通过宏伟高耸的教堂，美轮美奂的庭院广场、私家花园、华服、首饰、家具、餐具、艺术陈列品等呈现出来。所以直到今天，无论是奢侈品、时装、建筑、园林，意大利的设计美学依然是西方设计领域的巅峰。

如果说佛教、伊斯兰教、儒家思想和基督教在农业文明阶段分别为印度、阿拉伯世界、中国和欧洲的价值创造带来巨大的动力和精神引导，那西方文艺复兴之后开始的宗教改革则直接激发了资本主义的诞生和工业革命，而加尔文教义则是宗教改革后形成的新教精神的基础。

1509 年 7 月 10 日，加尔文出生在法国大教堂城市努瓦永（Noyon），14 岁时他进入欧洲领先的教育机构巴黎大学学习神学，为担任牧师做准备。在那里，他沉浸在文艺复兴、人文主义和学术的原则中。他是一位严肃而博学的年轻人，凭借勤奋、天赋逐渐成为一位自学成才的神学家。1534 年，加尔文搬到当时作为新教大本营的瑞士巴塞尔隐居学习。法国国王在 1535 年 2 月发表公开信，指控新教徒煽动无政府主义，这是任何政府都无法容忍的。加尔文感到有必要为信仰进行辩护，为此，他在巴塞尔写下了《基督教要义》（*Institutes of the Christian Religion*），书前附有一封给法王的信。书中的文辞典雅庄严，对新教立场作了极其有力的阐述，驳斥国王的诽谤，维护新教的信仰。当时欧洲的新教信徒们还没有人能用如此清晰、严谨、有力的语言阐述新教信仰。这本著作后来成为宗教改革时期最重要的一本书。在书中他论述了新教信仰的基础，并为新教改革派对圣经的解释提出了令人信服的理论基础，而年仅 26 岁的加尔文则一跃成为法国新教领袖。

加尔文认为财富不是坏东西，正确使用财富可以有很积极的意义。商业是人们摆脱贫困的最佳途径，人类应该努力创造财富，有权享用自己的劳动果实，并通过创造财富来荣耀上帝。人类的生活应该由一种明确的工作伦理来平衡，这种伦理提倡责任义务，要求正确地过安息日，以便荣耀造物主。人们维持生计的方式不仅包括生产和创造，也包括基于财富和金融方面产生的利润，上帝规定这些财富与金融方面的利润只能成为慈善和再投资的工具，而不能用来从事破坏与邪恶的行为。信奉加尔文思想的投资者既追求资本增值，也从事慈善事业。人类之所以要工作，不是为了赎罪，而是以上帝的名义变得更富有。如果一个人将自己（或自己的家庭）视作全部生活的目的，那么财富只能通过自利行为得以积累。然而，如果一个人将荣耀上帝作为使命，将慈善作为他的责任，那么他的财富也会给他人带来利益。而且，这样的慈善行为与其说是在天堂获得报酬的凭据，不如说是一种对造物主感恩的印记，因为人只能拥有上帝愿意给予的东西，当上帝慷慨赐予我们财富时，这财富应该用来分享给我们周围的穷人。

我们可以看到，加尔文的教义为后来西欧的重商主义和资本主义的出现提供了理论先导。此前，几乎没有任何宗教人士或哲学家像加尔文那样将经济现象与精神救赎这一宏大的主题直接联系起来。对这位思想改革者来说，财富只是人类获得救赎的一个媒质，它既不是慈善的载体，也不是邪恶的工具。这种拒绝使物质财富工具化的做法与中世纪思想形成了鲜明的对照。加尔文的贡献在于：首次把对于基督的信仰和人类的生存方式广泛结合起来，而不是仅涉及精神层面，即基督徒必须通过工作、经济劳动和金钱来荣耀上帝，这就释放出了基督教信众和社会中的一直被埋藏的巨大潜能，也即对生产力的解放。加尔文的神学教义已超越宗教扩展到商业伦理与商业实践中，加尔文的思想不仅影响了现代经济理论的发展，而且还重塑了政府、家庭、个人生活等方方面面的观念。他主张财富与财产都是上帝创造出来的，只要承认财富的管理权是上帝授予的，人类就能够对诸如利润、商业、财富、资产等问题持正确态度。欧洲的新教改革引发了思想革命，为现代资本主义的诞生奠定了理论基础。新教传播的世界观强调个人勤奋、节俭，热爱工作，强调个人责任，从道德上认可冒险，认可个人享受富足但也宣扬慈善，这种世界观打破了欧洲中世纪一直宣扬的"现世受苦，天国享福"的传统心理定式。加尔文逝世后的40余年里，他的教义成了日内瓦和瑞士工商业发展的一股强劲动力。很快这种思想的力量又蔓延到法国、荷兰、英格兰、苏格兰，后来也成为美国的立国思想。在加尔文教影响下尼德兰爆发了资产阶级革命，建立了欧洲第一个资产阶级共和国——荷兰共和国。17~18世纪的欧美政商精英基本都是加尔文主义者。由加尔文教精神引出的新工作伦理学改变了世界。

加尔文的宗教改革和新教伦理对于西方资本主义和工业化的巨大推动也让我们发现这样一个事实：宗教和世俗生活，或者说和经济学不应被视为两个相互独立的领域。相反，世俗社会的财富观源自宗教信仰。金融和商业思想不过是宗教信仰的一种延伸。因此，我们要从约翰·加尔文的圣经视角审视金融、商业和经济行为，这与之前人们观察一个人的行为是否和道德、信仰冲突一样，让人们分辨出什么样的商业决策和商业行为与信仰是保持一致的？什么样的商业决策和商业行为是有罪的或有违道德的？从先后的逻辑顺序上看是这样的：从宗教信仰产生出经济学和商业伦理，从经济学和商业伦理产生出政治制度，政治制度决定了个人的经济决策和行为，而个人的经济决策和行为则构成了一个地区和社会的宏观经济的繁荣和衰落。人类文明的历程就是信仰和实践之间不断相互促进、相互塑造，更新、迭代的过程。

三、战争：秩序的优胜劣汰

War: The Survival of the Fittest Order

几千年来的人类历史揭示出了一个现象，人们总是首先将最高科技的能力应用于军力，然后才是生产、生活领域。比如说火药、金属冶炼，一开始是为了制造兵器。这也符合经济规律，将最稀缺的资源用在"回报"最大的事情上。显然，对于劫掠者来说，抢夺是最便利的获取财富的方式；而对于守卫者来说，为了保卫自己的财富和生活方式，抵御和反击侵略者就是最重要的事。这个事实从今天欧洲各国王室在隆重场合上的服饰就可以看出端倪——几乎都是各种样式的戎装，这也显示出"胜者为王"的历史渊源。下图为当年英国查尔斯王子和戴安娜的婚礼场面，可以看到查尔斯王子身着戎装，而不是像平民百姓那样穿礼服。

自古以来，战争是人类各区域经济组织之间优胜劣汰的一种机制。这个所谓的经济组织包括部落、民族、城邦、国家等利益共同体。甚至连商业组织，比如历史上欧洲的汉萨同盟和东印度公司，为了保护自己的贸易秩序和利益多次发起战争。战争的背后是经济和财力的比拼，所以，只有强大的经济造血能力才能保证战争的胜利。具有强大和可持续的经济造血能力则显示出一种更优的秩序。

人类历史上曾经出现过的两个版图最大的帝国：一个是蒙古帝国，另一个是大英帝国。13世纪蒙古草原上崛起的成吉思汗如旋风般横扫亚欧大陆，瞬间建立起了一个庞大的帝国，可不久就分裂成

查尔斯王子和戴安娜王妃的婚礼场面

欧洲王室的直系成员（不含王妃、夫人等）在隆重场合一般都会身着军装，在历史上，国家君主也是军队的最高领导人。在君主立宪的体制下，这些头衔已不具有实质性权力，仅存象征性意义。但在重大政治、外交场合和国家的庆典上，王室的直系成员仍然要身着军装，因为他们各自都有不同的荣誉军衔。

注：本书中所有图片均来自公共图片网站，具有知识共享（CC0）协议，图片具体来源见本书附录"图片、版权和文献说明"。

四个汗国，相互独立，14世纪中叶以后，四大汗国就逐渐衰落消失，破碎成后来的俄罗斯、独联体和中亚各国的前身，真可谓是来也匆匆去也匆匆。另一个是大英帝国：从17世纪中叶开始到19世纪全世界大约四分之一的人口是大英帝国的臣民；约3 000万平方千米的土地，大英帝国的领地占世界陆地总面积的五分之一。那时正是维多利亚女王时代（1837~1901年在位），她的头衔全称是"大不列颠及爱尔兰王国女王和印度女皇"。到1914年第一次世界大战前，英国所辖殖民地的面积已是其本土面积的140多倍。当时的英国经济昌盛，科学、艺术、文学高度发达，已经成为主导国际秩序的力量。英国的生活方式（如英国贵族的下午茶）也从那时候开始成为当时英属殖民地精英阶层所追逐效仿的对象。

后来的美国、英联邦国家和一些其他国家，无论在政治体制、法律、科学、教育、艺术、交通、天文等各个领域都可以找到源于英国维多利亚时代的印记。第一次工业革命的爆发让西欧成了世界的价值创造中心，工业力量的发展不只拓展了西欧各国的贸易版图，也促使其军事、政治影响力遍布全球，此后这些国家就被称为"西方列强"和"发达国家"。1750年西方列强的生产量占全球生产总量的27%，在1860年占63%，在1953年占94%。[1]两次工业革命将全球贸易的障碍彻底扫清，不过，贸易扩张和利益分配并不是公平和遵守道义规则的，国家实力决定一切。世界开始分为列强和殖民地两个阵营，要么是刀俎要么是鱼肉。这些率先完成工业化的国家将世界上其他国家和地区当成它们的商品倾销市场和廉价原料来源地、廉价生产基地，而自己只控制关键的核心技术工艺、设计、规则、标准和资本。位于价值链条中利润最丰厚的顶端。由此，落后的非工业化国家和地区被动地卷入全球贸易体系中。1800年欧洲列强大约控制了全球约35%的土地，到1935年他们也已经控制了全球大约84%的土地。[2]这种影响力的扩张当然不是依靠西方传教士和商人的力量，而是依赖于各列强国家的远洋舰队和武力威慑。

至今人类历史上最空前惨烈的两次世界大战，本质上是率先完成工业化的列强国家们在重新分配利益版图的争斗。此时，美国也加入了西方列强的阵营，并最终坐得渔翁之利成为继英国之后的世界领袖。直到二战结束前的雅尔塔会议，西方列强才完成了对全球市场的重新分配。国际政治后面的两个主要驱动因素就是金融资本和贸易秩

---

① 阿尔文·托勒夫. 第三次浪潮［M］. 北京：中信出版集团，2018.

② Jones, Vincent. Manhattan: The Army and the Atomic Bomb [M]. Washington, D. C.: United State Army Center of Millitary History, 1985.

序，世界大国的政局、政策也会反过来影响到全球的贸易和经济，甚至导致战争的爆发。本书中作为品牌案例分析的许多知名企业都曾经或仍然在从事军工制造的业务：保时捷在二战时为德国军队研发了装甲车和虎式坦克；劳斯莱斯的飞机发动机公司在二战时为英国空军制造喷火战斗机，二战后成为英国国防部的专属供应商；美国的波音公司、通用电气公司也一直是为美国国防部服务的供应商。

第二次世界大战期间，美国为了破译轴心国的电报密码以及研制出威力更大的武器，需要算力更大的工具。为此，美国陆军决定制造一个"超级大脑"去解决复杂运算，这个需求催生了电子计算机。战后为满足大学中研究工作对计算机的需求，美国国家科学基金会（National Science Foundation，NSF）在阿帕网（ARPAnet）的基础上进行大规模扩充，建立起主干网络（NSF NET），计算机的使用范围才得到大面积扩张。此后美国各大学、公司又出于更多信息使用的需求，相继建立起自己的局域网，进一步推动了互联网的形成。此后，更大范围的商业使用推动了信息化时代的到来。计算机和互联网一旦成为生产力工具，就大大推动了人类的商业和经济。同样，战争期间，在为了制造原子弹而发起的曼哈顿工程中，美国政府雇用了全职员工 12.9 万人，耗费了 21.91 亿美元。[①] 二战结束以后，美国政府决定继续核能的研究，将在战争期间的实验室转变成同时为军用和民用而研究核能的国家实验室。1954 年，苏联在奥布宁斯克建成世界上第一座原子能发电站，装机容量为 5 000 千瓦。1956 年与 1957 年，英国与美国也相继建成了核电站。2020 年核电发电量约占全球发电量的 10%。[②]

---

① Nichols, Kenneth David. The Road to Trinity: A Personal Account of How America's Nuclear Policies Were Mad [M]. New York: William Morrow and Company. 1987.

② 争议中的核电：前进还是后退？［EB/OL］.世界经济论坛，https://cn.weforum.org/agenda/2023/09/nuclear-energy-contented/, 2023-09-04.

1961 年 5 月 25 日，上任仅仅 4 个月的美国总统肯尼迪便发表演讲，提出要在 60 年代结束之前把美国宇航员送上月球。他还特意补充了一句："我们之所以选择登月，并不是因为这件事很容易，而是因为它很难。"当年负责阿波罗计划的 NASA 局长詹姆斯·韦伯（James Webb）曾经请求再拨出一笔经费用于太空环境研究，肯尼迪总统不耐烦地打断了他："我们所做的一切都是为了比俄国人更早登上月球，否则我们绝不会花费这么多钱，因为我对太空不怎么感兴趣。"就在肯尼迪发表演讲一个多月前的 4 月 12 日，苏联刚刚完成了第一次载人太空飞行，尤里·加加林（Yuri Gagarin）成为第一个进入地球轨道的人。肯尼迪发表登月演讲的时候，NASA 甚至还不知道那样一枚火箭能否造得出来，但肯尼迪仍然执意选择登月作为决胜"冷战"的制高点，因为月球是全体人类共同的图腾，登月是一件不需要任何解释的、显示国家实力的壮举。

1969 年 7 月 20 日，美国宇航员尼尔·阿姆斯特朗（Neil Armstrong）小心翼翼地走出登月舱，迈出了自己的一小步，人类的一大步。只是他不知道，是美国和苏联的"冷战"促成了这一切。阿波罗计划的成功震惊了全世界，美国一举取代苏联占据了人类科技能力的制高点。根据事后的统计，当时的阿波罗计划一共花费了 254 亿美元，大约相当于今天的 2 570 亿美元。[①] 但阿波罗计划也从另一个方面帮助人类把自己连接成一个整体，这就是个人电脑和互联网技术的兴起。当年阿波罗计划所用的电脑极为原始，"阿波罗 11 号"携带的电脑内存只有 36 千字节，自重却高达 17.5 磅。为了提高电脑性能，同时减轻自身重量，美国宇航局（NASA）决定出资让一个叫"仙童"（Fairchild）的半导体公司研发集成电路技术，并订购了 100 万

---

① Dreier, Casey. An Improved Cost Analysis of the Apollo Program [J]. Space Policy, 2022(May).

个这样的集成电路板，其实这已经超过自身需求的 10 倍了。这个大订单成就了"仙童（Fairchild）"半导体公司。后来这家公司的两位技术人员离开公司自立门户，一位成立了一家名为"英特尔"（Intel）的芯片公司，另一个位离开后成为苹果公司的第一个投资人和乔布斯的商业导师。小型化个人电脑从此登上了世界舞台。除此之外，台式计算机、无线通信、智能手机和互联网等新科技归根到底都得益于阿波罗计划对人类科技能力天花板的突破。一鲸落，万物生。人类任何突破性的高科技成果，都会像飞流直下三千尺的瀑布，滋养、成就无数个位居下游的商用场景的应用技术领域。所以从某种意义上来说，军工产业和战争的需求引领了科技的发展，也间接促进了人类的价值创造和商业文明。

四、科技：人类对大自然的掌控
Science & Technology: Human Control Over Nature

　　漫长的农业文明时代，人类的科技发展非常有限，这也表现为印度和中国这两个东方大国的超稳定结构，王朝的更迭并没有带来生产力的进步。而西方则笼罩在漫长的中世纪的死气沉沉之中。人类文明的微弱曙光来自印刷机的发明。15世纪初，欧洲的金属匠已经掌握了木版印刷和雕刻的技术。古登堡就是其中的一位金属匠。1440年，古登堡在一本叫《企业与艺术》的书中揭示了他的印刷机的秘密。1448年，古登堡在他的姐夫阿诺德·盖尔图斯贷款帮助下正式开始组装印刷机。1450年，古登堡的第一台印刷机投入使用，印刷出了举世闻名的42行圣经。关于这版圣经最可靠的信息来自一封教皇庇护二世写于1455年的信。在信中他夸赞说："《圣经》文本印制得非常工整、清晰，非常便于阅读——陛下不需要戴眼镜就可以毫不费力地读出来。"42行圣经的印量大约为150册，其中40册为羊皮，其余为纸本。多数42行圣经用于教堂诵经台，而非私人阅读，这是由于纸本售价高于普通家庭能接受的程度。古登堡发明印刷机以前，人类的书籍基本上都是手抄本。佛罗伦萨的书商曾雇用了45个抄写员，专门为美第奇家族的菲耶索莱修道院图书馆抄写了200本著作。而明朝皇帝朱棣下令编撰的《永乐大典》则是由2 169名书法高手耗时5年才抄写完成的，共计3.7亿个小楷字，都是用明代官用的馆阁体楷书一笔一画抄写而成的。其实，在古登堡的印刷机面世之时已有大量基础技术传入欧洲，为古登堡的创新奠定了基础。其中最重要的两项技术——造纸术和雕版印刷术早已由中国人发明出来，并随着贸易、战争传入欧洲。

1460年，印刷技术流传到了意大利、荷兰、瑞士、法国；1473年，第一批印刷厂在布达佩斯、克拉科夫、巴塞罗那建立；印刷术于1476年由威廉·卡克斯顿（William Caxton）带到英国。印刷术普及之后，书籍的价格便开始大幅度下降，随着印刷规模的扩大，书籍的价格渐渐降低至平民百姓能够接受、承担得起的水平。表面上看古登堡印刷术的发明只是对出版业产生了较大的影响，但实际上却极大推动了人类的文明进程。不仅经典著作得到了广泛传阅，一些新思想和新学术成果也得到了传播。随着欧洲人文化水平的普遍提高和阅读内容的日益丰富，欧洲人的思想也逐渐活跃了起来。此时的欧洲正处于文艺复兴时期，印刷术的普及进一步推动了文艺复兴的发展，也成为欧洲工业革命和资产阶级崛起的必要条件。

一直以来，全球学术界一直在追问：为何是喜欢四处劫掠的盎格鲁—萨克森民族开启了工业革命，而不是爱好和平、内敛和擅长劳作生产的中国人率先发起工业革命？其实原因有以下两个方面。

第一，海盗传统的文化在本质上是要获得增量，不满足存量，不甘于内卷。所以他们愿意四处冒险、探索和远程航海去攫取财富，也因此航海民族发现了新大陆和通往东方的海上航线，为工业革命的发生进行了原始积累。之后，这种不断向外扩张和探索的生存模式又为工业革命之后源源不断的工业产品找到新的倾销市场和廉价原料产地。

第二，因为航海民族常年要在狭小的船上空间共存，共同面对不可预料的恶劣天气、迷失航路、断水、断粮等风险，完成漫长的远洋航行，所以船上的每一个人都非常重要，必须尊重船上每一个人的权利，要制定出非常明确的、兼顾所有人利益的规则，甚至对于受伤船员的利益和对死亡船员家庭的经济补偿，都有明确的规定。而船上所有的人也都必须尊重规则和秩序，否则就会被丢弃到海里。不断向外探索寻求增量，尊重每一个个体的权利，尊重规则和契约精神——这三个品质恰恰是工业社会的基石。

　　第一次工业革命发生于18世纪的英国，是以蒸汽机作为动力被广泛使用为标志的，技术对生产力的推动从纺织业开始。使用机器进行生产是工业化的核心，仿佛推倒了第一张多米诺骨牌一样，随着纺织机器的问世，净棉机、梳棉机、漂白机也相继诞生，整个棉纺织业彻底实现了工业化。工业化的纺织业效率大约是同时代中国和印度手工纺织效率的一百倍，生产效率的提高使得棉纺织品成为英国出口的主要商品。1820年，棉纺织品作为英国最大的工业产品，占据了出口商品的一半。蒸汽机的制造需要铁，其燃料主要为煤。这也促使重工业发生了技术革新。蒸汽机衍生出鼓风机、碾压机、抽水机、凿井机，极大地促进了采煤业、采矿业的效率。铁矿石开始成为重要的资源。从此，人类不仅进入了蒸汽时代，也跨入了钢铁时代。大规模的机器制造又要求运输和物流能力的提高，由此蒸汽机技术又被应用到交通运输领域，新发明的蒸汽机车最高时速可达47千米，1825年9月27日，在英国北部的斯托克城，一辆承载着450名乘客和90吨货物的"旅行者号"蒸汽机车缓缓驶出站台，世界第一条铁路正式通车，人类迈入了"火车时代"。1830年，史蒂芬逊的蒸汽机车"火箭号"以平均每小时14英里的速度，将一列火车从利物浦牵引到曼彻斯特。铁轨道路开始铺设在荒野之上，机车忙碌穿行在城市之间，英国迅速完善了全国的铁路网。1886年，卡尔·本茨发明了世界上第一辆内燃机汽车。汽车扩大了人类的活动范围。在海上航行中，蒸汽机与船的结合出现了汽船。1838年，汽船开始征服大西洋："天狼星号"和"大西方号"汽船分别以16天半和13天半的时间朝相对的方向越过大西洋，所用时间仅为之前速度最快的帆船航行时间的一半。

到 1850 年，汽船已在运送旅客和邮件方面超过帆船，成功重塑了人类的远洋航运市场。

标准化和量产是工业化的主要特征：大量生产必须做到标准化和流程细分。标准化投射到生产层面就是制造标准的、可替换的零件，然后以最少量的手工劳动把这些零件装配成完整的产品。1913 年，亨利·福特在制造 T 型汽车时搭建出世界上第一条汽车流水装配线。组装汽车的过程被分解成很多个细小的作业单元，每个工人只负责很小的一部分装配作业。相比之前的手工作坊式的做法，即一个或几个工人负责一辆汽车从头到尾的组装工作，这种细致的工序分割带来了巨大的效率提升，连汽车底盘的装配时间都从 18 小时 28 分钟缩短到 1 小时 33 分钟。[①]这一创举使 T 型车的年产量共达到了 1 500 万辆，缔造了一个至今仍未被打破的世界纪录。汽车工业迅速成为美国的一大支柱产业。在福特自传中，他指出一个单元的生产可分成 7 882 道工序。在这些专业化的工作中，有 949 种要求"身强力壮，体格经过全面锻炼的男工"，有 3 338 种是需要"普通"的身体结实的男工，其余大部分工作一般男女工都能胜任。高度专业分工的工作，使工人如高速运转的齿轮，效率大大提高。

工业带来的集中化也催生了城市化进程，原来以农业、牧业为生的农村人口涌向城市，转变为工业劳动力，成为城市居民。城市居民的剧增推动了原有城市的扩张并形成了新兴工业城市。蒸汽机的使用和工厂的聚集把英国许多传统乡镇转变为工业城市，比如原本经济落后、人烟稀少的西北地区成为棉纺织业和煤铁工业中心，迅速发展涌现出一批大型工业城市，如曼彻斯特、伯明翰、利物浦、格拉斯哥、纽卡斯尔等。

1844 年 5 月 24 日，美国国会大厦的会议厅内，莫尔斯用一连串

---

① 阿尔文·托勒夫.第三次浪潮［M］.北京：中信出版集团，2018.

的点、横等符号给64千米以外的巴尔的摩发出电报——后来被称为莫尔斯电码，另一端的盖尔接收到人类历史上第一份电报："上帝创造了何等的奇迹"。1895年，意大利人马可尼也成功收发了无线电电报。4年后，他又成功进行了英国至法国间的电报传送。1902年，首次进行横越大西洋的无线电通信。之后，无线电报迅速投入商用，人类对电的应用及电报的出现打开了工业化时代的信息渠道。在远距离传播中将物理世界和信息世界融合，使人与人之间的信息沟通效率空前提高，对商业和整个人类文明产生了巨大影响。

19世纪早期，人们发现了电磁感应现象，根据这一现象，对电作了深入的研究。在进一步完善电学理论的同时，科学家们开始研制发电机。1866年，德国科学家西门子制成了一部发电机，后来几经改进，逐渐完善，到19世纪70年代，实际可用的发电机问世。电动机的发明，实现了电能和机械能的互换。随后，电灯、电车、电钻、电焊机等电气产品如雨后春笋般地涌现出来。电力工业和电器制造业迅速发展起来，人类跨入了电气时代。

随着内燃机的广泛使用，石油的开采量和提炼技术也大大提高。1870年，全世界只生产了大约80万吨石油，到1900年已猛增至2 000万吨，① 化工业迅猛发展，从煤炭中提取的各种化合物，塑料，人造纤维先后被应用到人类的生活之中。炸药的发明，大大促进了军事工业，使得战争的残酷性大大高于冷兵器时代。比如马克沁机枪的发明就彻底改变了人类战争的规则。19世纪末，在一场英国人和非洲土著的冲突中，五十几名英军士兵仅凭四挺马克沁机枪，就击溃了五千多名非洲土著的冲锋和围攻。

由于铁路、蒸汽船以及电报的使用，人类的商品流通发生了巨变：利用铁路、汽船，货物几天之内就能横穿海洋大陆。通过电报，

---

① 苗延波.公司的历程［M］.北京：知识产权出版社，2012.

商业信息可以快速传递到全国乃至全世界，商品生产者们不再局限于本国市场。19 世纪后期到 20 世纪中叶，美国取代英国成为世界第一工业强国。在钢铁、汽车、化工、机器设备、飞机制造、电气产品、医药以及军事装备等制造业的各个领域，其生产规模和出口份额，都位居世界前列，成为世界工业品出口的重要基地。世界上第一家近代连锁店——大西洋和太平洋茶叶公司（A&P 公司）自 1859 年成立于美国，之后便以每年近 100 家的速度增长扩张。随着业务的扩张，公司产品线扩大到咖啡、香料等。1900 年的时候公司已经有 200 家实体店，1912 年开始提出"便利店"的概念，1915 年扩张到 1 600 个店面。到 1925 年已经拥有 1.4 万家便利店，成为全世界最大的连锁店。1930 年的年销售额达到 29 亿美元，拥有 1.6 万个店面。[1] 公司总部对如此多的分店和巨大的市场实行统一价格、统一管理。在工业革命之前，生产的主要目的是满足人们的自用需求，多出的部分才会用于贸易或交换。前者占比很大，后者占比甚少。而工业革命之后，不同于以往东方自给自足的农业经济和西欧传统的工匠作坊，资本逐利的本能促使他们为了进行贸易并获得财富而进行机械化大生产，这是一个高度精细化分工、大量生产的工业经济。分工进一步细化，形成了一张巨大的协作价值网络，人人都得依赖别人生产的商品、提供的服务。

1946 年，人类历史上第一台电子计算机在美国费城问世。此后，随着计算机"二进制"的出现，计算机内部的数据组织形式得以明确，物理机器内部数据交互运行的难题也得到了解决。从形成数据，到汇聚成信息，再到衍生成知识，乃至人类知识的智能化发展，都始于计算机的诞生，它为信息革命提供了基本的物理条件。随着个人电

---

[1] Levinson, Marc. The Great A&P and the Struggle for Small Business in America [M]. New York: Hill and Wang, 2011.

脑的普及和互联网的出现，人类从工业时代进入信息时代。信息革命始于 20 世纪 60 年代的美国硅谷，随着个人电脑、互联网、智能手机的普及，几乎所有东西都实现了与互联网之间的相连。全球化的协作也更密切了。线上世界与物理世界的深度融合是信息革命的主要特点，在线上和实体网络中，物流、制造等各细分层面全面打通，商业交易的效率空前提高，供需双方的关系从粗放、简单逐渐走向精细化、多样化，一些过去无法被满足的小众需求便通过网络上的积聚被筛选、挖掘出来，新的需求又逆向驱动供应端进行细分化。随着信息技术的不断发展，价值的交易行为逐渐转移到线上，与此同时，线上商业又会反过来刺激线下物理世界的商业不断演化，加速了彼此之间的互动和融合。

"万物互联，实时互动"将成为未来人类社会最主要的形态。随着信用识别和信用追溯越来越简单，人与人之间的信任越来越容易建立。其他一切上层建筑也将被彻底重塑。人类的语言、文字、货币、纹章、品牌，本质上都是为了让更大范围内的陌生人之间更加容易地建立信任和协作关系。而万物互联时代才让人类的互信和协作最终成为可能。所以说，信息革命是全球化的基础。脸书、微信、微博、亚马逊、TikTok 这样的互联网平台在短短的几年内就覆盖了全球人口的大多数。21 世纪初出现的云计算、AI 自动学习大模型等崭露头角，把人类带到了一个人工智能大爆炸的时代。继电脑和互联网之后，人工智能将是下一个推动人类经济增长的生产力工具。云计算和人工智能将重塑人类的生产方式、生活方式、社会运行机制。未来 20 年创新的核心都在于如何将这两项技术创造性地应用于不同的场景，从而带来新的价值创造。每一次的技术革命，都是把人与自然关系中的主导权交还给人自己。人类把乏味的、重复性、单纯体力消耗的工作都移交给机器和工具，而专注于需要发挥创造性、审美、诗意情怀的更具人性的工作。

二战时，"曼哈顿计划"的领导者范内瓦·布什（Vannevar Bush）曾经给美国总统写了一个报告，就是后来广为人知的小册子《科学，无尽的前沿》，[①]布什在这篇报告前言里指出："我们民族中开创精神仍然是早期蓬勃的。开创者有完成他的任务的工具；科学则为它提供了广阔的尚未开发的内地。这种探索给与整个民族和个人的报酬是极大的。科学的进步是我们国家的安全、我们身体的更加健康、更多的就业机会、更好的生活水准以及文化进步的一个重要的关键。"他在报告中明确建议总统："美国必须优先发展基础研究。基础研究将导致出新的知识。它提供科学上的资本。它创造了这样一种储备，而知识的实际应用必须从中提取。……今天，基础研究已成为技术进步的带路人，这比以往任何时候都更加明确了。……一个在新的基础科学知识方面依靠别国的国家，其工业发展将是缓慢的，在世界贸易竞争中所处的地位将是虚弱的，而不管它的机械技术如何。"美国在科技和国力上的领先，不得不说应该感谢范内瓦·布什这样伟大科学家的远见。

20世纪40年代计算机刚刚发明的时候，IBM的首席执行官说全世界只需要几台计算机就够了。时至今日，计算机已经成了整个人类社会最基础的设备，其实每个智能手机就是一台微电脑，而新能源汽车特斯拉，本质上就是有四个轮子的电脑系统，与其说马斯克在造车和传统车企竞争，不如说他在搭建大数据入口，为未来和他的脑机接口、太阳能城市、星链系统、X平台、Space X等模块打通做准备，编织成覆盖未来人类生活方式的价值网络。当重复单调的记忆和运算工作被人工智能取代之后，创意和创造力便成为人类的主要价值创造方向。人类的价值创造网络和协作共生方式将发生彻底改变，人类终

---

① 范内瓦·布什，拉什·D.霍尔特.科学：无尽的前沿［M］.北京：中信出版集团，2021.

于可以摆脱为生存而消耗体力和健康的工作。相信对于技术的正当使用，或者说将技术用于创造价值而不是灭失价值，会让人类的未来更美好。我们可以看到几千年来人类文明在风起云涌、潮起潮落的变迁后面的底层逻辑：每一次的技术创新和突破都会为人类的价值创造带来新的可能性，当一种新的底层核心技术出现后，会围绕着它逐渐生成一个崭新的商用价值网络，而这个网络中的每个节点又会刺激周围生长出更加细密的微观价值网络。这种机制最终会自下而上重塑人类的生产方式、生活方式和文化形态。

五、金融：信用的流动循环

Finance: The Circulation of Credit

20世纪20年代，英国考古学家莱纳德·伍尔利爵士在发掘旧巴比伦文明城市乌尔的过程中，发现了在乌尔存在最早的"华尔街"，据判断，当年这里是一个由大量交易员和金融中介组成的金融场所。《汉谟拉比法典》中规定大麦借贷的常用利率是年化33.333%，银子借贷的利率为年化20%。这个惯例成为古巴比伦沿用了1 200年的法定利率上限。[①]法典中规定、设立了具体的法律保障体系，强调了私人的财产权，保障了商业行为的有序操作和执行。没有这种制度环境，契约将会失去意义。人们普遍认为，1407年在威尼斯出现的银行是世界上最早的银行。到了17世纪，西欧的一些商人通过经商获得了财富积累，他们把多余的金钱存放在国王的铸币厂里。那时实行"自由铸币"制度，铸币厂允许顾客存放黄金，任何人都可以把金块拿到铸币厂里铸造成金币。然而，铸币厂属于国王，存在里面的黄金相当于是给国王准备的储备资金。1638年，英国国王查理一世同苏格兰贵族爆发战争，征用了铸币厂里平民的黄金。这让商人们意识到，自己的财产放在铸币厂具有一定风险。商人们于是转而将他们的黄金存到金匠手中，用凭证存取黄金则成为一种全新的交易方式。拿凭证兑换黄金方便了商人做生意，也让金匠看到了"商机"。由于存

---

① 威廉·戈兹曼. 千年金融史［M］. 北京：中信出版集团，2017.

放者不会在同一天来取走黄金，金匠就有机会制造一些假凭证，人为放大了自己的黄金储备。通过做假凭证，金匠可以加速资金借贷的流转速度，从中赚取丰厚的利息收益。事实上，只要控制好"真凭证"与"假凭证"的比例，资金就能够一直正常流动，这便是现代银行的起源。

16 世纪中期，欧洲最富有的城市是安特卫普，这里是世界各地货物的交易市场和中转站：来自东方的香料、英国的呢绒、德国的金属制品和织物、法国的葡萄酒、西班牙的羊毛、荷兰的青鱼、波罗的海地区的小麦等，都会运到这里进行交易。随着美洲白银的大量涌入，这里也成为一个世界性的金融市场。1531 年，安特卫普交易所开始营业。在一些专业经纪人的帮助下，投资者可以在这个交易所中进行金融和商品交易。为保持价格变动的连续性，投资者必须每天都在交易所报价。1532 年，西班牙国王查理五世命令当地的官员把交易习俗编成一本法典，以保证金融合约的履行。这大概是世界上最早的金融交易规则了。1537 年和 1539 年，查理五世颁布法令，宣布票据的背书、票据的持票人条款和合约到期前向第三方转让行为有效，至此，一个支持金融交易的法律体系诞生了。在安特卫普的集中交易创造了史无前例的投机机会。市场上出现了操纵胡椒、铜等贵重商品价格的组织。政治事件是市场打赌的重要标的。以政府的外汇期权公告为证，外汇汇率也成了投机对象。与此同时，一些较小的商人进行着谷物的远期交易。就像安特卫普的汇率一样，小麦和黑麦每天都有报价。这些合约，有向生产者支付预付款的季节性交易，有支付一定费用取消合约的定期性交易，还有预先支付一笔费用以获取权利在特定时期按固定价格购买或出售一定数量谷物的交易。类似远期、期权的衍生品交易还大量出现在青鱼等大宗商品中。这些发明都是现代华尔街金融产品的初始萌芽，本质上都是将固化的信用流动化，对冲掉在空间、时间维度上存在的商业风险。

在越来越频繁的远洋贸易中，风险也是一个首先要面对的问题。从欧洲出发，到亚洲、美洲做一趟生意，周期超过 18 个月，可能会死掉 20% 的水手。只要船开出港口，就如同把钱投在了一个黑匣子里，只有等到返回才知道成功与否。如何通过准确的风险定价和利益分配激励船员愿意冒险，保证业务的稳定运营，又不损害投资者的利益？英国、荷兰、法国都在尝试通过创造"利益共享、风险共担"机制来解决这些问题。世界上最早的股份有限公司制度诞生于 1602 年，即在荷兰成立的东印度公司，它首次在全国筹集 6 500 万荷兰盾，选举董事 60 名。① 随着股份公司的诞生和发展，以股票形式集资入股的方式也得到发展，并且产生了买卖、交易转让股票的需求。1611 年，有一些商人开始在阿姆斯特丹买卖、交易荷兰东印度公司的股票，形成了世界上第一个股票交易所。

航海贸易不但风险远高于传统工商业，其产权与经营也复杂得多。一艘货船出海，途中要经过数次货物倒手，以往沿用的流水记账法开始暴露出弊端。1494 年，意大利人卢卡·帕乔利（Lucca Pacioli）在威尼斯出版了一本数学教科书《概述：算术、几何、比例和比率》，书中他首次详尽阐述了复式记账法。复式记账法能清晰呈现资金来源与去向，任何一种财务活动都可以被分为两种分类账进行记录。一种分类账反映"借"，另一种分类账反映"贷"。从此复式记账法成为当代金融会计的基石，其核心是：资产等于负债加所有者权益的等式，两者必须时刻保持相互平衡，这样就可以实时监控进行中业务的动态变化。这种动态变化恰恰揭示了货币的时间属性和增值过程，也带给人类一个更清晰的认识：能带来增值的货币就是资本，这可以说是"资本主义"概念的理论萌芽。随着复式记账法的普及和

---

① De Vries, Jan. The First Modern Economy: Success, Failure, and Perseverance of the Dutch Economy, 1500–1815 [M]. New York: Cambridge University Press, 1943.

推广，资本这个概念开始被广泛接受。在更广泛的意义上，它对人类如何看待社会、看待自身也产生了影响：人们开始根据账户和收支记录来思考这个世界。例如，一个人、一个家庭、一个组织，再不是一个孤立的事物，它们其实是一系列周期性信用输入与价值产出的系统，是可以量化的财务模型。

1689 年，英国对外有与法兰西的战争，对内有爱尔兰和苏格兰试图分裂的争端。内忧外患之下国家财政出现亏空。尽管当时的国王威廉三世征收了各种杂税，仍旧满足不了日益增加的财政开支。1694年 8 月，以威廉·帕特森为首的一批伦敦金融家承诺向政府提供 120万镑贷款；作为回报，国王允许这些贷款人成立一家银行，该银行从政府那里获得授权发行银行券——纸币，但发行总额不得超过其总资本。英格兰银行就此宣告成立。英格兰银行成立的目的是为政府提供有保障的贷款，这种贷款后来变成为长期国债。正因为这笔贷款，英国的财政危机得到了完美解决。18 世纪初，英国持续卷入对外战争，巨大的军事开支促使政府不断从民间借款，英格兰银行再次为国家提供贷款，由于它对政府的大力支持，王室授予的特许权被一再地延长，最后成为无限期。英格兰银行的成立，本来只是政府为应对债务危机的临时之举。然而 1844 年，首相罗伯特·皮尔颁布了《银行规章法》，英格兰银行成为中央银行，基本垄断了货币的发行权，进一步明确了其对国家金融的领导地位。得到国家支持的英格兰银行资金充裕，通过买卖有价证券，有效控制了货币的流通量，对稳定金融市场发挥了巨大的作用。

此后的英国，人们逐渐习惯于把钱存在银行。银行为其开立账户，并在信用账上支付其各项支出。闲置的钱被集中起来，银行会把这些钱循环投入流通。英国人看待货币已经不同于当时许多国家如中国、西班牙、奥斯曼土耳其的人们眼中的物理资产，英国人认为，货币是银行负债（存款和准备金）的总和，是资本、是信用。这种资本和信用应该像血液一样流动、循环在市场这个生命体上，并且流动得越顺畅、循环得越快速越好。正是因为这种认知上的提升，以英格兰银行为核心的英国金融体系逐渐吸纳了源源不断的美洲贵金属，并把它们变成了带动经济和军力增长的动能，最终击败了坐在美洲财富上享受奢华生活的西班牙，成为新的世界霸主。随着人们对金钱和财富的认识发生了深刻变化，如何让货币流动起来成了资本家思考的问题，金融资本也就此诞生。工业革命所产生的对铁路、矿山、造船、机械、纺织、军工、能源等新兴行业空前巨大的融资需求，与传统金匠银行的古老低效和极为有限的融资能力之间产生了日益强烈的矛盾。以罗斯柴尔德家族为代表的新兴金融资本主导了现代金融业的历史走向，1818~1852 年，罗斯柴尔德家族在欧洲的五处分支机构的总资产从 180 万英镑上升到 950 万英镑。[①] 此后世界上发生的重要事件，无论是产业领域、政治领域，甚至战争和领土纠纷，都可以若隐若现地看到金融资本的影子如幽灵一样闪现其间。

工业革命开始之前，重商主义为商业资本的繁荣和发展提供了依据和动力。那个时期商人和资本家表现出对黄金、白银的疯狂追求，人类早期的重商主义主要是基于存量价值交换的商业资本主义。而工业资本主义则是以实体产业为基础，以科技进步作为推动力，创造出巨大的增量价值。工业集中化大生产催生了城市化，城市规模不断扩大。1870 年以后，随着科学技术的巨大进步，工业生产的迅速发展，企业的规模越来越大，需要的资本也就越多，于是大航海时代就出现的股份公司开始在工业革命期间得到进一步发展。随着股份公司的蓬勃发展，资本与生产迅速集中。美国出现了一次范围广大的企业兼

---

① Ferguson, Niall. The Ascent of Money: A Financial History of the World [M]. New York: the Penguin Press, 2008.

并浪潮。1895~1905 年，超过 1 800 家制造企业合并重组。① 从纺织到钢铁，从炼油到化工，大量工业托拉斯诞生。在类似 J.P. 摩根主导的大规模的横向并购中，美国国内第一次拥有了资本金上亿美元的企业。并购带来了规模效应，降低了固定成本，那些濒临破产的公司又焕发出生机。在那个时代，出现了美国第一批专业投行：1854 年成立的 J.P. 摩根、1858 年成立的雷曼兄弟、1869 年成立的高盛。他们帮助企业融资，推动企业上市，将整个产业发展成为庞大的企业组织，比如许多铁路公司、标准石油、美国电话电报（AT&T）、美国钢铁和通用汽车，帮助美国创造了可以统治世界的产业结构。1900 年，摩根财团担任董事的企业所拥有的资产，占到全美总资产的四分之一以上。②

　　1907 年暴发的全球金融危机重创了美国经济，当时美国是唯一一个没有中央银行的金融大国。此前，摩根财团曾在 1895 年帮助联邦政府摆脱金融危机，美国国会意识到联邦政府不能只是依赖单一资本大亨应对金融危机的发生。国会于 1908 年 5 月 30 日通过了《奥尔德里奇—弗里兰德法案》，③ 该法案除了建议发行应急货币应对危机以外，还提出应创建由 18 个成员组成的国家货币委员会。1913 年 12 月 23 日，法案获得签署通过，设立美联储。此后，美联储的功能就像控制美国经济的阀门，只要降低利率、扩张信用，就会造就一个繁荣的股市。当市场已经习惯了这样的宽松环境之后，美联储就提高利率，中止这种繁荣，防止它变成泡沫。但是，由于它拥有美国金融状况的第一手信息，又是独立于政府控制之外的公司实体，国会也很难在真正意义上对它进行监管，它就具有了上帝一样的力量，不但左右着美国的经济，也左右着世界经济。美联储背后的大金融资本股东们

　　①② 彭兴庭. 资本 5000 年：资本秩序如何塑造人类文明［M］. 北京：中国友谊出版公司，2021.

　　③ Pass Currency Bill by Aldrich Strategy [N]. The New York Times, 1908–05–31.

会授意美联储先是扩大信贷，将资产泡沫吹起来，等来自全世界资本大量进入后再突然收紧银根，制造经济紧缩与资产贬值。当优质资产价格暴跌到腰斩甚至更低水平时，他们的代理人黑石集团、贝莱德集团——资管大鳄们就会出手抄底。随着"一战"之后美国成为世界上最大的经济体，它的金融功能的心脏——美联储的一举一动不光影响左右着美国的经济，也影响着全世界的经济。

金融资本在加强对国民经济统治的同时，还将其触角伸展到社会生活的各个方面，特别是国家的政治生态中去。对国家机器的渗透与控制主要是通过由金融资本家或其代理人担任政府职务来实现。此外，金融资本还通过各种各样的渠道来对政府施加影响和进行控制。例如，在资本主义国家中都有"全国制造商协会""雇主协会""经济团体联合会"之类的组织。这些组织常常通过提出建议和发布研究报告的形式来影响和左右政府的决策。我们可以看到，在经济、贸易、政治乃至军事的后面，真正的驱动因素是资本的意志。金融资本是工业化大生产、创新与技术研发，也就是价值创造的必要条件。明智、审慎地使用金融手段，它就是创造投资回报和价值增量的杠杆。但金融资本的本性是快速变现和套利，这种饮鸩止渴的行为也是西方经济体系不断发生金融危机的原因。截至2024年1月1日，美国的债务已经达到34万亿美元，美联储超发的天量货币本质上是对未来经济的透支，也在酝酿着下一次金融危机的到来。2008年11月，英国女王访问伦敦政治经济学院时向在场的专家和学者们提了一个问题："这么大的金融危机为什么你们都没有预测到？"

六、文明：输出增量价值的秩序

Civilization: The Order of Sustainable Growth

不管是秦始皇靠武力摧枯拉朽般将中华大地塑造成大一统的国家，还是宋真宗和辽朝的萧太后签订的看似窝囊的澶渊之盟；不管是东征西讨、扩张版图，直到把地中海变成了内海的罗马帝国，还是几乎所有欧洲国家都参与、谈了五年多才达成的《威斯特伐利亚和约》，它们本质上都是一种"秩序"。当我们判断一种秩序是否正义、是否文明时，最本质的考量是：此种秩序是否可以让人们和平共处，共同创造财富？宗教是一种安顿心灵的叙事，是信仰层面的秩序；经济和商业是一种价值创造和交换的规则，是人类协作共生的秩序；政治是一种利益分配的规则，是维持社会稳定和发展的秩序。而军事行为，则是一个经济体向另一个经济体输出政治秩序的行为，是在无法通过商业和政治手段达成诉求时的最后选择。所以，所谓人类文明，本质上无外乎就是人们基于面对的现实挑战，寻求并创造一种更优秩序的努力。

在人类漫长的农业文明时期，秩序来自宗教、王权、宗族，这些秩序依赖的最宝贵资源是土地，文明进步的速度非常缓慢；在工业时代，秩序来自宪政、公司制、金融体系，能源是最宝贵的资源，文明演进的步伐大大加快，仅仅二百年的工业化进程中，就创造了超过此前几千年人类文明创造的所有财富；工业时代创造价值的组织主要以公司形式出现，所谓公司本质上是降低交易成本的工具，是人类进入工业化时代出现的一种生产合作方式，不是从来就有，也不会永远存在。这个世界上的所有商业模式，无论是面向消费端的，面向企业端的，还是面向政府端的，在终极意义上都是面向消费者的，也就是为终端消费者服务的。不管你在商业社会中扮演什么角色，应该经常问自己两个问题：

第一，我们在这个商业价值网络中存在的意义到底是什么？我们到底创造了什么价值？有我们或者没我们会有什么不同？

第二，我们到底是在什么场景下、向谁提供了什么价值？如果是为企业或政府客户提供服务，就要问问自己，这些服务对于终端消费者有没有价值？

如果答案是肯定的，那你的存在是文明进步的推动者；如果答案是否定的，那你的存在就是在套利，是进步的拖累者。存量思维的商业逻辑终究是没有前途的，伟大的企业家都是做增量价值的。

而此刻，我们正处于后工业时代与智能化时代交替的历史节点，我们的秩序来源是什么？我们能依仗的最宝贵资源又是什么？尤瓦尔·赫拉利在《人类简史》中说："学习历史的目的不是为了去预测未来，而是把你自己从过去解放出来，去想象不同的命运。"像乔布斯、任正非、张瑞敏、贝索斯、拉里·佩奇、马斯克、王传福、曹德旺这些企业家才是推动历史前行的力量，才是最宝贵的资源。一切的最后终将回归到人本身。因此，建立起一套吸引和保留科技精英和企业家的社会机制才是最优秩序的核心要素，这就需要基于对人类命运的洞察，对未来的想象以及兼顾科技与人文视角的思想家、政治家为我们提出一套崭新的秩序。对未来最好的预测方式就是创造它，创造未来的能力有赖于足够大的脑洞、足够大的想象力。人类文明就是一张不断迭代更新的巨大的价值网络，我们都是这张网络中的节点。我们经常在商业大潮中感受到竞争、剧变、波动和不确定性，我们要在这个不确定的商业世界找到什么是不变的，然后建立起自己的确定性，与他人、与彼此依赖、共生，并结成利益共同体，向这个世界交付我们的价值。但交易和变现是商业的终局吗？不是。人们共同编织价值网络，不断迭代、更新、成长，创造增量价值。也因此，我们可以断言：文明，是一场无限的游戏。

拈花时刻
A Moment of Inspiration

◎ 人类商业文明的本质就是创造价值和交换价值，而创造价值的能力会形成一个人或一个组织的信用。

◎ 商业演进的终极趋势就是不断创造新价值，不断降低协作成本。

◎ 贸易的本质是价值交换，是人类协作共生的最基本的形态，也是最公平的方式。

◎ 人们总是首先将最高科技的能力应用于军力，然后才是生产、生活领域。

◎ 战争是人类各区域经济组织之间优胜劣汰的一种机制。只有强大的经济造血能力才能保证战争的胜利。具有强大和可持续的经济造血能力则显示出一种更优的秩序。

◎ 人类任何突破性的高科技成果，都会像飞流直下三千尺的瀑布，滋养、成就无数个位居下游的商用场景的应用技术领域。

◎ 每一次的技术革命，都是把人与自然关系中的主导权交还给人自己。人类把乏味的、重复性的、单纯体力消耗的工作都移交给机器和工具，而专注于需要发挥创造性、审美、诗意情怀的更具人性的工作。

◎ 一个在新的基础科学知识方面依靠别国的国家，其工业发展将是缓慢的，在世界贸易竞争中所处的地位将是虚弱的，而不管它的机械技术如何。

◎ 每一次的技术创新和突破都会为人类的价值创造带来新的可能性，当一种新的底层核心技术出现后，会围绕着它逐渐产生一个崭新的商用价值网络，而这个网络中的每个节点又会刺激周围生长出更加细密的微观价值网络。这种机制会自下而上重塑人类的生产方式、生活方式和文化形态。

◎ 金融资本是工业化大生产、创新与技术研发——也就是价值创造的必要条件。明智、审慎地使用金融手段，它就是创造投资回报和价值增量的杠杆。

◎ 当我们判断一种秩序是否正义、是否文明时，最本质的考量是：此种秩序是否可以让人们和平共处，共同创造财富？

◎ 所谓人类文明，本质上无外乎就是人们基于面对的现实挑战，寻求、并创造一种更优秩序的努力。

◎ 存量思维的商业逻辑终究是没有前途的，伟大的企业家都是做增量价值的。

◎ 交易和变现是商业的终局吗？不是。人们共同编织价值网络，不断迭代、更新、成长，创造增量价值。也因此，我们可以断言：文明，是一场无限的游戏。

Chapter 2

A Brief History of Credit Symbols

信用符号简史

　　信用识别是人类这种需要靠集体协作才能创造文明的物种所独有的一个需要，其他哺乳动物会通过自己的体型大小、皮毛的花纹、鳞甲、角、爪等特征来展示自己的实力，而人类在几百万年的进化中丢掉了这些低级哺乳动物的特征，彼此的外形、长相区别非常微小。在这种情况下，人类社会就创造出一些符号和标签，凭借着这些符号和标签，人类才能识别彼此的权力、财富、能力的等级，才能形成层级、架构、组织，也才能有序协作、共生发展，我们将这些符号、标签统称为信用符号，并筛选出其中承载信用密度最高的几种信用符号逐一讨论，它们包括图腾、印章、纹章、金银、货币、商标、品牌等。只要彼此没有信任感，国与国之间，公司与公司之间，人与人之间都会投入巨大成本去防范对方，从经济学上讲这些都属于不产生价值的交易成本，所以，几千年来人类的价值创造历史也是信用符号的创造历史，价值和信用是一体两面的事物。商业文明的基本活动是交易行为，而交易的基础和必要条件是信用识别。最初级的交易是卖货，它的信用来自对产品的质量和数量的识别；高一级的交易是卖体验（服务、生活方式），它的信用来自精英人群的背书；最高层次的交易是卖信仰，它的信用来自群体的文化共识，这也是最难营造的一种信用，宗教就是如此。

一、图腾、印章与纹章

Totems, Seals and Coat of Arms

　　人类自古以来就有一种渴望：寻求一种可以让自己融入更宏大、更永恒的东西，这种东西往往以抽象化的字符和图形出现，一种能让自己和某种"神秘的力量"链接的符号。对于神秘符号的崇拜可以追溯到远古时代，原始社会的氏族和部落都会选用某种动物、植物、山峰的形状作为自己的象征，也就是我们所说的图腾。图腾是一种区分族群，向神明祈福的符号系统。在重要的场合，部落会装扮成图腾的样子或者围着图腾起舞，人们相信图腾会保佑自己和部落免于灾难，带来好运。法国营销专家卢卡·斯坎尼（Luca Scaini）说："图腾就是一个部落的品牌，而奢侈品牌的商标就是'现代图腾'。""图腾"符号在不同的时代会有不同的称呼。

　　西方的纹章出现于 1120~1150 年。纹章既是一种信用象征，也是一种符号体系，它遵照一定的习惯和规则，将图案和色彩放在盾形边框之内。这些图案可以在 11~12 世纪使用的盾牌（它们由金属骨架支撑的木板组合而成）上看到，也可以从当时的军旗（由不同色彩的布块缝制而成）上看到。为此，它们大多采用对比度强烈的色彩，以及十分明显的单线条图案。这些图案可通过直线、弧线、波纹形、雉堞形、T 字形、火焰形、羽毛形等线条构成。纹章最早源于战场上区分敌我的需要，当重甲骑士的脸被头盔遮住时，需要用盾牌和军旗上的纹章来辨别身份。后来才逐渐发展为越来越复杂的纹章规则体系。

欧洲某建筑物上的家族纹章

　　纹章常出现在盾牌、袍服或建筑物的门头、窗户上。中世纪骑士用它来昭示自己的身份。纹章的主要组成部分是盾徽，是由一个盾牌、装饰物及铭言组成的，是用来作为识别个人、军队、教会、机构、社会团体或家族企业的标记。12世纪封建领主和骑士在战场上开始广泛使用盾徽。从13世纪开始，盾徽进一步成为欧洲上层社会家族代代相传的标志，在法律或社会习惯上逐渐演变为权力和资产沿袭性的象征。至今仍有大量的机构及个人使用纹章；在一些地区如英格兰和苏格兰，数个世纪以来仍旧保持历史上王室所授予的纹章并持续沿用至今。纹章也是人类进入工业化时代后，公司和企业设计品牌标志的主要承袭来源。

尽管人人都有使用纹章的权利，却不是所有人都佩戴纹章。贵族、官员、商人、富有的手工艺者使用纹章的频率更高。我们可以理解为：只有那些需要常和人打交道，需要展示自己身份的社会角色才有必要使用纹章。纹章的出现与社会秩序的演进密切相关，它有助于将个人、团体和社会体系之间的关系直接呈现出来，方便人类的组织和协作。作为个人标志的纹章到了 12 世纪末成为可以继承的东西，这样就形成了家族信用。后来，这种起初由王室、贵族使用的纹章制度逐渐被整个西方社会所采用。社会团体、公司和家庭都可以有自己独特的纹章。

随着时代的推移，纹章的构图趋于复杂。在家族纹章中，可以看到最初的图案中常常被叠加上新图案。比如，盾形纹章的表面会被分割成越来越多的小图案，将不同的纹章聚合在一起。这种方法可以表达直系亲属关系和姻亲关系，或者用于突出拥有多个封地、头衔或权利。西方自 14 世纪起，教会也完全接纳了纹章系统。教堂建筑甚至成为名副其实的纹章博物馆，纹章在地面，墙面、彩绘玻璃、天花板、祭祀物品和服装上随处可见。中世纪末的宗教艺术和巴洛克时代的艺术中，都可以看到纹章元素。封建领主和骑士们不再满足于将自己的纹章画在盾牌上，他们同时将其展示在自己的战旗、甲胄和披风上，以及其拥有的各类动产或不动产上，尤其是作为显示自己身份、头衔的印章中。纹章的使用主要通过印章扩展到军事用途之外，印章使纹章的使用范围扩大，社会上仿效贵族的其他阶层也逐渐将纹章图案作为印章图案。据统计，约 100 万个西欧中世纪纹章图案中就有百分之七十五是通过印章而呈现出来的，其中非贵族拥有的竟多达三分之一。14 世纪初，这一习惯遍及整个西欧并开始向东欧国家延伸。当时大多数文书及契约都会加盖印章，契约双方都以加盖印章作为承诺。未加盖印章的文件、书信的合法性和真实性会遭到质疑。纹章的使用除了在地域和社会阶层方面的扩展，也伴随着在日常应用场景上的扩散。越来越多的物品、用具、家具、服饰、装饰物、建筑物上都饰有纹章，它们通常具有三重功能：身份的象征、所有权的标记、装饰点缀。例如，利奥波德·冯·哈布斯堡的家族纹章，使用的图案为帝国之鹰。

纹章在社会生活以及物质文化中被广泛地使用，越接近18世纪，拥有纹章的人数量越多。从16世纪至法国大革命这一时期内，全欧洲公布或发现的纹章有近1 000万种之多。自18世纪中叶起，纹章的使用开始减少（尤其是在法国和英格兰），它们逐渐被诸如姓名首字母图案、花押、徽章、缎带、铭言等新的象征表达方式取代。有意思的是印章的使用也趋向衰退，渐渐地被手写签名或公证方式的介入（以保证文书内容的真实性）所替代。纹章和印章在信用符号功能上的颓势，随着工业化时代商业行为中更精准的信用解码方式的出现而加速衰落。[①]

至今，西方依然可以经常看到纹章出现在各种历史建筑、教堂和各种机构的外墙之上，有不少企业的商标也脱胎于纹章图案。我们有理由推测，品牌的视觉图形和内涵更多源于古老的纹章系统，这是一种在当时信息密度很高的信用符号。很多汽车品牌拥有盾形徽章，有的就是真正的纹章，比如阿尔法·罗密欧品牌用的是米兰公爵的纹章，保时捷品牌则用的是符腾堡公爵的纹章。还有的则截取了著名纹章中的主要图案，如标致汽车的狮子图案便来自弗朗什—孔泰（Franche Comte）地区纹章的图案。

在世界上使用印章最早的地区是古代的中亚、西亚、埃及、印度。中国的印章最早出现在殷商时代，各个时代的军事、农业、盐政、马政、邮驿、交通、教育、医药、科技、建筑、手工业、文艺、

---

① 巴斯图鲁.纹章学——一种象征标志的文化［M］.谢军瑞，译.曹德明，校.上海：上海书店出版社，2002.

哈布斯堡王朝全盛时期的家族纹章

　　哈布斯堡家族历史上发源于阿尔萨斯，后扩张至瑞士北部的阿尔高州，并于1020年筑起一座"鹰堡"，被命名为哈布斯堡，后逐渐将势力扩展到莱茵河西岸流域。在欧洲历史上很长一段时间里，哈布斯堡家族主导的神圣罗马帝国的范围囊括了奥地利、德国、匈牙利、捷克、北意大利、南意大利、西班牙、荷兰、比利时等区域的诸侯王国。14世纪神圣罗马帝国的旗帜中央有一头黑鹰，黑鹰的爪和喙均为红色。哈布斯堡家族的纹章自15世纪起改为黑色的双头鹰，双头鹰是左右对称的，鹰的爪、喙和舌头则是红色的。自1437年起，双头鹰胸前被加上了一面盾牌。双头鹰的图案是沿袭自东罗马帝国的双头鹰。东罗马帝国拜占庭皇室最初也只是沿用罗马帝国单头鹰的标志，但在艾萨克一世在位时改用双头鹰作为标志，是为了显示帝国领土横跨欧洲和亚洲两部分，帝国需要同时守望东西两个方向。双头鹰标志也被后来的俄罗斯帝国所使用，他们认为自己也是东罗马帝国的继承者。

祭祀、丧葬等，几乎都有相应的印章、泥封、印陶文字、钤印文书等作为证物。从宋、元时代又出现了用于赏玩用途的印章，而明、清时代则彻底完成了实用印章与艺术印章的区隔，这种状况是世界其他地区印章用途中所没有出现过的。作为信用符号的印章出现在东周以后，中国的各个朝代几乎无衙不用印、无官不用印，在中国历史上，各个朝代但凡职官"迁、死必解印绶"。较早的文献记载见于《史记·张耳陈余列传》："陈余怒曰：'不意君之望臣深也，岂以臣为重去将哉？'乃脱解印绶，推予张耳。……张耳乃佩其印，收其麾下。"①

在人类漫长的农业文明阶段，东方、西方的王室、贵族都有自己专用的家族徽章、印章，用于表明身份、等级、门派，昭示领地范围、财产所属权。在战争时期则用于区分敌我，所以族徽一般会绣在旗帜上，画在盾牌上，镶嵌在宅邸的大门上；而印章和虎符则用于发布命令，调兵遣将。传说秦始皇统一六国后将和氏璧制成了传国玉玺，玉玺上铭刻着丞相李斯的篆书"受命于天，既寿永昌"八个字。从此，玉玺作为"皇权神授、正统合法"之信物，历代帝王皆奉为国之重器，得之则象征其"受命于天"，失之则意味着"气数已尽"。传国玉玺，也就是皇帝的印章，恐怕是全天下信用密度最高的信用符号了。

---

① 司马迁.史记［M］.北京：中华书局，2006.

二、金银、货币与区块链

Gold and Silver, Currency and Blockchain

　　最早的货币制度大约出现于公元前2500年的美索不达米亚：银舍客勒制度。舍客勒指"8.33克的银子"。《汉谟拉比法典》曾提过，如果某个上等人杀了一个女奴，就要赔偿20舍客勒的银子，这里指的就是大约166克的银，而不是20个某种银币。《圣经·旧约》中约瑟的哥哥把约瑟卖给以实玛利人的时候，价钱就是20舍客勒或者说166克的银子。[①]黄金和银子质地太软，无法做成什么有用的工具。说到使用功能，只能做成首饰、配饰、皇冠以及各种象征地位的物品；换言之，都是在特定文化里精英阶层所拥有的奢侈品，它们的价值在于它们的相对稀缺性，以及美观、密度大、易于分割的特性。由此，人们将其作为财富的锚定物，也就是信用符号，它们的价值完全来自社会共识。大约在公元前640年，土耳其西部吕底亚（Lydia）王国的国王阿耶特斯（Alyattes）铸造出史上第一批硬币。这些硬币使用金或银的材质，有标准重量，并且刻有识别印记。印记指出硬币里含有多少贵金属以及发行者的身份——通常是社会中最有权威和信用的人。后来的硬币可以说都是吕底亚硬币的后代。罗马帝国的硬币广受信任，其信用价值甚至扩展到帝国以外。公元一世纪的时候，连印度地区也愿意接受罗马的硬币，其实他们距离罗马帝国控制区域还

---

① 尤瓦尔·赫拉利.人类简史［M］.北京：中信出版社，2014.

有数千公里之遥。印度人十分信任罗马帝国的迪纳厄斯银币和上面罗马皇帝的头像，所以当地领主铸造硬币的时候不仅模仿迪纳厄斯银币的外形，甚至复制了罗马帝国皇帝的头像，"迪纳厄斯"当时也成了硬币的通称。伊斯兰国家的哈里发把这个名称再阿拉伯语化，发行了"第纳尔"（dinar）货币。直到现在，约旦、伊拉克、塞尔维亚、马其顿、突尼斯等国的货币还是叫第纳尔。

中国自古以来是个白银、黄金的产量都极为有限的国度。所以这个当时最富裕的农业帝国一直将金银当作家族传承和应对危机的珍稀资产，在发生战乱时，甚至将它们埋于地下以传给后人。嘉靖四年（1525 年），朝廷的官俸开始用白银发放，中国从此正式确立了银本位制。此刻的白银已经不再是贮藏在密室或埋在后院用于传承的财富了，而是真正意义上的货币。大明帝国确立了银本位制也就意味着全世界都确立了银本位制，因为欧洲各国的商人必须用白银换取他们渴望的中国瓷器、漆器、丝绸、香料。世界也就进入了最早的"全球贸易一体化"时代。欧洲人把 1571 年看作东西方直接贸易时代的开始，这一年西班牙牵头的欧洲联军在海上大败奥斯曼土耳其帝国，这意味着千年以来只能通过陆路进行东西方贸易的时代结束了。明朝后期源自美洲的白银源源不断地流入中国，这些黄金和白银产自墨西哥和安第斯山脉，最终经欧洲人之手传递到中国丝绸商和瓷器商的手里，可见当时的中国是全球最主要的商品输出地，或者说是价值创造中心。出现了跨国家、跨文化的货币体系之后，全球都纳入了一个交易系统。虽然各地的人们还是继续讲着不同的语言，服从不同的王权统治者，敬拜不同的神灵，但都信服着同样以黄金、白银制造的货币。要不是这种信用符号的共识，全球贸易根本无法实现。

由于西班牙从美洲获得了巨大产量的白银资源，对于使用复本位制（将金、银同时作为本位货币）的英国来说，在国际贸易中总是矮人一头。1717 年，时任英国皇家铸币厂厂长的牛顿向财政部提交了一篇报告，分析了各国金价、银价的对比，也仔细计算了英镑的含金量。他建议通过铸造金币来改变这种被动的局面。此后，英国铸造大量金币，使银币逐渐成为辅币。1816 年英国议会通过了《金本位法案》[①]，规定 1 盎司黄金等价于 3 英镑 17 先令 10.5 便士。这一举措使得在之后约一个世纪的时间里英国的货币政策保持相对稳定，且英镑成了这一时期在世界上最通行的货币。这里所说的金本位，实际上是金币本位。这种货币制度有三个基本特征：黄金可以被自由地铸造成等价的金币；纸币与辅币可以自由地兑换黄金或金币；各国可以自由地输入、输出黄金。金本位以黄金作为唯一的价值锚定的信用标准。英国工业革命之后，就取代中国成为世界最大的商品输出国与价值创造中心，金本位制度也就伴随大英帝国强大的价值输出能力走向了全世界。至 19 世纪末，世界主要国家都采用了金本位制，形成国际金本位制，这也是人类历史上最早的统一国际货币体系。第二次世界大战之后，世界列强重新排座次，美国取代英国成为世界经济的领袖和价值创造中心。1944 年 7 月 44 个国家共同确立了新的国际货币体系——《布雷顿森林体系》：美元—黄金双本位，美元锚定黄金，其他国家的纸币均锚定美元；纸币为单一的流通货币。黄金只是在符合各国的具体规定的前提下可以用纸币兑换，但不作为日常流通货币。

19 世纪六七十年代发生的数次金融危机使得美联储认为金本位已经严重制约了美国的经济发展，最终美国总统尼克松于 1971 年宣布停止美元与黄金的兑换，布雷顿森林体系终结。世界货币政策此后采用浮动汇率制。根据美国国家地质调查局和世界黄金协会的数据：地球上已探明黄金储量大约有 244 000 吨。截至 2023 年，全世界已经开采的黄金约 212 600 吨，其中约三分之二是 1950 年以后开

---

① 全称为《银币重铸和管理王国内金币和银币法案》。

采的。①以目前的开采速度，余下的可开采黄金将在不到 20 年内开采完毕。随着人类科技的进步，创造财富的能力从长期来看是无限的，那么，用一种存量极为有限的金属作为锚定物和信用符号显然不合时宜了。但黄金至今依然被视为一种"准货币"，被国际所接受。类似于外汇和国债，黄金储备在各国财政储备中均有重要地位，一方面是出于对本国汇率的保障，另一方面则是据此对冲由美元贬值带来的损失。美元和黄金脱钩之后，金融资本股东就驱使美联储开始了前所未有的信贷扩张，无休止地印刷美元注入市场似乎成了推动经济的唯一手段。作为流动性媒质的信用符号必须和它所代表的财富、价值总量之间保持一定的平衡，这是保证全球经济健康运行至关重要的事情。目前，这个平衡器掌握在世界上最大的两个经济体的货币发行机构——美联储和中国人民银行的手里。

货币的本质是用于流通的信用符号，是人类的共识。不管是贝壳、铜钱、黄金、白银还是美元、债券，它们的价值都是存在于人们的想象之中而已。在古代，只要人民相信国王及其统治的权威，就会相信他所发行的货币。因此，无论是硬币还是纸币，甚至邮票上都会印着君主的头像。在日常的商业交易行为中，就算是对方和你素昧平生，你也不会怀疑对方手里货币的价值。就算是不同宗教、敌对政治派别的人，也可以对金银达成共识。宗教信仰主要是人们自己相信，但金钱信仰却是所有人的共识。在所有人类创造的信用系统之中，只有黄金、白银能够跨越几乎所有文化鸿沟，不会因为宗教、性别、种族、阶层、年龄或性取向而有所歧视。也只有货币制度才能让陌生人在完全不了解对方底细的情况下进行交易。如今，全世界都从用黄金和白银等贵金属作为货币，转变为由国家的经济实力作背书的纸币，

---

① 地上存量［EB/OL］.世界黄金协会网站，https://china.gold.org/goldhub/data/how-much-gold，2024-01-02.

例如人民币、英镑、美元、欧元。这些纸币的信用和汇率是由这些国家和联盟体的经济实力来维护和加持的，某非洲小国曾经流通过单张面值达一百万亿的钞票，显然，没有经济实力的支撑，钞票面额大小本身是没任何意义的。和金银不同，纸币是真正意义上的"符号"，因为它自身没有任何物理功能和使用价值。本身的材料成本也不高，是政府的暴力机器在维护它的信用，因此，抢劫、涂改、伪造和破坏货币的行为都是重罪，会受到严惩。

金银和防伪的钞票固然很好地履行了它们作为信用符号的任务，但货币代表的信用是经济赖以运转和增长的要素，它必须在经济系统中循环、流动起来才有价值，而任何物理形态的货币注定存在摩擦力，不会流动得那么顺畅——想想每天在全世界各家银行后门停着的全副武装的运钞车，想想历史上曾经有多少成箱的金、银、钞票出于某种隐秘的目的而被埋在某个房子的后院里或被砌在墙壁中？这就废掉了货币的流通功能，而"用于流通的信用"才是所有货币的本质功能。

现在全球的货币财富总和约为 80 万亿美元，但所有流通中的物理货币总额还不到 5 万亿美元。这意味着有超过百分之九十的货币只是跳跃在银行与金融机构的电脑显示屏上的数字和符号而已。现在的商业交易已经可以跨越时间、空间的制约在比特世界瞬间完成。近年出现的区块链技术提供了可扩展的架构以及有效地分散组织的管理方式，这将打破自农业时代以来人类一贯采用的中央控制的组织架构，从根本上改变人类社会中所有中央控制的范式。数字货币正是基于区块链的一项技术，它正在改变和颠覆许多传统行业。投资者和企业家相信这项技术可以取代现有的金融业、商业的信用追溯方式，成为完美的交易工具。由于它能够将每条信息存储在一个不可变的账本上，该账本经过全球几千、几万台电脑的验证，因此我们有理由认为它才是人类有史以来最可信赖的信用追溯方式，且几乎可以应用于所有与信用相关的事务。我们有理由相信，人类沿用至今的许多物理材质的信用符号都将退出历史舞台。

三、商标与品牌
Trademarks and Brands

　　商标的雏形在人类历史上很早以前就出现了，之后便以各种各样的形式存在着。生产者会在产品上留下自己的签名、姓名缩写的刻字、独特的符号等，用以和其他同行的产品区分开来。1266 年，英国的亨利三世颁布《面包和啤酒法令》，要求面包师在每一块出售的面包上做标记，如果面包有缺斤短两的，就知道是哪家的，这种标记符号还带有承诺的性质。这是第一次把商标的使用提升到法律的高度。此后，金匠和银匠也被要求在商品上作记号，包括他们的签名或私人印记以及金属材质的质量说明。中世纪的商品上一般有三种标记：工匠名、行会名、城市名，其中工匠名最接近今天的品牌。法国奢侈品产业专家劳伦斯·皮科在他的著作中描述人类刚进入工业化时代的情景：铁道在法国地图上延伸成蜘蛛网状，四千公里长的铁道线路覆盖全国，每一条火车线路都载着无数人从一个地点运动到另一个地点。而在这些铁道不远处，工厂烟囱像雨后春笋一样冒了出来。在过去，制造业的工厂往往以建立地点的地名为名，比如圣戈班、塞夫尔、圣路易、巴卡拉。从这个时期起，它们以创始人的名字为名：宝玑（Breguet）、克里斯托夫勒（Christofle）、娇兰（Guerlain）、戈雅（Goyard）、潘哈德（Panhard）、普莱耶尔（Pleyel）、雷米·马丁（Remy Martin）、雷诺（Renault）、威登（Vuitton）、沃斯（Worth）。名字成了一种象征，制造者成为新的偶像。旧制度下的质量督察官和质检印已经消失，以自己的名字为产品命名，也就相当于用本人的名誉在为其品质担保。企业家祖祖辈辈的人都将承担起这样的责任，也正是这种负责缔造了产品特有的形象，这就是我们今天所说的"品牌"。[①]

17世纪，美国烟草商开始直接向消费者出售小包装的香烟，用精美的包装吸引人们购买，其结果便是图形标签、装饰物和符号的诞生。在17世纪和18世纪的英国，专利药品制造商开始通过包装将其产品与同行的产品区分开来，因为通常很难在视觉上区分药物本身的质量。罗伯特·特林顿（Robert Turlington）在1744年从国王乔治二世那里获得了皇家专利，此后的十年他至少四次改变瓶子的形状，最终于1754年将他的专利药物"生命香脂"（Balsam of Life）装在表面刻有名字和王室专利的梨形扁玻璃瓶中进行销售。19世纪中期以前，第一次工业革命早已开始，在一些纺织、制造领域，工厂逐步取代工匠作坊，但工业化的产品还不算丰富。当时经济发展领先世界的英国，虽然中产人群在生活品质上升级不少，但与我们当今的商业社会相比，那时的商品种类并不丰富，既没有产品竞争，也不需要主动推销。所以当时的商业在本质上仍然是卖方市场而不是买方市场。在商品供应没有极大丰富之前，就不会出现真正意义上的商业品牌。1850~1930年，人类开始了第二次工业革命，流水线式生产的工厂开始出现并逐渐发展成熟，由于生产力水平极大提升，产品可以大规模量产，使得工业化前市场上产品稀缺、供不应求的市场情况被完全扭转，逐渐从卖方市场进入买方市场。商家开始重视商品的包装，将专门设计的LOGO印在商品的外包装上——此时，真正意义上的商标出现了。目的是让消费者能较容易地区分出不同生产商的产品，以及同一生产商的不同产品和它们的品质等级，便于作出购买决策。

---

① 劳伦斯·皮科. 奢侈品的秘密［M］. 北京：中译出版社，2022.

1857 年，法国制定的《关于以使用原则和不审查原则为内容的制造标记和商标的法律》是世界上最早的成文商标法。随后，在 19世纪六七十年代，英国、美国、德国、日本也相继颁布了各自的商标法，比如 1883 年的《保护工业产权巴黎公约》和 1891 年的《商标国际注册马德里协定》。19 世纪末到 20 世纪初，商标制度成为世界各国的共识，得到了各国法律的认可和保护。这个时期商家的主动推销开始出现，广告作为主要的推销手段第一个出现在公众视野中，店面橱窗广告、邮购广告、报纸广告盛行。美国的克劳德·霍普金斯（Claude C. Hopkins）推出了广告业的开山之作《科学的广告》；之后，被称为广告巨人的罗瑟·瑞夫斯（Rosser Reeves）和李奥·贝纳（Leo Burnett）也相继出现。这个时期电视开始走进千家万户，以电视为媒介的商业广告出现了，此后电视就成为纸媒和广播以外的最主要的新媒体渠道。福特、可口可乐、亨氏、奔驰、通用等公司的产品都通过广告成为家喻户晓的品牌，他们中的许多到今天依然是各自行业的领导者。随着品牌名称和商标的使用范围越来越广，仿制、假冒活动也日渐猖獗。最终，美国国会在 1870 年将商标和标签的注册从其他法律程序中分离出来，并制定了第一部联邦注册商标法。依据此项法律，登记注册者被要求将其商标、说明文件和 25 美元一并寄往华盛顿专利事务办公室进行备份。到 1890 年，大多数国家都有了商标法，从此品牌名称、标签、设计都成了受法律保护的资产。1906年，美国商标法的修订确认了对商标的保护。批量生产的包装商品代替了小作坊生产的散装三无商品。这一变化导致了商标的广泛使用。例如，美国宝洁公司在辛辛那提生产蜡烛，并把它们批发给俄亥俄州和密西西比河沿岸各城市的零售商。1851 年，码头工人开始在宝洁产品的纸箱上标上一个简单的星形。宝洁公司很快注意到，购买者把这个星形记号当作质量的象征。零售商在纸箱上看不到星形标志就会拒绝接受这批蜡烛，此后，公司决定在所有蜡烛产品的包装上都加上正式的"星星"符号。

1938 年，美国通过《惠勒法案》(The Wheeler-Lea Act)，赋予联邦贸易委员会（FTC）修改广告条例的权力。此后，生产商所作的广告不再停留在口号形式，逐渐转变为信息含量更丰富的文案。在这一时期，宝洁公司率先实施了品牌管理制，公司为每一个品牌指定一位负责人，该经理对其品牌全权负责。在第二次世界大战期间，由于原材料都用于战争，因此生产商品牌相对缺乏。尽管如此，在那段艰难的岁月里，许多品牌仍坚持打广告，确保在消费者视野中不断出现。19 世纪 50 年代的美国，许多烟草商用诸如香瓜、块糖、婚礼蛋糕以及孤杰克（Lone Jack）等新奇的名字为自己的香烟命名，这种博眼球的取名方式确实对烟草的销售起到了作用。商品的包装和商标也逐渐成为消费者作购买决策时的重要参考元素，后来学术研究者把它们称为品牌识别的基本要素。

一般来说，商标会使用企业创始人的家族姓氏，比如宝格丽（BVLGARI）、法拉利（Ferrari）；或是创始人姓名缩写，香奈儿的双 "C"、古驰的双 "G"；有些则借用了某种文化符号的形象，比如范思哲的美杜莎头像、劳力士的皇冠。这些图形虽然看似很简单，但是识别度极高，因此记忆成本也就很低，品牌的功能之一就是它的社交符号作用，必须很容易被他人识别。除了易于被识别，品牌符号还要有强大的价值观承载功能。从本质上讲，品牌的粉丝们购买的不是一个商标，而是它背后的一整套的故事和价值观。无论是品牌创始人的传奇，还是使用过此品牌的名人故事，全都浓缩在这个小小的图形里。品牌符号成了商家和目标消费者之间的链接密码，因而具有巨大的商业价值。一些西方权威的品牌咨询公司每年都会公布品牌价值排行，像苹果、亚马逊、谷歌、可口可乐这些品牌动辄都是几千亿美元的估值，但问题在于，是这些公司的商标值那么多钱？还是另外的什么值钱呢？

四、工业时代的品牌理论

Brand Theory in the Industrial Age

　　1850~1950 年的一百年时间里，品牌学术研究者们所说的品牌基础元素陆续出现：商标、包装、广告语等。市场营销方法论逐渐形成：广告、公关、活动策划、优惠促销等。而品牌，在当时则被认为是市场营销的工具之一。有意识的品牌管理行为初现：品牌经理制、市场分析、消费者调查。1931 年，美国宝洁的佳美牌香皂销售不理想，负责宝洁香皂产品销售的迈克尔·罗伊认为佳美牌香皂既没有独立的营销预算，在管理上也不受重视，整个宝洁公司的市场策略分散且互不协调，于是就向宝洁的管理层提议"每一个产品都由一个专门的品牌经理"来负责，同时承担产品的销售。麦克尔·罗伊写了《品牌管理备忘录》，提出了品牌管理体系，由品牌经理负责进行市场调研并解决销售中发生的问题，分析市场反馈、产品销量和利润。品牌经理制可以说是品牌管理的开始，由此让"产品"真正走向品牌。

　　21 世纪的全球品牌排行榜上我们仍然可以发现一批上个世纪就存在的国际品牌，它们已经活跃在人类的商业实践中上百年了，如可口可乐、雀巢、奔驰等。据《美国商业周刊》（*Business Week*）的统计，在当今的全球百强品牌榜中，有 30% 的品牌创立于 1900 年以前，具体情况如下表所示。

品牌	创建年份
Coca - cola（可口可乐）	1892
GE（通用电气公司）	1876
Mercedes（梅赛德斯）	1890
Citibank（花旗银行）	1812
American Express（美国运通公司）	1850
Gillette（吉列）	1869
Budweiser（百威）	1795
Pepsi（百事）	1898
Merrill Lynch（美林）	1855
Merck（默克）	1891
J .P. Morgan（摩根大通）	1799
Kodak（柯达）	1888
HSBC（汇丰银行）	1865
Heinz（亨氏）	1869
Goldman Sachs（高盛）	1869
Wrigley（箭牌）	1891
Colgate（高露洁）	1806
Nestle（雀巢）	1867
Tiffany（蒂芙尼）	1837
Bacardi（百加得）	1862
Reuters（路透社）	1851
Levi's（李维斯）	1853
Smirnoff（斯米塔）	1864
Johnson & Chandon（强生）	1880

品牌	创建年份
Moet & Chandon（酩悦）	1743
Heineken（喜力）	1863
Mobil（美孚）	1849
Wall St Journal《华尔街日报》	1850
Johnnie Walker（尊尼获加）	1820
Jack Daniels（杰克丹尼）	1866

从以上表格我们可以看出，人类对品牌的理论研究比品牌现象的出现至少晚了100年。科学技术的发展和提升在重塑人类的生产方式，生产方式的改变又会重塑生产关系，生产关系的改变又会重塑商业形态和生活方式。但是，法律和商业规则以及学术理论的更新总是会滞后于人类的社会实践，品牌理论也遵循着这一规律。学术界最早开始研究品牌是在20世纪30年代，1927年美国出版的两本同名教科书《市场营销学原理》（*Principles of Marketing*）有少量关于做品牌（branding）①的讨论，这里所说的"品牌"是狭义的概念，作者们将"品牌"与"广告"并列，作为"销售的手段和工具"。在很长一段时间里，可口可乐、宝洁、奔驰、迪士尼等众多企业早已在市场中形成了自己的品牌，但是学术界依然没有理论化的方法论成果出现。

真正意义上的品牌理论研究始于20世纪50年代，二战之后全球经济起步，蓬勃的经济和过剩的产能激发了企业对于产品营销的需求，品牌在最开始被视作营销和广告的组成部分。品牌理论研究的学

① 这两本教科书分别为：Maynard H H, Weidler W C, Beckman T N. Principles of Marketing [M]. New York: Ronald Press, 1927. Clark F E. Principles of Marketing [M]. New York: Macmillan, 1927.

术阵地主要在美国，这是因为二战后美国就是世界经济的领军者，冷战期间的美国势力和军事基地遍布整个西方世界，由此带动着美国的产品和服务行销整个西方世界，美国品牌也就被传播到了除苏联铁幕笼罩区域以外的全世界。这种事实倒逼美国学术界对品牌现象的关注与研究，而每次新学术成果的出现，也会进一步促进商业实践。

看待品牌可以有不同的角度：企业的角度、顾客（消费者）的角度和资本的角度，这直接导致了品牌理论的发展呈现出了三种格局：基于企业的，基于顾客的，基于资本的。三位品牌理论的奠基学者——帕克（C. W. Park）、凯勒（K. L. Keller）和阿克（D. A. Aaker）——分别代表了这三种视角。企业（战略）角度是帕克建立并主张的取向；顾客角度是凯勒确立并主导的取向；兼顾企业与顾客的资本角度是阿克开创并且坚持的取向。现代品牌理论的三种取向是不同品牌思想差异的根源。但我们更愿意从底层逻辑上叩问品牌现象：为什么会出现品牌？品牌的本质是什么？怎样做品牌？让我们看看迄今为止的理论思想是怎样回答这些终极问题的：

1. 为什么会出现品牌？
Why Does the Brand Appear?

此前的品牌思想研究者试图从以下几个学科视角解释品牌出现的原因。[①]

识别—传播的需求：人类进入工业化社会以来，商品极大丰富，企业们为了销售自己的产品，需要某种符合传播学、消费心理学的营销工具，这时对品牌的认知主要集中在品牌识别和品牌传播的范畴，品牌方法论的理论依据源于心理学和传播学，学者们提出了"品牌形象""品牌个性"等概念。品牌识别是以形象设计为核心并通过纸媒

---

① 卢泰宏. 品牌思想简史［M］. 北京：机械工业出版社，2020.

广告来传播的，那时建立起来的典型品牌有可口可乐和宝洁，后来以电视为主导的传播渠道取代了纸媒的核心位置，千禧年之后互联网又成了主要的传播渠道，谷歌、百度、脸书等互联网平台又成了主要的传播渠道。人们相信传播是催生品牌出现和成长的关键因素。

金融—资产的需求：20世纪80年代，欧美市场上开始越来越多地出现企业兼并收购的需求，但在对企业资产估值时，商誉和品牌的财务价值却无从体现。"品牌资产"这个概念应运而生。此时的品牌已经不是简单的传播工具，而是进入了资产和金融领域。企业开始关注品牌资产的管理和品牌价值的估值，并由此产生了全球品牌排行榜、战略品牌管理、品牌资产评估、品牌全球化等崭新的概念。

社会学—文化的需求：在品牌全球化的过程中，欧美学者提出了文化资产（culture equity）的概念。在商业实践中，可口可乐、麦当劳、好莱坞、迪士尼乐园等早已经将自己的品牌赋予了文化意义——代表美国精神和美国文化。在学术上，1963年，列维在《符号主义与生活方式》一书中提出了品牌的符号象征意义。2013年，托雷利（C.Torelli）在《全球化、文化和品牌化》一书中提出文化资产是品牌全球化的基石。2017年，斯廷坎普在其著作《全球品牌战略》中强调了文化变量的作用，认为文化是品牌全球化的核心要素之一。文化类品牌如星巴克、迪士尼、好莱坞等，这就将品牌的力量从外在动因转向了内在动因，所谓"内在动因"是指品牌与顾客之间的情感、体验甚至信仰的关系。

社群—社交网络的需求：千禧年之后，随着全球互联网的兴盛，社交媒体平台逐渐崛起，消费者社群从线下转到线上、再到二者互动，消费者和品牌的互动越来越高频，实时体验、互动、共享、共创成为品牌和消费者之间的常态。网上社群共创、共享品牌如脸书、哔哩哔哩网站、小红书等。借助数字化技术的巨大威力，品牌化正在实现从"自建"转化为"共创"，品牌相关的主体和格局也发生了根本变化。

2. 品牌是什么？

What Is a Brand?

关于品牌是什么这件事，从企业视角出发我们可以看到对于品牌的认知经历了三个阶段。

第一阶段，人们认为品牌就是符号，是商标，由此引申出了一个专业概念——品牌识别（brand identity，BI）。企业在具体操作中主要有五个步骤：(1) 个性化品牌命名并且注册；(2) 设计独特的标识和包装等；(3) 挖掘广告创意；(4) 打广告让更多的人知道；(5) 讲品牌故事。

品牌识别的目标就是塑造与众不同的品牌形象。随着对品牌需求的上升，一些专业（设计、广告、咨询）公司纷纷应运而生，为企业提供品牌标识的设计，世界著名的朗涛公司（Landor），就因设计品牌标识、品牌名称而闻名全球。设计领域也因此生长出一个新分支——品牌设计。早期对品牌的认知主要局限在战术层面，认为品牌就是营销的工具。

第二阶段，人们开始认识到品牌不应仅仅是销售工具，品牌其实是企业的资产。早期的品牌管理只是为了拉动销售，从营销层面去管理品牌，那么认为品牌管理可以交给中层的品牌经理，甚至可以外包给广告公司的想法就不奇怪了。这个阶段企业的财务报表无从显示和评估品牌的价值。那么，为收购一家知名的企业而不得不支付的高溢价就无法从财务角度给出合理的解释了。只有当企业把品牌视为资产时，才可以对品牌进行估值。这个阶段提出的"战略品牌管理"中的"创建—发展—评估"都是以品牌是资产为前提的。

第三阶段，人们认识到品牌就是企业的战略人格，是公司的"面孔"。学者们提出的"战略品牌管理"就是从战略高度对品牌进行管理，或者说品牌战略本质上就是公司战略，品牌是战略竞争力的一部分。品牌不仅是营销层面的事情，品牌不应仅由营销和公关、传播部门来运作管理，而应当从公司董事会层面考虑品牌的创建，显然，从这些理论成果中，我们还没有看到从消费者角度出发定义品牌的理论。

3. 怎样做品牌？
How to Build a Brand？

如何创建品牌和如何认知品牌是息息相关的，所以也大致分为三个阶段。

第一阶段：以品牌传播为核心。其特征是：创品牌就是做广告，品牌识别是前提和中心。这种以广告传播为核心的品牌实战模式是追求知名度、强调卖点和促销，其本质是把品牌当作营销工具。高额的广告投入是其主要开支。虽然传播渠道随着技术进步可能发生迁移，比近二十年迁移到互联网平台、电梯和公共场所的电子屏等新媒体，但主导的品牌建设思维还是停留在老套路中。

第二阶段：以创造客户价值和关系为核心。其特征是：从卖货中解放出来，品牌打造的新关键词是"价值""关系"和"战略"，品牌当然应该为业绩作出贡献，但仅仅追求短期业绩并不是明智的做法。将品牌作为战略资产来打造才是最重要的：品牌是战略资产，而不仅仅是营销的工具。打造品牌的出发点从以自我为中心到以顾客为中心，从关注"如何营造卖点"到关注"如何创造客户价值"。

第三阶段：共创共享，强化关系。移动互联时代诞生了品牌生态圈，比如脸书、亚马逊、奈飞、爱彼迎等公司。企业从竞争主导走向协同主导，从你死我活到互相依赖的品牌生态系统。基于互联网平台的诸多商家和消费者共同构成了崭新的生态圈，新的价值观不是彼此竞争，而是共赢和分享、共同进化，而且平台的业务无边界，延伸到生活的各个领域。由此，品牌资产最终等同于顾客资产，也就是平台生态圈所覆盖的用户数量。

4. 对传统品牌理论的扬弃与匡正
The Overview of Traditional Brand Theories and the Arguments

经过前面对品牌理论思想史的梳理，我们可以发现，虽然关于品牌理论的书籍汗牛充栋，五花八门的理论林林总总，但目前的品牌理论依然存在几个盲区：比如，关于品牌是什么，目前只有从企业和市场视角的解释，还没有完全从消费者视角出发的解释。因此，关于如何打造和创建品牌这个市场最关心的实践领域也就始终笼罩着一层迷雾。如果你问一个企业家或是公司 CEO，如何打造出一个品牌？他们会沉吟一下回答："这个嘛，打造品牌是个很复杂的事，几句话说不清啊！"如果一个理论无法用三句话说清楚，那说明这个理论还不够成熟和透彻，还没能触达底层逻辑。而本书就是试图为大家揭示品牌的终极秘密。下面，我们就围绕着工业时代的品牌理论中存在的盲区和谬误最多的一些问题逐一进行讨论。

问题一：品牌仅仅是营销工具吗？

品牌是人类商业文明进入工业化时代的产物，此时商品供应极大丰富且同质化严重，消费者在高频的日常消费场景下，必须借助本能的动物脑而非理性脑快速作出决策，品牌作为商品的信用标签就可以帮助消费者轻松作出购买决策。而对于企业来讲，由于工业化大生产造成供给端的严重同质化，如何卖掉自己的产品和服务成了所有企业最关心的问题，当商家发现品牌商品更易于销售时，他们就开始在包装、广告等传播层面投入大量资金，广告和市场营销工作也逐渐发展成一个热门专业。

早期的市场营销基本上等于在报纸、杂志、广播、电视等媒体上投放广告，具体工作内容局限于设计广告图案再配以打动人心的文案。企业认为这就是在打造品牌。但是，品牌不是你说你自己是什么，而是消费者说你是什么。正如我们前面定义过的，营销的本质是价值告知，是属于企业端的行为。而品牌的本质是产品和服务在客户心智中的留痕，是属于客户端的心理感受。企业应该从产品端、从打造伟大的产品和服务入手，而不是舍本逐末只是在传播端发力。当然，广告营销也是对客户心智空间的占领，但客户一定会通过自己的使用和感受去评价才能形成最终、最有效的认知留痕，也就是形成品牌认知。

品牌的本质是一种信用标签，有着功能属性、社会属性、信仰属性的三一律的结构。当然，对于不同消费者个体来说，这种在心智上的留痕也不尽相同，它受消费者的社会阶层、审美水平、生活方式等诸多因素影响。这种品牌效应在消费者一端的非均质性给商家带来了巨大挑战，即便是商家不断加大广告营销上的投入，也无法确保在所有消费者心智中产生的效果都完全一样。商家总是试图"教育市场"，很多时候这种投入甚至超过了在研发和优化产品、服务上的投入，这显然是荒谬的。品牌是价值创造的副产品，你应该去创造光，而不是经营你的影子。所以，品牌不等于商标、视觉设计和广告，要靠你的产品和服务去支撑。那些靠广告语策划，商标设计的品牌策划大师们也许可以帮助你出名，但如果你的产品和服务很差，那名声越大，死得越快。所以品牌不是营销工具，是靠企业的产品战略和传播战略支撑的信用符号，也是企业人格化的面孔。品牌和企业为自己设定的使命、愿景、价值观密切相关，也是企业价值观通过自己的产品和服务在消费者心智中的投射，日复一日，年复一年，在消费者心智中刻下的深深烙印。

问题二：如何创建一个品牌？

在近两百年的工业时代和近二十年的互联网时代，几乎所有人都认为或不自觉地认为：品牌是个可以完全独立存在的事务，可以对其单独进行策划、设计、研发，以为只要有足够好的创意，有充足的预算，就可以做出一个伟大的品牌。暂且不说这种妄念是多么幼稚和机械，只需问问持有这些想法的人一个问题：如果一个人想变得好看、变得受人欢迎，是应该改进自己还是应该改进镜子？讨论品牌时，大多数人分不清品牌和产品；讨论产品时，大多数人分不清产品和客户价值；讨论客户价值时，大多数人分不清自己理解的价值和客户理解的价值。

品牌的本质是一种信用标签，是企业创造的客户价值在消费者心智中的留痕，有着功能属性、心理属性、信仰属性的三一律的结构。从这个定义延伸开来的讨论会涉及两个命题，第一个命题是：既然品牌是消费者心智中的现象，那不同认知主体对品牌的感知肯定不会完全一样，这就是品牌的客体性，不是能由企业端控制的，品牌是消费者说你是什么，不是你自己说你是什么；第二个命题是：产品和服务一定会随着企业的兴衰、经济周期的变化而发生变化——也就是所谓的产品生命周期，因此在客户心智中的留痕也必定会随之发生变化——也就是品牌生命周期，但品牌的生命周期和产品的生命周期相比会有一定的滞后性，不是完全同步的。

从本质上讲，品牌是企业提供的客户价值——产品和服务作用于消费者心智的副产品，正如所有知名品牌的创始人和掌舵者一再重申的：企业存在的目的就是要创造客户价值，要打造伟大的产品和服务。从这个意义上讲，打造品牌的前提是要先打造出优质的产品和服务，并且有能力将这种产品的功能属性、心理属性、信仰属性的三一律结构向消费者进行传输和解码，并与其一一对应的可靠性、情绪价值、意义价值三个层次都产生共鸣，只有这样才能在消费者心智中留下鲜明的印记，完成品牌的打造。

问题三：品牌的灵魂是什么？

如果说在"品牌打造"过程中有什么是企业端需要首先要做的事，那就是要有一个很鲜明的、强有力的、独一无二的价值主张，而这往往需要有一个真实的企业灵魂人物作支撑。已故的苹果公司创始人乔布斯在一次讲演中说:"最后,我想谈一谈苹果这个品牌以及它对我们的意义……我觉得一定是那些有不同想法的人才会买一台苹果电脑。我真的认为那些花钱买我们电脑的人思考方式与别人是不同的。他们代表了这个世界上的创新精神。他们不是一群庸庸碌碌只为完成工作的人,他们心中所想的是改变世界,他们会用一切可能的工具来实现它。我们要为这样一群人制造这个工具。但愿你们今天的所见所闻意味着一个新的开始,它让我们有信心。我们同样要学会用不同的方式思考,给那些从一开始就支持我们产品的用户提供最好的服务。因为,经常有人说他们是疯子,但在我们眼中他们却是天才,我们就是要为这些天才提供工具。"

爱马仕的品牌理念在其拥有的每个产品类别中都是一致的,用让－路易·杜马斯(Jean-Louis Dumas,1978~2006 年期间担任爱马仕集团董事长)的一句话来概括——"我们没有形象政策,我们有产品政策"。品牌理念深深植根于"品质"和"精致"的基础之上。正是出于这些原则,爱马仕一直避免大规模生产、使用生产线或外包制造环节。根据杜马斯的说法,以爱马仕品牌推出的每一件产品都应该反映工匠的辛勤工作,品牌的主要优势是对工艺的热爱。后来,让－路易·杜马斯的儿子皮埃尔－亚历克西斯·杜马斯(Pierre-Alexis Dumas)接任爱马仕集团的艺术总监之后,会在爱马仕的每一件产品离开车间之前签署姓名,这表明了公司对最高质量的坚定承诺。他说:"我认为爱马仕的产品是值得拥有的,因为它们将人重新与人性联系起来……我们的客户可以感受到制作产品的人的存在,同时产品也会使他恢复自己的感性,给他的感官带来愉悦。"①

---

① Hermès——标志性奢侈品牌背后的战略洞察［EB/OL］. D2C 品牌荟, https://www.d2cbrand.com/?p=6109, 2023-07-21.

问题四：品牌是战略还是战术？

企业存在的目的就是为客户打造卓越的产品和服务，这是商业的使命。品牌是企业战略实施效果的副产品，所以从本质上讲，品牌是一个公司的企业战略在用户端的映射，是战略层面的事务。之所以大多数商业同行在这个问题上会感到迷惑和茫然无解，是因为自人类进入工业时代以来一直把做广告等同于做品牌。这显然是非常荒谬的。广告的本质是告知价值，但你的产品和服务是不是真有价值？是不是如广告所描述的有那么高的价值？这需要广大消费者根据自己的体验和感知来评判。所以，品牌不是你说你自己是什么，而是消费者说你是什么。否则，岂不就成了谁的叫卖嗓门大、谁的言辞华丽、谁的广告投入更大，谁就是品牌？

任何的生意、品牌，要想历久弥新，不断成长，就必须有触动到用户本质需求的东西，如果不能做到这一点，只是靠广告营销、运营管理、资本运作、渠道占领——都不可持续。所以，好的生意，生生不息的生意，都来自对客户需求的洞察，对自己产品和服务进行不断迭代，这样的反馈回路一旦形成，生意就会自我成长下去。2016年，在凯维公关"全球100个最真诚品牌"评选中，迪士尼从全球1 600多个知名品牌中脱颖而出，位居第一。迪士尼以虚构的卡通人物和故事为背景，却带给了全球消费者最真实的品牌体验，不得不说是一个奇迹。迪士尼的创始人华特在构建这个魔法世界时，反复强调迪士尼的法则——"梦想、信念、勇气、行动"。迪士尼取得巨大成功的背后，不仅靠非凡的创造力塑造了一系列活灵活现的卡通人物，更有迪士尼人对自己信念的坚守，对事业坚忍不拔的追求，对企业的忠诚度。这都是基于迪士尼人的信念，不是盲目的，而是理性的。正因为迪士尼人对企业、对事业的信任，迪士尼才能拥有凝聚力和战斗力。迪士尼很早就制定了一个独特而有力的战略举措，就是将其品牌与营销分开。相反，它使品牌成为一种战略功能，这一决定极大地影响了公司的发展轨迹。将其品牌作为一个战略变量来对待，让迪士尼的品牌深入人心，获得空前的成功。

问题五：品牌是资产吗？

品牌当然是资产，而且从某种意义上说是比厂房、员工、资本更宝贵的资产，但这笔资产不是贮藏在企业的库房里，而是贮藏在消费者的心智中，而且不是恒定不变的，经常会由于企业掌舵者的变更、技术的变迁、市场环境的变化、政府政策的变化等因素而发生变化。截至目前，最接近于品牌资产的概念是商誉（goodwill），这是只有在发生公司并购交易时才会出现的一个会计概念和数字，用于表达公司价值除实物资产、可估值的无形资产以外的溢价部分。传统的品牌资产理论主要强调影响客户认知的所有物理特征：商标、文案、口号、产品外观、包装设计、服务呈现方式，等等，这些所谓的品牌资产都是一系列具体可见和可感知的元素。但品牌资产的核心并不是物理世界的东西，而是软性的，占据消费者心智中的形象、情绪、信仰，因而也非常脆弱，往往因为企业的一个负面事件、丑闻就会将原有的品牌资产一夜清零。所以，企业要对自己的价值观和价值主张不折不扣地坚守、执行。品牌资产的具体组成部分包括：强大而鲜明的价值主张，持续为顾客创造价值的能力，企业掌舵者的远见和领导力。像可口可乐、耐克这样的企业，本质上都在运营价值观和品牌，而把地面生产、物流、仓储等环节外包了出去。为什么他们可以做到这么轻？因为他们多年来已经在消费者认知中刻下了深深的烙印，已经变成了人们生活方式的一部分。但即便是这样，当年可口可乐推出新口味可乐时却遭遇了市场的滑铁卢，投入的巨额营销费用也都打了水漂。因为可口可乐的消费者们本质上是通过购买可口可乐稳定的口味而获得的童年回忆，美好的瞬间，他们并不需要"新口味"的可乐，正像中国消费者不需要新口味的茅台酒一样。

问题六：外包和品牌输出是否会影响品牌价值？

当企业通过优质的产品和服务在消费者心中打造出了鲜明、坚实的品牌认知之后，可以考虑将不会直接影响企业价值主张和价值观表达的环节外包，但要确保核心价值的交付能力在自己掌控之下，比如核心的工艺技术、核心设计、研发功能。将低价值环节以及使用社会资源可以比自己做得更好的部分，比如物流、仓储等外包。品牌输出也叫轻资产输出、连锁加盟，其本质上是将面对用户的终端运营环节外包，这对于终端产品已经高度标准化、模块化的产品和服务比较适合，比如一些奢侈品牌授权零售店，比如服务业的麦当劳和肯德基，因为核心价值的创造和交付完全在自己的掌控范围之内。

无论将一些低价值环节外包还是做轻资产输出，品牌的核心价值主张和交付能力不能有丝毫折扣，如果没能力保证这一点，最好不要过早做外包或品牌输出，那样给品牌造成的风险极大。

问题七：品牌估值与品牌排行榜可信吗？

品牌估值在 20 世纪 80 年代末出现，至今已经发展了 30 多年。它让企业管理者意识到品牌是核心资产；品牌估值是专业品牌资产管理的重要工具，无法度量就无法有效管理。但品牌估值的隐含前提假设是：品牌是企业能够完全操控和把握的事。可事实是，品牌估值本质上是对企业的产品战略和传播战略实施后的效果评估。这种效果会存在一定的滞后性，也会因市场波动而波动，甚至会因为企业灵魂人物的离职而遭受重大影响，不会完全在企业自己的掌控之下。如何将这个核心资产保值、增值？对这个问题的回答出现了不同理论、不同的实践，至今仍没有一个共识。每年各家品牌咨询公司和市场营销公司发布的品牌价值排行榜都会被万众瞩目，也会在媒体行业掀起波澜，但其客观性、专业性、公允性依然存疑。

不同的估值方法之间缺乏透明度，不同假设导致了不同的结果和估值，不同咨询公司对同一品牌计算出来的价值也不一样。目前市场上在使用的品牌估值方法论基本上遵循以下四个维度：品牌知名度、目标客户规模、目标客户复购率、粉丝的狂热程度（潜在客户的向往程度）。

但是，目前品牌估值的方法论存在三个绕不开的问题。

第一，估值方法对市场占有率、品牌加盟合同金额的统计、客户规模和复购率、增长率的计算几乎和对企业估值如出一辙，当然大部分品牌咨询公司都会声称，将减掉企业物理资产的价值。但是，对品牌估值和对企业估值的真正区别和边界在哪里？

第二，品牌战略实际上包含产品战略和传播战略两个部分，可是目前品牌理论界的认知有意无意忽视了产品战略的部分，也就是把创造价值的权重放得很低，而主要关注传播战略，也就是价值告知的部分。由于缺少了一块重要基石，据此逻辑推演出来的品牌估值方法实际上仅仅是对传播战略效果的评估，当然这也是必要的工作，但仅据此得出的估值结论就显得很薄弱，不得不人为设定许多主观的系数，缺乏客观性、公允性。

第三，往往企业的创始人或灵魂人物对于品牌的形成和品牌资产的可持续起着至关重要的作用，但在目前的各类品牌估值方法论中对此没有任何涉及。

但是，我们依然相信品牌估值是科学，尽管有种种复杂性和矛盾，仍然应该将品牌估值开发成为一个科学的管理工具，留待我们在后面章节专门论述。

问题八："品牌延伸"与"品牌组合"行得通吗？

品牌延伸指一个知名品牌开始贴牌到其他品类的产品或服务上。品牌组合是指在一类产品或服务中分出不同价位或不同功能类型的产品，并各自对应一个品牌。我们已经分析过，品牌是消费者心智中对于某个企业产品或服务的感知留痕，如果企业贸然将品牌延伸到不同品类的产品或服务上，非常有可能造成消费认知的困惑和混淆，从而稀释掉原有的品牌价值。当然，企业的价值主张可以通过有竞争力的技术，鲜明的设计风格，独特的服务特色等在不同产品领域中表现出来，但是，人类大脑在接收和存贮信息时有自己的分类习惯，假设有一天苹果公司做出 Apple 新能源车，消费者会很容易接受；但如果苹果公司推出一款苹果眼药水，或苹果汉堡包，恐怕消费者就不太会买账了。所以，除非企业的能力非常强大，在毫不相干的产品门类中都具有技术能力、美学品位和服务特色，才可以将自己的品牌延伸到不同的产品领域，通常这在经济学领域似乎是不可能存在的。

美国的 3M 公司似乎是个例外：3M 公司原名明尼苏达矿业及制造公司（Minnesota Mining and Manufacturing Company）是起源于美国的跨国综合制造公司，成立于 1902 年。公司早期生产如防水砂纸和胶带的产品，随后还制作玻璃纸带和金属框架汽车的隔音材料。为道·琼斯工业平均指数的组成股之一，生产超过 55 000 种产品，包括研磨材料、胶带、黏合剂、电子产品、医疗产品等。3M 公司在全球拥有 136 家工厂以及超过 67 000 人的雇员，并在 197 个国家设有办事处。它的全球收入超过 200 亿美元，其中国际收入占总量的 58%。[①]

对于 3M 公司这个案例，我们更倾向于认为，如果它的股东方将其每个核心产品都独立对应一个品牌，会形成若干品牌，那样积累的品牌资产对于企业的贡献会更大。事实上，即便是从消费者的角度来讲，虽然有人知道 3M 便利贴、3M 口罩这样的产品，却很少有人对其有品牌忠诚度，不会产生什么品牌联想，也不会知道 3M 的价值主张是什么，也不会介意购买其他企业的便利贴、口罩、电子产品等类似商品。不能不说从品牌资产管理角度讲，3M 公司其实是个很典型

---

① Rimington C. From Minnesota Mining and Manufacturing to 3M Australia Pty Ltd (3M Australia: the Story of an Innovative Company) [M]. Victoria, Australia:Sid Harta Publishers, 2013.

的失败案例。

　　同样，一个公司也很难同时运营价值驱动型品牌和效率驱动型品牌，因为它们背后需要的核心能力是截然不同的，一般来说是彼此冲突和互不兼容的，除非你将他们划归成互不打扰的两个独立团队去运营。所以，同一个资本或业主可以持有不同品类、不同档次的品牌，但在运营层面是无法兼容的。但是，跨界联名是一个很好的扩展品牌影响力的战术，这不仅可以扩大客户范围，还不会减损本品牌的核心价值，也不会给消费者造成混淆的认知。需要注意的是，一定要谨慎选择那些价值密度和价值主张相近的产品和品牌去合作。

　　问题九：消费端品牌与企业端品牌的区别是什么？

　　面向企业端的产品和服务本质上是生产力工具，也就是帮客户创造价值的工具。许多全球知名的品牌都属于此类，如 ABB、卡特彼勒、杜邦、通用电气、惠普、IBM、英特尔、微软、甲骨文、西门子等。面向企业端的产品和服务的购买决策流程更长，参与决策的环节更复杂，所以与面向消费端的产品和服务相比，企业端的客户更关注产品和服务本身的功能层面，也就是技术含量、落地和交付能力、售后服务和稳定性等，而对于产品的包装、产品设计的美感等情绪价值层面的优势并不是太在意。而且由于企业端投入的交易成本更高，所以没有特别的理由，一个企业不会频繁更换自己的乙方和供应商，对于其他供应商来说，去说服企业客户抛弃现在使用的供应商难度很大。即便如此，从本质上讲，面向企业端的产品和服务也是间接在为消费端用户服务的，谁能说为宝马公司提供轮胎的供应商和宝马车的用户们没关系呢？所以，如果能和企业端客户一起共同服务好他们的用户，将具有更大的优势。比如洞察到企业客户的客户在意什么？关注什么？痛点是什么？能经常和客户的终端用户保持接触，对于提升为企业客户的服务品质至关重要。

问题十：存在品牌真空的生活吗？

消费者在日常消费时倾向于用支配潜意识的原始脑作决定，而不是理性脑，所以从理论上讲，如果你生活中需要的所有商品，从牙膏到西装都能找到你熟悉且喜欢的品牌，人们就不会选择一个非品牌的商品。除非是市场上出现了一个新品类产品，人们不太会选择购买不熟悉不了解的非品牌商品。当然，对于手头拮据的人来说，什么便宜就买什么，但这不属于主动的选择，一旦他们的可支配收入增加，他们还是会选择品牌商品。

我们也会看到一些商标和包装与知名品牌商品非常相像但很便宜的商品，这就是那些无品牌商品试图借用品牌的光环误导消费者购买。当然，有一些渠道商做大之后，会整合一些质量稳定且性价比高的产品，贴上自己的商标进行销售，这本质上属于渠道品牌。曾经有人尝试过在一年内不购买任何品牌商品，去体验一种非品牌的生活，最后他们发现几乎是不可能的，很简单的一个道理是，任何店铺和销售渠道都不太愿意售卖没有品牌信用的商品。这也解释了为什么任何新产品进入市场前都要预先进行大量的广告宣传，请名人背书，甚至让消费者免费试用、试吃等。可以预计，在成熟的市场中，比如欧盟、北美、日韩区域，对于高频使用的产品——通常我们称为低值易耗品，在意义层面权重占比极低的产品，最终会被一家或是两家的品牌垄断整体市场，类似可口可乐和百事可乐瓜分全球市场一样。因为任何潜在的竞争对手进入这类产品的竞争市场的成本太高，已经无利可图。所以明智之举是开拓新品类、新物种，在消费者认知中寻找一个新生态位。

问题十一：对于企业来说，直接收购品牌是个捷径吗？

一般来讲，如果只是将品牌作为资产收购，而不触碰它的核心团队，那品牌大概率可以继续延续；如果对其团队进行大刀阔斧的重组，赶走它的灵魂人物，那本质上是扼杀了这个品牌。收购一个品牌应该保留它的灵魂人物和核心团队，否则就等同于只收购了一个商标，除非你有一个现成的灵魂人物可以顶上来，但大多数情况是不太可能的，因为灵魂人物更愿意做自己的品牌而不是接受一个别人的品牌。20世纪80年代，卡尔·拉格菲尔德（Karl Lagerfeld）受雇于香奈儿，1971年品牌创始人可可·香奈儿（Coco Chanel）去世后，香奈儿（Chanel）已经被认为是一个"濒临死亡的品牌"。1983年，拉格菲尔德接管了那里的高级时装业务，为公司带来了生机，通过改造其成衣时装系列，取得了巨大的成功。类似卡尔·拉格菲尔德继任可可·香奈儿品牌的首席设计师这样的成功案例还是比较少见的。拉格菲尔德事实上是同时在做两个品牌，他并没有终止用自己名字命名的品牌，但比较吊诡的是，在拉格菲尔德接棒可可·香奈儿的40多年里，可可·香奈儿起死回生，独领时装界风骚，而他自己的拉格菲尔德（Largerfeld）品牌却一直不温不火、乏善可陈。

在考虑进行品牌收购时，收购方应该知道，虽然你获得了现有的品牌市场占有率，但是支撑消费者品牌认知的是它后面的产品和服务，产品和服务后面的团队和组织，团队和组织后面是企业的文化和价值主张，而鲜明强大的价值观和价值主张往往和企业的灵魂人物——掌舵者密不可分。仅仅依赖企业的物理资产和库存支撑品牌的存续都不可持续，只有灵魂人物和核心团队才可以将品牌的价值主张延续下去。商业史上所有收购品牌后把创始人和核心团队赶走的，品牌要么是逐渐走向没落、消亡，要么是蜕变成一个二流、三流的品牌。而当一个灵魂人物离开或去世后，如果没有另一个类似能量级的灵魂人物接班，继任者只会吃老本和照猫画虎，那么这个品牌也将渐渐衰落下去。我们看到可可·香奈儿去世后，继任主创设计师拉格菲尔德成功将她开创的品牌延续了下去，但是苹果公司在两次失去了乔布斯的掌舵之后都江河日下了，无论是因为第一次董事会将乔布斯赶出苹果公司还是第二次的乔布斯病逝。

资本主义的愚蠢在于它总以为资本是一切的主宰，无所不能，但其实推动人类文明发展的是企业家精神——梦想、远见、市场洞察力和独特的创意能力。所以在本书里，LVMH 集团不会作为成功案例出现。那种幻想靠一个集团的中心平台支持多品牌的逻辑是行不通的，因为每个品牌的价值主张和文化调性以及背后团队的核心能力都不尽相同，且灵魂人物和核心团队无法被不同定位的品牌共享。所有品牌的核心都应该是价值驱动而不是效率驱动，试图靠降低运营成本来维持品牌资产价值的终究会让品牌走向衰落。事实上，几乎所有没落的、被人们淡忘的品牌都是因停止了价值创造，转为效率驱动而逐渐没落的。高势能品牌应该不断延续和强化品牌的价值主张，不断创新，去占领价值制高点。

五、跨学科视角审视品牌现象

Examine the Brand Phenomenon from an Interdisciplinary Perspective

如果我们只是在商业范畴内研究品牌现象，就会像鼻子贴着巨幅油画，根本无法看到画上是什么，所以我们必须突破工业时代学术界对学科的分类，从更多学科的视角探讨和检视品牌现象，相信这样的尝试会为我们解答此前一直无解的问题提供崭新的视角。

1. 从认知神经科学、心理学视角看品牌
From the Cognitive Neuroscience and Psychology Perspectives

在社会学和商业研究领域中，每次碰到人类行为中那些解释不了的问题，人们最常说的就是：这就是人性。至于什么是人性？从来没人能解释得清楚。释迦牟尼说人性就是"贪、嗔、痴、慢、疑"。如果我们给出一个更学术化的定义，人性就是"人类从基因中继承下来的，先天的，与外界、与彼此互动的基本范式"。20 世纪 70 年代末，"当代认知心理学之父"米勒（G. Miller）和脑科学家加扎尼加（M. S. Gazzaniga）提出，有必要将认知科学与神经科学的研究结合起来建立一门交叉学科，这就是认知神经科学（cognitive neuroscience）。这门学科试图探究和解释人类行为与心理现象产生的生物学基础。人类的心理现象及其相应的行为是生物发展到高级阶段后的一种极端复杂的活动形式，它们是神经系统（特别是脑）与环境相互作用的产物。

要揭开人类心理与行为产生和变化之谜，除了从后天社会环境塑造的角度考察心理形成与行为发生的原因，还需要从生物学层面，也即自然科学的范畴加以研究。心理现象及其相应的行为反应，是物质发展到高级阶段的一种极端复杂的活动形式，它们是神经系统（特别是脑）与环境相互作用的产物。

认知神经科学借助对人类的遗传与进化、生长、发育和衰老等多种生命活动形式的研究，发现人类的心理和行为在整体形态结构、神经元环路、细胞及亚细胞水平、分子水平等多个层面上的活动规律。也就是被我们称为"人类从基因中传承下来的，先天的，与外界、与彼此互动的基本范式"。

（1）人类的感知：各种不同的外部刺激信息是如何被感受器记录，由神经系统和脑编码与加工，最终形成了我们的视觉、听觉、嗅觉、味觉和痛觉的？

（2）人类的行为：哪些脑区参与了对肢体动作的控制？感知与学习如何影响脑的动作控制？脑损伤会导致哪些动作控制障碍？

（3）人类的学习：在注意力选择过程中哪些脑区参与其中？中枢神经递质对调节注意有何作用？注意力缺陷和多动症是哪些器质性的原因造成的？

（4）人类的记忆：不同类型的学习记忆是否由相互分离的脑功能系统来负责？学习会引起相关脑区神经元的结构、神经递质和酶活性的变化吗？

（5）人类的语言和音乐：脑损伤会导致哪些语言和音乐功能障碍？神经心理学模型是如何解释语言信息加工机制的？为什么说语言和音乐是许多脑区及大脑两半球协同活动的结果，也就是整个脑的功能？

（6）人类的情绪：外周神经系统（peripheral nervous system）自主反应模式会影响主体的情绪体验吗？杏仁核与恐惧情绪习得有何

关系？前扣带皮层（anterior cingulate cortex）怎样整合动机与情绪信号调节执行控制？岛叶皮层与厌恶情绪反应有何关系？人类情绪的脑机制包含了哪些功能网络？如何解释应激的生理与心理反应？

（7）人类的生理需求：人体产生渴感和饮水行为的调控机制，需要食物时产生饥饿感和摄食行为的调控机制，以及异性交往时行为的调控机制。

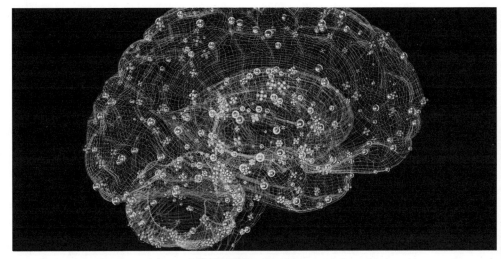

人脑的结构

脑是人体神经系统的中枢器官，与脊髓一起构成中枢神经系统。由大脑、脑干和小脑组成。它控制着身体的大部分活动，处理、整合和协调从感觉器官接收到的信息，并决定向身体其他部位发送的指令。

以下让我们一起简单回顾一下脑科学领域的学术研究成果和发现。

以下为脑区分布及其主要功能：①

（1）额叶（frontal lobe）：额叶所在的位置就是我们前额这块区域，主要负责的是"高级认知"。额叶的一个非常重要的部分是脑前额叶皮层，它在计划和执行运动活动、采取主动、激励、控制情绪和

---

① Johanson D C. From Lucy to Language [M]. New York: Simon and Schuster, 1996: 80.

行为方面发挥作用。额叶负责计划和执行已习得的和有意识的行动。此外，额叶是许多抑制功能的位置。额叶中至少有 4 个功能不同的区域：内侧额叶区负责意识和动机。额眶区有助于塑造社交行为。下侧壁区域负责语言功能，而背外侧区域管理新获得的信息。因此，在功能上称为"工作记忆"。初级运动皮质控制身体对侧的所有自主运动（身体的每一部分都以一个严格定义的空间地图的形式投射到初级运动皮质中）。由于来自初级运动皮层的 90％ 的纤维穿过脑干区域的内侧线，因此对脑叶运动皮层的损害会导致身体对侧的无力。此外，大脑额叶的特定区域是嗅觉识别中心的所在地。

（2）枕叶（occipital lobe）：枕叶是最主要的视觉皮层，负责一切有关视觉的感知。视觉皮层位于枕叶的两个半球，提供双目视觉——在人眼看来，世界是广阔的。视觉皮层，称为联想区，它不断地与其他大脑结构进行交流，形成一个完整的世界图像。枕叶负责处理视觉信息并将其整合到与世界的一般关系中；存储视觉信息；与大脑的其他区域相互作用，并在一定程度上跟踪它们的功能；对环境的双目感知。

（3）颞叶（temporal lobe）：颞叶是大脑皮层的一部分，它处在额叶之后，是脑中第二大的结构。颞叶和枕叶相对，位于太阳穴的后端。他在复杂的视觉发育和面部识别方面起着重要作用。颞叶主要负责听力，对音频信息的记忆和处理。颞叶还负责掌控身体的平衡。此外，其他研究表明颞叶还可以掌控情绪，包括焦虑、动机、悲喜。

（4）顶叶（parietal lobe）：顶叶位于大脑半球的上半部。从前侧和外侧的顶叶界限包括从前面到中央沟、从颞底到外侧沟、从枕骨沟到从顶枕沟上缘至下半球边缘的假想线。顶叶是躯体感觉的中心，它帮助人类理解空间关系，正确地分析和比较自己与其他外界物体之间的位置和空间距离。顶叶对于词汇理解和语言理解加工具有重要意义。它帮助解释和实现温度、视觉、感觉、听觉、记忆和运动中枢信号以及视知觉。

（5）丘脑（thalamus）：丘脑是感觉的高级中枢，是最重要的感觉传导接替站。来自全身各种感觉的传导通路（除嗅觉外），均在丘脑内更换神经元，然后投射到大脑皮质。在丘脑内只对感觉进行粗略的分析与综合，丘脑与下丘脑、纹状体之间有纤维互相联系，三者成为许多复杂的非条件反射的皮层下中枢。

（6）下丘脑（hypothalamus）：下丘脑在丘脑的下方，主要功能是控制我们身体的新陈代谢，比如饥饿、口渴、体温、性唤起、汗水、血压以及内分泌系统。同时也帮助身体整合感官信息。

（7）杏仁体（amygdala）：杏仁体像一个小杏仁。它的主要功能是处理情绪和恐惧的学习（例如：感知危险、战或逃反应。

（8）海马体（hippocampus）：海马体一词该来源于拉丁文（Hippocampus），因该结构形状和海马相似而得名。最主要的功能是形成新的记忆。海马体是早期长期记忆的储存地点。

（9）小脑（cerebellum）：小脑占整个脑部的 10%。主要功能是监控和调节运动行为，以及自主运动功能。拥有比大脑其他部分更多的神经元。

（10）脑干（brain stem）：脑干是整个大脑中最重要的部分，负责维持个体生命，例如心跳、呼吸、消化等重要生命功能。脑干受损会危及生命。

坎农—巴德的情绪理论（Cannon-Bard theory of emotion）认为，情绪性刺激首先传到丘脑，随即激活大脑皮层和下丘脑，大脑皮层决定情绪体验的性质，下丘脑激起外周唤醒和行为反应。研究证据显示，下丘脑是情绪反应的重要表达中枢。携带情绪信息的感觉传入首先到达丘脑，然后传送给大脑皮层和下丘脑。扣带回（cingulate gyrus）是调节情绪体验的皮层脑区，下丘脑控制着身体的自主唤醒和行为反应。

杏仁核是大脑基底神经核的一个重要核团，为边缘系统的组成部分，是产生情绪、识别情绪和调节情绪，并参与控制学习和记忆的脑部组织。杏仁核的兴奋也将会影响大脑皮层接收和处理信息，遭遇威胁时，杏仁核会使心率加速、肾上腺素飙升，使自己有愤怒的力量，其实也是自卫的准备。很多实验显示，杏仁核受到刺激的动物会变得十分暴躁，杏仁核最习惯的反应方式就是战斗或逃跑，这种为生存安全负责的方式被继承下来，成为随时启动的对战模式。

在海马系统中，已发现与联合式学习有关的长时程增强和长时程压抑现象，这是学习与记忆神经活动可塑性的有力证据。波格丹·德拉刚斯基（Bogdan Draganski）和他的同事进行的研究也表明，大脑灰质的体积会随着学习的深入而增加，这为科学家提供了更具体的方法来测量情绪标记与神经结构的关系。意味着存储信息的次数越多大脑中创建的回路就越多。一项针对出租车司机的研究证实，在语音导航出现以前，由于需要记住几千条街道的名称和位置，出租车司机的大脑海马体比普通人都大。这是因为海马体负责存储和组织我们的长期记忆。长期记忆就像一种肌肉：越努力，越强大。词汇的语音网络分布于包括布罗卡区和韦尼克区在内的左半球外侧裂周边皮层；词汇网络是按范畴特异性组织起来的，分布于大脑两半球的广泛区域；词汇提取网络可能主要位于左半球颞区，并与语音和语义网络相互联系。语义提取网络主要依赖左前额区，负责从位于后部皮层的语义加工区提取相关信息。

知觉启动（perceptual priming）是一种自动发生的内隐记忆现象，主要依赖于大脑枕叶和颞叶后部皮层。语义启动（semantic priming）的自动加工过程发生在前额叶、颞叶和颞—顶连接区皮层等脑区；前扣带回皮层（ACC）通过注意控制调节着语义的自动加工与控制加工。另外，内侧颞叶和额叶皮层也在内隐性联想启动（associative priming）中起作用。失乐症是由脑损伤引起的理解音乐和表现音乐能力的障碍。右半球在音乐加工中可能起主导作用。例如：右侧颞—顶区受损会损害旋律感知；右侧颞上回、中央区后部和脑岛后部受损会导致歌唱表达能力的缺失，同时音色、音强和音调等辨别能力的障碍。但是，左半球也在一定程度上参与了音乐加工。例如：左侧颞—顶区受损会损害节奏加工；左额叶损伤既影响言语表达能力，也无法辨别音符。功能成像研究也显示，语言活动中存在左半球优势，而音乐加工中右半球有优势，但也有某些共同激活的脑区。[①]

也许至此关于人性是什么的无休无止的争论已经不重要了，从认知神经科学的研究成果，我们可以更清楚地看到人脑不过是一套经过几万年演化出来的"碳基反馈操作系统"，可以理解成类似电脑的操作系统，让我们继续了解一下这个操作系统是怎样运行和工作的，这就进入脑科学和生物心理学的发现领域。

下面我们介绍两套极富洞见的脑科学理论，第一套是三位一体大脑理论（triune brain）。

耶鲁大学医学院和国家心理健康研究所的神经科学家保罗·唐纳德·麦克莱恩提出人类大脑进化三位一体理论，认为人类大脑实际上是三个大脑合为一：爬行动物复合体、边缘系统和新皮层。麦克莱恩在 20 世纪 60 年代制定了他的模型，并在他 1990 年出版的《进化中的三位一体大脑》一书中详细提出了这一模型。三脑模型将大脑划分为爬行动物脑（reptilian brain）、古哺乳动物脑（或边缘系统，limbic system）和新哺乳动物脑（或新皮层，neocortex）。[②]

爬行动物脑又称"蜥蜴脑"，包括脑干、小脑和基底神经节。基底神经节是位于大脑底部的一系列神经核团，包括纹状体，背侧苍白

---

① 蔡厚.生物心理学：认知神经科学的视角［M］.上海：上海教育出版社，2010.

② Butler A.B. Triune Brain Concept: A Comparative Evolutionary Perspective [J]. Encyclopedia of Neuroscience, 2009.

球（dosal pallidum）、腹侧苍白球（ventral pallidum）以及中脑的黑质（substantia nigra）。基底神经节调控着我们的自主随意运动、习惯行为的形成等。爬行动物脑是动物本能行为的原因，这些行为涉及侵略、支配、领土宣示等。

古哺乳动物复合体也称"边缘系统"，是最早出现在哺乳动物大脑内的结构，包括扣带回、海马体、嗅球、杏仁核以及下丘脑。这些脑结构控制着情绪、情感、嗅觉、记忆、进食、饮水、生育、育儿等行为。

新哺乳动物复合体，它由大脑新皮层组成，在进化上最晚出现。新皮层就是大脑最外层的沟回，从前到后大致可分为额叶、顶叶、颞叶和枕叶。新皮层控制着更高级的脑功能，赋予了人类语言、抽象思维、计划、辨别、逻辑等。这是一种在高等哺乳动物，尤其是人类中才能发现的独特结构。

三位一体的大脑模型认为，这些结构彼此相对独立，但它们仍然以某种形式相互连接。

由于这些晦涩冗长的学术名词太拗口，人们在日常心理治疗和应用时很不方便，所以西班牙神经心理学家阿尔瓦罗·毕尔巴鄂（Alvaro Bilbao）给它们换了更通俗的叫法：爬行动物脑、情绪脑、理性脑。本书以下章节会继续沿用这种通俗的称呼。[①]

第二套极富洞见的脑科学理论源于 2002 年诺贝尔经济学奖得主丹尼尔·卡尼曼，他在《思考，快与慢》一书中提出了人类的大脑具有两个系统的思维模式：

系统一：无意识且快速的，不怎么费脑力，没有感觉，完全处于自主控制状态。系统二：将注意力转移到需费脑力的大脑活动上

---

① 阿尔瓦罗·毕尔巴鄂.孩子的大脑——智商与情商的真相 [M].北京：北京科学技术出版社，2018.

来，与行为、选择和专注等主观体验相关联，需要集中注意力。系统一是自主发生且不费力的，当遇到阻碍时便会激活系统二，集中注意力去思考和解决。系统一是除睡眠或昏迷以外时刻在线的，而系统二仅在系统一无法解决问题时才被启动。系统一是直觉思维，包括感觉和记忆等所有无意识的大脑活动。系统二是慢思考，需要投入更多脑力。正因为系统一是无意识的，由此产生的认知偏差才难以自我察觉。加上系统二需要极强的自我控制和精力损耗，我们会偏向更轻松的惰性思维直接作出即兴判断。也就是说，大部分情况下，人是非理性的，喜欢拍脑袋作决定。系统一驱使的直觉思维会导致以下七种心理效应：

• 启动效应：人的行为和情感会不知不觉被他物影响。我们觉得高兴时就会微笑，而微笑也会让你感到高兴。微笑的状态，会启动你"高兴"的感觉。

• 曝光效应：个体接触一个刺激越频繁，个体对该刺激就越喜欢。因而只要不断重复接触就能增加喜欢的程度。重复能引发放松感和熟悉感，不断重复某个谬论，我们很可能就相信了，因为人们很难对熟悉感和真相加以区别。

• 常态理论：已遭遇过某种小概率事件，类似的事情再发生时就会不以为意。

• 因果关系：习惯将持续发生的事件联想为因果关系，将前一件事解释为后一件事发生的原因。

• 确认偏误：先有猜想或观点，然后人们就会寻找证据支持自己的偏好或猜想。

• 光环效应：喜欢或讨厌某个人就会喜爱或讨厌这个人的全部。

• 框架效应：同一信息的不同表达方式会激发人们不同的情感，从而影响判断。比如告诉你：手术后存活率为 90% 与手术后死亡率为 10%，比反过来说更让你安心。

这些效应告诉我们，我们的行为和感情有时会受制于我们自己都没有意识到的事件。思维的发散性和联想性让我们作出直觉性判断，而这些都是在不自觉中就对我们产生影响的。在以上心理效应的基础上，丹尼尔·卡尼曼进一步指出了我们在思维中大脑的惰性。即使遇到了较为复杂的问题，需要调动系统二进行处理，我们的大脑也会遵循最省力原则，自动使用另一个简单的问题来替代面前的难题。这就让人类经常抱有两大类偏见而不自知。一类是启发式偏见：代表性启发、锚定效应、可得性启发；另一类是决策型偏见：后见之明、回归均值现象、乐观偏见、前景理论、峰终定律。由此丹尼尔·卡尼曼给出了三个有效避免偏见的建议：首先要放慢思考速度，有意识地调动系统二，其次要善于引进外部意见，最后要事先设想一下惨败的结果。

人类大脑是经过数百万年演化形成的复杂网络。动物脑负责直觉和潜意识，在茹毛饮血的日子里，直觉和潜意识让人类可以有效率地处理信息，对周围的风吹草动立刻产生警觉，对生存资源的攫取保持最大的兴趣，满足了人类最基本的生存和安全需求。这一切是在本能和潜意识状态下完成的，人类自身并没有意识到动物脑一直在工作，所以几乎没有控制能力。既然我们都是从大自然的严酷进化选择中幸存下来的，那说明这套系统是成功和有效的。而人类的理性大脑则是在最近几百万年间才进化形成的，这部分大脑负责掌管计算、思考、阅读、回忆、预测等功能，这部分功能都是在有意识的情况下启动工作的，完全由人类自身控制。认知功能是在我们进化后期出现的，而我们最基础的、基于生存反应的神经回路是早期进化出来的。一点不意外的是，丹尼尔·卡尼曼发现人类认知功能实际上有两个决策系统，分别处理不同的决策。系统一是大脑几百万年进化出来的最原始的部分，它是一套固定的、自动运行的算法，所以当大脑使用这个系统时是完全是自动的、下意识的，只消耗非常少的能量，这套潜意识、直觉系统对应的是爬行动物脑和情绪脑。而系统二则是人类大脑较晚发展出来的、比较高级的部分，是显意识或理性思维，对应的是理性脑。这个系统需要有意识地启动工作，在自知的状态下进行思考。它会主动搜索、调取信息，进行比较、分析、假设、论证，再搜集更多信息，再分析、假设、论证——这种有意识的理性思考会迫使大脑消耗许多能量，而且不一定会得出有价值的结论。因为有价值的结论需要思维主体掌握大量高质量的信息和知识，此外还要有正确、缜密的思维方法。显而易见，主动地学习、思考、消耗能量是一件很"反人性"的行为，因为它既耗能又不能带来即时快感和回报。

如果用人类的理性脑进化时间相较于在动物状态生存了几百万年的原始人——在埃塞俄比亚发现的目前最早的古人类化石，距今350万年的"人类的祖母露西"，几乎可以忽略不计。人类掌握农耕技术进入文明状态不过区区几千年时间，考古显示的人类最早的农耕文明出现在公元前4000年的古巴比伦，而人类进入工业文明不过区区几百年时间——以1760年蒸汽机的广泛使用为标志。所以理性大脑对人类的支配性远远弱于动物脑的力量。佛学中所说要戒除的五毒"贪、嗔、痴、慢、疑"都来自人类的动物脑和情绪脑的作用，而中国儒学宣扬的"仁、义、礼、智、信"显然需要人类"理性脑"的控制。而这种动物脑、情绪脑和理性脑之间的对立、争论一直贯穿人类行为的方方面面，所谓的心理疾病、精神疾病，多数源于这种对立与不协调。

人类的神经系统每秒钟都在向大脑传递着 11 000 000 比特的信息，[①] 虽然我们并不自知，可是每一秒我们的意识都在对外界事物作出反馈："这个商场用的什么香氛呀，挺好闻""那个人胳膊上布满了文身哦，他会是做啥的？"但是实际上我们每秒能够处理的信息只有

---

① 列纳德·蒙洛迪诺. 潜意识——控制你行为的秘密 [M]. 赵崧惠，译. 北京：中国青年出版社，2013.

16 到 50 比特，所以，如果大脑启动显意识系统来处理这 11 000 000 比特的信息，人基本上就会因大脑疲劳过度而死。潜意识在人类清醒状态下承担了我们的大多数的决策工作，主宰着人类活动。在潜意识的工作中，处理眼睛所传递来的信息是最重要的事务——从波长中感知颜色，判断物体位移和运动，感知深度和距离，判定所见物的身份，识别面孔和体型，等等。在大脑的三分之一正忙着处理以上这些信息时，人却对此毫无觉知。这些复杂的工作都在人的意识之外，数据被整理和解码后，结果被整理成简短的报告传递给你，这就是习惯产生的原因。原始大脑这样做是希望通过找回旧的行为模式来减少能量消耗。也是为什么人类很难改变自己日常的行为习惯，甚至改变一下早餐常吃的东西，穿衣风格都很困难。记得有一次在一个城市出差，下午开完会，回酒店休息了一会，傍晚出来试图找一个吃晚餐的地方，可是并没有明确的想法要去哪里。在酒店楼下的商业街漫无目的地走了十多分钟后，我发现自己不自觉地来到一个中餐馆旁边——原来是我的潜意识把我带到这里，它在几年前埋下了一个记忆：这家餐馆的东西很好吃，也不贵，服务员也很热情礼貌。我才意识到这一切完全是潜意识替我作出的抉择！

　　直觉和潜意识更像是所有脊椎动物的出厂设置，而显意识则更像是出厂后的附加功能。我们每天都会作出各种决定、决策，我们以为这些决定都是自己理智思考所得，且清楚自己的思考过程，但事实是，我们只能控制显性思维，而对潜意识所起的作用并不自知，因此我们对自己、对他人、对外界事物的看法和结论，其实都像是在浮在水面上冰山的一角。思维的真相远比我们所理解的更为复杂，我们感知周围环境，回忆过往的经历，作出判断，对事物作出回应——所有的行为里，我们都被不自知的潜意识所影响着。或许它看不见摸不着，但是它塑造了我们的思维感受，以及回应整个世界的方式。当你试图说服一个人接受你的意见时，你发出的信息会先通过对方的动物脑，然后才能发挥作用，对方的动物脑能决定放行或中止接受你的信息。因为动物脑掌控对情绪、视觉和触觉的刺激产生反应。一旦信息让动物脑"忙不过来"，你的说服信息就会被传送到理性脑那里，大脑倾向于按这个顺序处理信息，并在前额叶区最终作出决策。在这个双轨的思考系统里，动物脑支配的潜意识才是那个起决定性作用的，但人类对此并不自知。往往是在动物脑做完决策之后，理性脑才会去搜集支持的论据。当莎士比亚塑造的哈姆雷特嘴里重复着"活着还是不活？（To be or not to be）"时，他自以为是理性脑在工作，其实，是他的动物脑和理性脑在相互争吵，所以我们就看到了一个犹犹豫豫、始终无法有所行动的丹麦王子的形象。实际上，大部分低等动物都可以不靠逻辑思考生存繁衍，但是没有一种动物可以脱离本能和动物脑而生存。所以有关人类决策机制的一个惊人的真相是：动物脑支配情绪脑，情绪脑支配理性脑，潜意识支配显意识。这个认知将对我们后面要阐述的人性的三重属性、如何塑造伟大的产品和服务、如何有效进行信用解码、如何打造美好的生活方式等核心命题至关重要。

2. 人类学视角看品牌
From the Anthropological Perspectives

人类学家在上古的人类生活遗迹中以及近代发现的一些未开化部落中，发现人们会使用一种区分族群以及向神明祈福的符号系统，我们称之为图腾。即便是在当代社会，在科技水平低下的区域，人们也会普遍相信某种符号、圣物、法器能保佑自己并带来好运。他们认为是图腾帮他们链接了超自然的力量，获得了护佑和好运。中华上古黄帝部落的图腾是云，炎帝部落以火为图腾。此外还有传说的共工部落，以水为图腾；伏羲部落，以龙为图腾。现在我们看到的龙图腾的样子，就是云、火、水、龙四个图腾的融合体，是中华文明在上古岁月中逐渐融合的象征。古埃及成了统一的王国之后，神鹰荷鲁斯（Horus）就成了全埃及的图腾和唯一的保护神。早期人类原始部落、氏族频繁战争的结果就是留下来的部落遵奉的图腾就成了神，被兼并和征服部落崇拜的图腾和自然物就转化为次一级的神。古罗马军旗上的狼、马、野猫、鹰和牛头人身的怪兽，大约也是图腾标记；在文字发明之前，人类创造的象征符号就是图腾，人们把图腾画在身上和旗帜上，最终逐渐演化成纹章的徽标。德国心理学家威廉·冯特（Wundt）说："图腾文化在许多地方都为文明的进化开辟了道路。它标志着原始人的时代向半人半神的英雄时代和神的时代之间所做的推移。以便应用于书写之中。"

二战之后在美军驻扎的太平洋西南部群岛，当地的土著人看到美军起飞降落的飞机感到很神奇，他们看到白人在地面上开辟出了一片空地，布置了一些东西，然后飞机就会从天而降，带来好多物资。土著人觉得白人在施展某种法术，于是，他们也开辟出一块空地，用藤条和树枝拼装了一些类似飞机的东西放在那里，然后就耐心地等待着飞行器自天而降给他们带来吃的、用的东西。人类对于自己解释不了的现象总会起一个名词，赋予一个符号，然后就会寄希望于这个符号能带来奇迹。由此，我们可以清楚地看到人最本质的身、心、灵三重需要是如何依托图腾系统来实现的：首先，人们相信图腾可以让自己获得力量和好运，顺利打到猎物，收获食粮、规避危险，让肉身得以存活；其次，图腾是一种群体共识，相互认同，以群体和组织的形式共同对抗大自然；最后，图腾的艺术化、故事化和神话为人类带来心灵的慰藉，在艰难困苦和灾难中依然对未来抱有期待，从而让种群延续下来。从原始的图腾崇拜，到现代人追捧的奢侈品牌，追求的都是某种群体认同和心理满足。一位法国营销专家曾说过：图腾就是一个部落的品牌，而奢侈品牌的 Logo 就是"现代图腾"。

除了图腾系统之外，早期人类还特别重视装扮自己的身体。《淮南子·原道训》记载"九疑之南，陆事寡而水事众，于是民人断发文身以像鳞虫",即便是现在,我们依然可以从当代非洲、澳洲、新西兰的土著民族和美洲印第安人那里看到"奇奇怪怪"的夸张造型,大致上都有文身、涂彩,佩戴五花八门的头饰、颈饰、腰饰、臂饰等,有的为了让这些配饰可以留在身上,不惜将自己的身体塑造成畸形状态。人类为什么要装饰自己的身体?甚至不惜摧残自己的身体?首先,原始人类对自己身体的装饰主要是为了让自己获得力量,在狩猎和战争中取胜;其次,就是在求偶的竞争中获得优势,让自己的基因能繁衍下去;最后,也是通过独特的装饰获得群体的认同,与陌生部落的人区分开来。只不过随着人类文明的发展,这些功能逐渐被衣服、器具、房屋以及专门的信用符号系统所取代了而已。

人类学家发现,社会层级是人类存在的必要方式。虽然不是所有的地方都有印度那样严格的种姓制度,但人类社会自古以来就存在阶层,一般从高到低是宗教领袖、君王、贵族、官吏、士绅、平民。无论是东方还是西方的王国,对不同阶层的穿着、住所、交通工具等都有明确的要求,对于违规者会加以惩戒和重罚。在人类漫长的农业文明阶段,东方、西方的王室、贵族都有自己专用的家族徽章、印章,用于表明身份、等级、门派,昭示领地范围、财产所属权。在战争时期则用于区分敌我,所以族徽一般会绣在旗帜上,画在盾牌上,镶嵌在宅邸的大门上。随着 18 世纪工业革命和新兴资产阶级的崛起,生产力提升带来了天赋人权、生而平等这些理念,并且逐渐成为全世界的主流价值观。尽管如此,社会的运行依然对层级有着本质上的需求,人类只有在协作和组织的状态中才能正常运行和发展,每个人都需要知道自己在社会中处于何种位置。如果没有了层级,人类就会陷入因无差别造成的无序和混乱。

史前人类在他们自己的群组中会形成不同的小团体。群体内这些人际关系影响着谁将获得更多资源,得到更大的生存概率。科学家们把一个人经常参与的或在其间生活、工作、进行其他活动的群体称为"内群体"（in-group），由他人结合而成与自己没有什么关系的群体则是"外群体"（out-group）。"内群体"和"外群体"并不代表一个人在群体中的受欢迎程度，而是仅仅用于"我们—他们"这样的身份区分。我们对"内群体"和"外群体"的区别待遇是自发性的，无论我们是不是有意识、有目的地去区分或者歧视那些"外人"。当我们将他人放进自己定义的不同类别中时，这些分类就会影响我们对他们的评价，同样的，将我们自己放进"群体内"或者是"群体外"这些类别一样会产生出自己意识不到的影响——影响着我们对自己社会地位的看法，也影响着我们看待别人的方式。人们倾向于认同相同阶层、相同生活方式的人，也就是我们常说的"门当户对"，而通过辨别一个人是使用哪些品牌的商品，人们就可以大致筛选和识别出谁是自己的同类了。

在人类的封建时代，东西方的统治阶级对于不同阶层人群的生活方式有明确的规定，统称为"规制"，比如衣服的颜色、布料，房子的高矮、大小、样式，不同等级官员的服装样式，等等，破坏这些规则会被定罪。当人类进入工业社会，随着资产阶级的出现，封建时代的繁文缛节都被简化成财富多少的区别。金字塔尖的精英人群的生活方式就成为普罗大众艳羡和模仿的对象。人类学家发现，在生活方式这件事上，人们总是向上看齐。有一个心理现象：人们会认为当自己拥有和使用这些奢侈品牌时，就成了"更好的人"，这也是商家一直以来通过排山倒海似的广告攻势不断向大众传播的概念。此时品牌就成为一种信用符号和社会标签。稀缺性是奢侈品牌的属性，任何能彰显社会身份和地位的品牌都是本品类中最昂贵的金字塔尖。由于人工越来越昂贵，所以不管是商品还是服务，只有奢华层级的业态才会继续雇用人工来实现，这也就是为什么奢侈品牌总是强调自己的商品是手工制造的，因为能够实现机械化量产的东西或自助式服务的业态都没有稀缺性，也无法形成高价值的品牌。

品牌在社会分层的过程中起到了重要作用，人们可以通过品牌的使用判断一个人的收入水平、生活方式和社会地位。更为重要的是，它是以自由的消费方式建立起来的秩序，每个人都可以依据自己的梦想重新定位自己，通过自己的努力获得财富，最终进入自己向往的社会层级和生活方式。所以，无论人们如何批评消费主义、奢侈的生活方式，人类学的规律总是会将人群分出三六九等来，精英阶层和权势阶层总会形成自己的内群体生活方式，即使不是以市场的方式呈现，也会以行政的方式出现，比如苏联时期的特供制度，即便是在食品供应最短缺的时候，高级官员和他们的家属也可以在特供商店里买到优惠价格的鱼子酱和各种高档商品。社会层级这件事是跨越意识形态、文化差异、生活方式而存在的人类学现象，而用于昭示层级的品牌，即使不是被称作品牌，也会以其他的名词或方式存在。

3. 艺术视角中的品牌
From the Cultural & Artistic Perspectives

奢侈品与艺术关系密切，就像艺术与宗教的密切关系一样。在东西方古代墓葬中发现的许多东西都是艺术品和奢侈品，也就是凝聚了当时人类最高技术、艺术、组织能力等社会综合能力的创造物。一般的规律是这样：最高水平的创造物首先奉献给当时人们信仰的神和宗教僧侣的领袖，然后是世俗社会组织中的最高统治者，然后是官员、富豪等上层精英。艺术品的商业价值和艺术价值在高端奢侈品上也有充分的体现，不能不说这两者有时很难找到彼此的界限。奢侈品往往具有一定的使用功能，而艺术品唯一的使用功能就是陈列和装饰。奢侈品的设计师本质上是为了交易而创作，而艺术家们则是追求其作品的伟大和永恒，当然艺术家也需要找到自己的赞助人，比如文艺复兴时期的大多数艺术家都是受美蒂奇家族赞助，或是受罗马教廷雇佣而从事创作。而酷爱艺术的法国国王路易十四也在塑造奢华的衣、食、住、行、礼仪、娱乐等方面投入了不计其数的金钱。一个有趣的现象是：工业时代西方的奢侈品牌大多源于意大利、法国，有少数源于英国、德国，但几乎与经济领头羊的美国无关。奢侈品牌的一个最重要的特征是：必须有文化制高点的基因。而艺术就是每个时代的文化制高点。我们可以看到工业时代诞生的奢侈品牌有其明确的传承谱系——源自欧洲王室、贵族的生活方式，他们就是那个时代的文化制高点。艺术，就是他们生活方式的一部分。艺术品和奢侈品都具有共同的文化制高点属性，使用功能则是最不重要的；对艺术品而言，使用功能往往是零，但精神价值却非常高。奢侈品和艺术品也都是强大的社会学符号，是精英阶层生活方式的标志。

如果对西方奢侈品牌做一个文化溯源，最重要的文化基因来源当属意大利。人们耳熟能详的品牌如芬迪、乔治·阿玛尼、古驰、普拉达、宝格丽、范思哲、菲拉格慕、杰尼亚、法拉利、兰博基尼、玛莎拉蒂、托德斯、费列罗巧克力⋯⋯从时装、珠宝、箱包、家具，到跑车、美食、美酒等几乎所有生活方式相关的领域。为什么意大利的生活方式这么精彩呢？这要从公元 800 年说起：那一年教皇利奥三世为查理曼大帝加冕，神圣罗马帝国诞生。此举使罗马教会（及其领地）摆脱了臣服于东罗马皇帝的从属地位。从此之后，罗马教皇成为西方基督教世界的最高宗教领袖。之后在意大利中部出现了以教皇为君主、以罗马为首都的"教皇国"，直辖领土达 4 万平方千米以上。

1377 年，梵蒂冈宫成为教皇的主要居所，在 15 世纪又加建了梵蒂冈图书馆和西斯廷礼拜堂、梵蒂冈城墙。16~17 世纪初重建的圣彼得大教堂是意大利文艺复兴时期规模最宏大的建筑。达·芬奇、米开朗琪罗、拉斐尔等艺术家都参加了这些建筑的设计、建造、装饰工作。梵蒂冈收集了大量文艺复兴乃至古希腊、罗马时期的珍贵艺术品和图书文献。梵蒂冈成为罗马教皇进行政治与宗教活动的中心。尤其是在东罗马帝国被灭国之后，这里一直是基督教的中心，也是教皇栖

梵蒂冈城圣彼得广场圣彼得大教堂

梵蒂冈位于意大利首都罗马城内，是天主教会最高权力机构——罗马教廷所在地，是世界上领土面积最小的国家。梵蒂冈城本身就是一件文化瑰宝，城内的建筑如圣彼得大教堂、西斯廷礼拜堂等都是世界上重要的建筑作品，包含了波提切利、贝尔尼尼、拉斐尔和米开朗琪罗等人的作品。拥有一个馆藏丰富的图书馆以及一个博物馆，专门收藏极具历史与文化价值的书籍和艺术品。梵蒂冈的日常生活具有浓厚的宗教色彩，每到星期日，天主教徒和游客就聚集在圣彼得广场，中午12点，随着教堂钟声响起，教宗在圣彼得大教堂楼顶正中窗口出现，向教徒们发表演说。

身的地方，整个西方世界最高水平的工艺匠人、艺术家和财富都像被磁石吸引一样集聚到这里。通过伟大的建筑，高耸的教堂，美轮美奂的庭院、花园、华服、首饰、家具、餐具、陈列品等呈现出来。所以，奢侈品和宗教、艺术经常交织在一起出现在人类社会的顶级创造物中。至今意大利在国际上享有最高水平的设计美学就一点也不奇怪了。

文艺复兴时期意大利一众杰出艺术家的主要财务赞助人是靠经营银行放贷业务起家的美蒂奇家族，在长达三个多世纪的时间里（1434~1737 年），佛罗伦萨的美第奇家族是欧洲最强大和最有影响力的家族之一。美第奇家族培养和资助了多纳泰罗、波提切利和米开朗琪罗等文艺复兴时期最伟大的艺术家。在佛罗伦萨，当你路过一座宫殿、教堂或博物馆，上面就会有美第奇家族的徽章，告诉你它源自美蒂奇家族。当时，佛罗伦萨是一个年轻的共和国，其政治仍然在少数老钱寡头的控制之下。科西莫·德·美第奇是共和政体的坚定捍卫者，科西莫被称作英雄和"共和国的第一公民"。科西莫利用他的名声、金钱和政治影响力为 15 世纪的佛罗伦萨带来了巨大的利益，他将艺术和赞助视为影响政策的工具。他相信通过营造华美、神圣的建筑会给佛罗伦萨带来尊严和声誉。科西莫在佛罗伦萨营建的最大建筑是美第奇宫，这是一座由米开朗琪罗设计的富丽堂皇的宫殿，是美第奇家族的住所和银行业务的总部。可能是感觉这座空旷、庄严的宫殿还不够震撼，科西莫就用许多极具开创性的艺术作品装饰、填满了它。美第奇宫是美第奇家族经济实力的象征。在名为画廊（Galleria Riccardiana）的大厅中，展示着许多杰出的壁画，用以炫耀美第奇家族的荣耀。科西莫还彻底重建了圣马可教堂，并委托弗拉·安吉利科（Fra Angelico）绘制壁画。他重新启动了圣洛伦索教堂庞大的翻修工程，教堂里拥有多纳泰罗令人惊叹的青铜作品和后来由米开朗琪罗设计的图书馆。科西莫收购了世界上最大的古典文本图书馆之一，又创

意大利罗马巴贝里尼宫

　　巴贝里尼宫（意大利语：Palazzo Barberini）是罗马的一座宫殿，面对巴贝里尼广场，是现在意大利国立古代艺术馆的一部分。1625年巴贝里尼家族的马费奥·巴贝里尼买下了这个位置的地块，后来他登上了罗马教皇宝座，即乌尔班八世。卡洛·马代尔诺、博罗米尼、济安·贝尼尼三个伟大的建筑师分别为这座建筑贡献了自己的风格和特色。巴贝里尼宫最终于1633年建成。

立了柏拉图学院，使其成为一个人文主义思想的中心。科西莫的巨大成就可能是因为他不想被视为行使财富和权力的"第一公民"，而是造福社会的"第一公民"。他也是将商业、政治和艺术三个领域打通的第一人。在政治上，他通过确保所有政治派别的人都有机会成为议政的代表，阻止了精英阶层的分裂和派系斗争。文艺复兴时期的罗马天主教会非常强大，美第奇家族也是罗马天主教会的忠实追随者。后来美第奇家族有四名成员成为教皇。家族里的女性也很有名：凯瑟琳·德·美第奇嫁给了法国国王亨利二世，她的三个儿子后来也陆续登上了王位。玛丽·德·美第奇嫁给了法国国王亨利四世，她的儿子是后来的法国国王路易十三，她的女儿们后来分别成为西班牙和英格兰国王的王后。美第奇家族也是著名科学家伽利略的赞助人，伽利略曾辅导过几代美第奇家族的孩子。跨越岁月的长河回看美蒂奇家族的贡献，无疑是其空前地推动了佛罗伦萨的艺术、建筑和文化的发展，让佛罗伦萨众多璀璨的文艺复兴作品确立了意大利的世界文化和艺术巅峰的地位。

意大利的奢侈珠宝品牌宝格丽就是从古罗马时积淀下来的艺术和美学之中汲取的灵感。作为宝格丽品牌发源地的罗马，同样也是巴洛克艺术的孕育之所。17世纪，聚集在罗马的一众欧洲艺术名家，为"永恒之城"留存了诸多弥足珍贵的文化瑰宝：马德诺参与建造的圣彼得大教堂，贝尼尼的雕塑《圣女特瑞莎的狂喜》，以及卡拉瓦乔的油画《埋葬基督》。从建筑、雕塑、绘画，延伸到服装、音乐乃至文学，戏剧性的线条、华丽的造型、繁复精致的工艺，巴洛克美学的魅力四处弥漫。意大利建筑师多米尼奥尼（Luigi Caccia Dominioni）如此解释意大利文明的天赋基因："我们有古老的文化，我们有极为丰富的想象力，我们重视过去与未来之间的联结。这就是为何意大利的工艺、设计、建筑与艺术相较于其他国家，显得更具吸引力、更禁得起时间考验的主要原因。"在这种背景下，宝格丽成功地将永恒之城罗马的古老历史与其所有象征意义和元素与面向未来的新设计相结合，用现代设计向罗马丰富的历史致敬，这也是对传统的一种崭新诠释。1990 年，《珠宝大师》（*The Master Jeweler*）杂志的一篇文章中评论说："宝格丽产品的对称性和比例更多地基于艺术和建筑，而不是自然——这是宝格丽珠宝与法国的传统主流珠宝设计风格区分开来的因素。"

西方奢侈品牌文化基因的第二个重要源泉是法国，确切地说是来自著名的太阳王路易十四（Louis XIV，1638 年 9 月 5 日—1715 年 9 月 1 日）。和中国的宋徽宗赵佶非常相似，路易十四也是一个特别热爱艺术的君王。一个历史学家评价他说："这个大人物造就了一个世纪，即所谓'伟大时代'（Grand Siecle）。这个世纪像所学校，我们一切自称受过文明熏陶的人，就是在这所学校里学到社交礼仪和一般生活方式的。在 17 世纪下半叶和 18 世纪的前 15 年，向人们明确地展示了什么是完美的标准。他制定的东西是如此尽善尽美，就连我们今天也深受'伟大时代'所制定的规范的影响。正是这位国王教给我们如何生活，教给我们住什么样的房子，再到该吃什么东西，该如何吃，从礼节仪式到娱乐消遣，一一为我们做好准备。我们的戏剧、音乐、歌剧、芭蕾舞的起源，无一不可以直接追溯到以路易十四为首的宫廷。"而这位历史学家提及的这一切辉煌都离不开一个地方——凡尔赛宫。

1682 年，太阳王路易十四开始在巴黎西南郊外伊夫林省的省会凡尔赛建造凡尔赛宫，1688 年，凡尔赛宫主体部分的建筑工程完工，马上就成为法国乃至欧洲的贵族社交中心、艺术中心和文化时尚的发源地，而全部工程直至 1710 年才全部完成。凡尔赛宫完工之日就成为欧洲最大、最雄伟、最豪华的宫殿建筑。有着寝宫、花园、美术品收藏库、辩论场、剧场、情报中心和政治会议室等诸多功能，是一座兼具观赏性和实用性的宫殿。宫殿以金色、蓝色和粉橘色为主基调，倾其所能表现"绚烂豪华的奢侈美"，这种风格被后世称为"巴洛克"风格，不过在其后任法国国王路易十五的末期和整个路易十六时期，还加入了一些甜美风格"洛可可"的装饰。凡尔赛宫的建筑风格因其极尽奢华，在欧洲各国引发巨大轰动，神圣罗马帝国、俄罗斯帝国、波兰、立陶宛和瑞典王国等欧洲各国君主纷纷仿效，形成一种凡尔赛建筑美学之风。

凡尔赛宫主体落成之后，路易十四就宣布将法兰西宫廷从巴黎（卢浮宫）迁往凡尔赛。法国的政治、外交决策都在凡尔赛宫决定，凡尔赛成为事实上的法国首都。为防止势力强大的地方贵族割据和叛乱，路易十四将法国主要贵族都召集到凡尔赛宫居住。在全盛时期宫中居住的贵族、主教及其侍从、仆人达 36 000 人之多。据记载：凡尔赛宫的一次小范围娱乐活动就会有 2 000 个客人左右，其中会有德国王子这样的宾客参加。各国王子当政后，往往会模仿凡尔赛宫的生活方式安排自己的生活。路易十四将凡尔赛宫打造成展示法国最杰出艺术家、技师和工匠作品的舞台，以此显示法国的实力和国际声望。他将各地区的工匠们——家具制造工、大理石匠、金匠、珠宝匠、科学仪器制造工、各专门行业及奢侈品业工匠等召集到凡尔赛——这些人就在凡尔赛宫或周围区域落户，随时提供服务。凡尔赛宫作为法国君主的权力中心，同时呈现了法国最高水准的音乐、戏剧、华服、美食、典礼和装饰艺术，许多顶尖学者也聚集在此进行科学研究。直到 1789 年 10 月 6 日路易十六和皇后玛丽·安托瓦内特下台，法国的权力中心才转移回到巴黎。宫廷刚一搬离凡尔赛，贵族也纷纷流亡，整个凡尔赛区域的人口减少了一多半，离开的人都是以前一直在为宫廷提供服务的旅馆业、建筑业、服装业和奢侈品业的相关人员。1830 年，法国国王路易·菲利普一世决定将凡尔赛宫改造成一个专门展示"法国所有荣耀"的博物馆，因此宫殿南翼的大部分套房被改建成一系列的大房间和画廊，其中战争画廊长约 120 米，宽 13 米，面积是镜厅的两倍，是法国历史博物馆中最宏伟的房间，展出了从卢浮宫移来的大量绘画作品。

欧洲工业革命之后，王室、贵族的生活方式被商业化后走向了市场，由此诞生的奢侈品牌无一不是承袭着王室、贵族的文化基因：比如路易威登、爱马仕这样的品牌，创立之初都是为王室、贵族服务的。爱马仕前首席执行官克里斯蒂安·布朗卡特这样解释爱马仕的文化传承："在法国与奢侈之间，有着一条几乎是显而易见的天然纽带。这就是以我们的葡萄酒、我们的博物馆，以及我们独特的土地形成的法国生活艺术仍在令整个世界梦寐以求。巴黎对于情人们来说是个神话，对于数以百万计的人们来说是个梦想。如果说法国人并不总是热爱法国的话，外国人倒是喜欢来我们这里，尽管有罢工，还有美国有线电视新闻网的那些报道。但法国仍然承载着自由、创造，以及某种幸福的形象。这种怀旧与生命喜悦的混合赋予了法式奢侈一种质感、一种芳香，这在别处是找不到的。法式奢侈是对一种存在方式、一种地理特征、一种哲学传统以及一种历史渊源的表达，这给我们的产品加上了一种极其特殊的文化维度，以及最终的一种超前寿命。伏尔泰与孟德斯鸠、拉·封丹、司汤达以及巴尔扎克支持着我们，就在我们的品牌专卖店的后面。"其实，古代波斯、阿拉伯和中国也都曾经创造了各自的艺术巅峰，但由于没有工业化的重塑和市场化的承载，这些东方艺术和文化瑰宝始终停滞在农业时代的技术底层，没能真正在商业和市场化的大潮中破茧成蝶成为品牌商品。当然，这些丰富的文化宝藏依然等待着被现代化的技术重塑，并释放出巨大的市场潜力。这也是后起工业化国家，如中国、印度，以及伊朗、伊拉克、中亚各国面临的历史机遇。

在人类进入工业化之前，奢侈品的用户规模很小，仅限于统治阶级和上层精英。而工业化之后，奢侈品也成了广大中产阶级钟情的商品，他们在生活中也都会拥有几件奢侈品服饰，一般用于重要场合的穿搭。奢侈品牌一般会有以下几种特征。

其一，它们都会拥有一个神话或故事作为品牌的文化起源，同时会有一些特殊的符号（标志、数字、标示等）作为文化渊源的标志物。

其二，他们的产品拥有一段辉煌的历史，为历代王室、贵族、名人和精英阶层所喜爱和拥有。

其三，这些品牌的旗舰店都坐落在国际知名门户城市最中心的位置，成为商业社会中受人膜拜的"教堂"。

早期人类历史上的商业与艺术没有太多交集，因为艺术品和奢侈品只是教会、王室、贵族和上层阶级才享受得起的东西，并不在市场上流通。当人类进入工业时代后，艺术品和奢侈品已经出圈成为真正意义上的商品，从此，艺术和商品开始融合在一起创造商业价值，那些更强调社会属性和信仰属性的、位居价值制高点的奢侈品，更需要和宗教、艺术高度融合。大多数奢侈品牌也是艺术行业的赞助人。反之，大多数艺术家、学者、艺术品鉴赏家也都为这些商业品牌领军者们作出过各种贡献。任何品牌若想在营销中拥有高势能，都要为自己找到一个文化制高点。更强调产品能提供除基础功能之上的社会属性和信仰属性的价值。从某种意义上说，艺术作品是宗教和美学的天然承载物，虽然大部分艺术作品没有实际的功能，仅仅是作为陈列和装饰物，但艺术作品浓缩了绝大部分美学和信仰的元素，给人类带来心灵的慰藉和美感的滋养。这也就是为什么社会上层的精英阶层是艺术品市场的主要消费人群，由于社会上层精英人群的高信用水平，使得他们喜欢的艺术作品也被赋予了极高的价值和信用水平。在艺术品市场中，为艺术品定价是一件很难的事情，无法定性定量地去评估艺术品的价值，更多的是用已经在市场上流通过的、类似的艺术品的成交价格来参照，一旦有收藏家支付天价买下某一件艺术品，就会给收藏品市场带来一场波澜。

尽管从意大利美第奇家族开始，商业与文化就建立起密切的联系，但进入工业化时代，商业和文化紧密交融、相互推动的趋势就更加明显。规模化大生产使得那些成功的企业有足够的财力和动机去赞助艺术家的创作，许多奢侈品牌都会赞助那些小众艺术家，也借此汲取新的设计灵感和元素，为自己的产品注入活力。另一个趋势是，无论是奢侈品还是艺术品都不再被某个阶层所独享，这些代表人类社会价值巅峰的产品往往会出现下沉和普惠的趋势。即便是中低收入人群，也可以花很少的钱或是根本不用花钱就能去国家博物馆、展览馆、图书馆中接触和欣赏那些价值连城的文物和艺术品、珍本古籍和画作，甚至花几十块钱也可以从购物网站上买到《千里江山图》这样伟大作品的复制品。2019 年 4 月 15 日，巴黎圣母院失火，圣母院的塔尖在大火中坍塌、损毁。在火灾发生当天，奢侈品行业的巨擘开云集团就宣布捐款一亿欧元用于修缮损毁部分，该集团旗下拥有古驰、伊夫·圣洛朗、巴黎世家等品牌；路易威登集团也紧跟着宣布捐款两亿欧元用来修复巴黎圣母院；然后是欧莱雅集团宣布捐款两亿欧元；苹果公司也宣布捐款帮助重建。艺术需要寻找商业变现的途径才能生存、繁荣下去，商品需要艺术在社会属性和信仰属性上的赋能和拉升，尤其是那些价值驱动型的产品。越是高端品牌，就越需要和艺术的紧密结合。

拈花时刻
A Moment of Inspiration

◎ 几千年来人类的价值创造历史也是信用符号创造历史，价值和信用是一体两面的事物。商业文明的基本活动是交易行为，而交易的基础和必要条件是信用识别。

◎ 货币的本质是用于流通的信用符号，是人类的共识。

◎ 货币代表的信用是经济赖以运转和增长的要素，它必须在经济系统中循环、流动起来才有价值。"用于流通的信用"是所有货币的本质功能。

◎ 人性就是"人类从基因中继承下来的，先天的，与外界、与彼此互动的基本范式"。

◎ 人类动物脑、情绪脑和理性脑之间的对立、争论一直贯穿人类行为的方方面面，所谓的心理疾病，精神疾病，多数源于这种对立与不协调。

◎ 人类的动物脑支配的潜意识才是那个起决定性作用的，但人类对此并不自知。往往是在动物脑作完决策之后，理性脑去搜集支持的论据。人类决策机制的一个惊人的真相是：动物脑支配情绪脑，情绪脑支配理性脑，潜意识支配显意识。

◎ 社会的运行依然对层级有着本质上的需求，人类只有在协作和组织的状态中才能正常运行和发展，每个人都需要知道自己在社会中处于何种位置。如果没有了层级，人类就会陷入因无差别造成的无序和混乱。

◎ 奢侈品牌的一个最重要的特征是：必须有文化制高点的基因。而艺术就是每个时代的文化制高点。

◎ 欧洲工业革命之后，王室、贵族的生活方式被商业化后走向了市场，由此诞生的奢侈品牌无一不是承袭着王室、贵族的文化基因。

Chapter 3

Value and Credit Creation

价值与信用创造

一、需求洞察：人的本质、经济周期与价值网络

The Insight of Demand: The Fundamentals of Human Nature, Economic Cycles and Value-Net

　　让我们从一个核心的问题开始：人是什么？每一个伟大的洞见，都源于一个深刻、本质的提问。人，在本质上同时具有三重不可或缺的属性：首先，人类是一种经济的动物。这里所谓的经济是指人类必须靠每天获得能量和营养的摄入来维持生存，所以每天睁开眼第一件事就是要喂饱自己，让自己处于一个安全、舒适的环境。而这一切，都需要通过和大自然的博弈，和同类的协作来达成，所以，这就构成了人类的最基本属性。其次，人类是一种社会性的动物。人类是一种必须生活在群体里的动物。弗朗西斯培根说过："喜欢孤独的人，不是神明就是野兽。"这里所说的孤独不是暂时的独处，是指完全与世隔绝地独自生存，这对于人类来说完全不可能。沦落到在与世隔绝中生存的人，即便是有充足的物资供应，也没有安全威胁，最终都会精神崩溃。最后，人类是需要意义的动物。希腊神话中西西弗斯的故事就是个隐喻："遭到众神惩罚的西西弗斯每天要把一块沉重的大石头推到非常陡的山上，然后再眼看着这个大石头滚回到山下，然后再把石头推上山去，他要永远地、并且没有任何希望地重复做这件事。"奥地利心理学家维克多·弗兰克尔在《活出生命的意义》（*Man's Search for Meaning*）中说："人们对于自身内在价值的认识寄托于更高、更精神性的事物上。"他在回忆纳粹集中营的经历时说："集中营

在 1944 年圣诞节至 1945 年圣诞间的死亡率是最高的。原因不在于劳动强度增大，也不在于食物短缺或气候寒冷，甚至不是因为出现了新的流行病，而是由于多数犯人都天真地以为能在圣诞节前回家，而随着时间的推移，这种可能性越来越小，犯人失去了目标，变得沮丧起来。这严重减弱了他们身体的抵抗力，导致许多人死亡。生命的意义总是在变化，但作为意义永远不会消失。"反过来说，要摧毁一个人，或者让一个人受苦，可以有三种维度：切断他的经济供给，断绝他的食物、水、氧气的供应，这是从肉体上摧毁他；让他完全与世隔绝，不与任何人接触，这是阻断他的社会性；让他循环往复做一件他完全看不到意义的事情，这是从精神上摧毁他。只有彻底理解了人的这三重本质属性之后，我们才可以据此建立一套洞察人类需求，创造价值的方法论，这也是本书后面阐述的价值三一律理论的基石。

　　人类社会的经济周期变迁本质上是技术迭代的周期使然，从农业时代开始，历经工业时代、后工业时代、互联网时代，直到现在的智能化时代，每个技术周期的最底层变量是能源的使用方式和信息交流方式。随着科技能力的提高，从使用最原始的人力、畜力、水力、木柴，到工业革命之后转而以煤炭、电力为主，再到以石油、天然气为主，之后又逐渐向使用核能、太阳能、风能迁移。信息交流方式则是从最原始的结绳记事，到在龟甲、兽骨、竹简上刻字，到狼烟、烽火报信、八百里驿站传书；从羊皮古卷到中国人发明的造纸术，从毕昇的活字印刷术到古登堡印刷术；从工业革命后的电报、电话，到现在的卫星、互联网、智能手机。这些最本质的技术迁移我们称之为技术底层。而不同的技术底层会导致其他上下游的技术链条都发生改变，人类的生产方式、生活方式，以及上层建筑都因此而自下而上发生重构，直到最终生成一张完整的新价值网络，我们就称之为一个完整的技术周期。这样的技术周期一轮一轮从不停息，也推动着一轮一轮的经济周期。经济周期的起伏、变迁本质上是技术周期的对应函数。因为底层的技术红利一旦发掘殆尽，上面承载的经济活动就会因为同质化产品过剩而增长乏力、投资回报趋近于零，也就是通常我们所说的内卷。如果此时依然没有新的底层技术出现，经济循环就会停滞，位于商业领域最顶部的金融市场发生危机，也就是人类历史上出现很多次的金融危机——全部的原因就是因为经济增长停止了，对未来的增长预期被打破了。

当然，除了我们在以上描述的大技术周期和经济周期，在其间还包含着一系列的小技术周期、经济周期。最底层的主要能源来源和信息技术虽然没有发生改变，但上层价值网络中的某些关键技术发生了改变：比如新的合金材料的出现，台式电脑、笔记本电脑的出现，硬盘存储能力的提高，电池容量的提高，AI 工具的出现，等等。这些技术都可以转化为生产力工具并带来一波又一波小范围的技术红利。这些局部的技术进步也可以促进经济的增长，但其带来的能量远不如我们说的最底层的能源和信息技术革新带来的效能大。直到下一个革命性的新技术开始出现，经过一段时间之后逐渐形成新的生产力工具，然后，新的产业类型出现了、新的工作和岗位出现了、对未来的增长预期出现了，资本又开始疯狂投资，庞大的经济机器的齿轮又开始转动，人类的新一个经济周期又开始了。在这个新的技术底层之上，新的价值网络逐渐生长、变大，直到覆盖整体经济和商业。通常我们只是会在新旧技术周期交错、迭代的时候才会明显感觉到变化和不适，此时人们就要忍受剧烈变化带来的痛苦。

所谓需求洞察，首先就是要判断我们此刻处于人类技术周期曲线的哪个位置？是初期萌芽？是上升爬坡？还是抵达成熟的顶点？还是开始下滑衰落？抑或是已经触达谷底？其次要看清楚自己处在价值网络的哪个节点？是否可以创造新的价值节点去完善、弥补价值网络上的空白？还是要尽快撤离缓缓下沉的整张旧价值网络体系的泰坦尼克，马上向新技术底层之上迁移，去编织新的价值网络？一般来说，创业者大概率不会有先发优势，都会遇到一群看似强大的先发对手。但先发的对手一定有边界，只不过每个人在自己的边界里，对自己的边界不自知，而且为了捍卫自己的正确，整个组织的心智都会把这件事情合理化，认为边界就是世界。我们要敬畏先发优势，同时也要能看到，价值网始终处在变化之中——市场是动态变化的，客户需求、期望也在变化。我们能做的是努力观察强大对手的边界，在他的边界之外寻找破局点。伟大和平庸的区别是什么？伟大的本质是远见和延迟满足，平庸的本质是近视和急于变现。忙于在当下变现的人，是不会看到他们正身处泰坦尼克的豪华头等舱，虽然自我感觉良好，但他们的业务却正在慢慢消亡。而伟大的企业家懂得以正确的方式打破现状，向新的业务模式、价值网络迁移。

企业家精神就是时刻在价值网上面寻找空白的价值点和生态位，然后去填补它，这也就是我们所说的创新。任何产品、服务、生意、品牌，要想历久弥新、不断成长，就必须与人的本质属性链接，必须有触碰到用户最本质需求的东西。也就是要从做出一件伟大产品、解决客户的一个真实具体的需求开始。计划经济的问题在于它假设供给方了解所有人的所有需求，以及所有人的所有能力，简单说就是此时此刻的世界已经是完美的状态了，由此，就扼杀了推动经济前行的原生动力——供需双方的相互博弈和激发：需求方有许多潜在的需求等待被满足，供给方有许多潜在的能力等待被激发。商学院教创业者首先要做一件"最小可行性产品"，亚马逊的创始人贝索斯认为只是"可行"还不够好，因为顾客和市场可能没有耐心等你迭代和完善自己，所以他对自己的员工提出要求：我们一开始就要打造最小"可爱"产品，让用户一开始就喜欢我们的产品才行。记得电影《教父》中艾尔·帕西诺的一句台词：我要给他一个无法拒绝的提议（I'm gonna make him an offer he can't refuse.）——要给你的客户一个他们无法拒绝的产品（服务）。如何做到呢？在没有迁移成本的情况下，你的产品只有比竞争品的性价比高出一倍，消费者才无法拒绝。或者干脆就是个完全创新的物种，根本没有竞争对手，触动了消费者某种本质的需求。除此之外，靠广告营销、运营管理、资本运作、渠道占领……它们都是在效率端发力，并没有在价值端发力，都不可持续。所以，好的生意，生生不息的生意，都来自对客户需求的洞察，对自己产品和服务进行不断迭代，这样的反馈回路一旦形成，生意就会自我成长下去。

服务行业有一个相互塑造定律：作为一间酒店或餐厅，你服务什么样的客户群，这些顾客会反过来塑造你。如果你一味采取低价竞争策略，那你吸引来的都是低端客户，这些低端客户对品质不太在意但对价格很敏感，他们会迫使你进一步降低价格，造成的后果是企业不可避免地降低成本，从而降低服务标准，越来越没竞争力……如果你不轻易降价，锁定服务高端、有品味的客户，这些客户关注品质胜过价格，他们会对你提出更高的期望，更多的价值需求，迫使你进行产品创新和服务创新，客户也愿意支付溢价去获取你的增值服务，这样，你的企业就进入了一个正向反馈的通道，会在自己的领域中成为受人尊敬的领头羊企业。要推翻工业时代卖货、卖标准化模块服务的逻辑，挖掘出客户最本质的需求。要通过一定的主题设计，把生产表演化、商品道具化、服务舞台化、顾客产品化，根据消费者个体的兴趣、态度、嗜好、情绪、知识和教育，为其营造感觉美好的、独一无二的主体感受，以使消费者心甘情愿地为体验付费。找到自己的生态之后，要去占领自己这个细分领域的价值制高点。初级产品时代是零和游戏的时代，谁掌握资源谁就是王者；商品时代是竞争的时代，谁管理好、效率高谁就是王者；服务时代是流程化的时代，谁能稳定高效地提供给客人标准化的服务谁就是王者；体验时代是策划与设计的时代，出色的设计和策划才能给特定的客户带来难忘的体验，而体验是服务交付后的结果。企业要避免自己的产品和服务被降维成追求性价比的初级产品，实现"体验化"，赋予产品高附加值是有效营造体验的第一原则。

二、价值与信用的载体：企业家、企业、产品（服务）、品牌

伟大的品牌后面一定是伟大的产品（服务）在支撑，而伟大的产品（服务）后面一定是伟大的企业，伟大的企业后面一定是一个卓越的团队，卓越的团队里一定会有一个伟大的灵魂人物在领导。乔布斯时代的苹果公司就是一个很经典的案例，苹果公司的创始人乔布斯是这样阐述产品、团队、公司、企业灵魂人物之间关系的："我的激情所在是打造一家可以传世的公司，这家公司里的人动力十足地创造伟大的产品，其他一切都是第二位的。当然，能赚钱很棒，因为那样你才能够制造伟大的产品。但是动力来自产品，而不是利润。斯卡利（乔布斯请来的职业经理人）本末倒置，把赚钱当成了目标。这种差别很微妙，但它却会影响每一件事——你聘用谁，提拔谁，会议上讨论什么事情。"

只有那些具有伟大价值观的企业才有可能打造出伟大的产品（服务）。在大多数情况下，伟大的企业在初创阶段都很弱小、资源匮乏，仅凭一个或几个有伟大愿景和激情的创始人，从一无所有开始完成从零到一的过程。伟大的品牌从来不会独立存在，是伟大的产品和服务在支撑，而伟大的产品和服务又出自具有伟大价值主张和高效的团队，而团队又是由企业的灵魂人物领导和塑造出来的。看看苹果公

司、四季酒店集团、特斯拉公司、华为公司，莫不如是。只有具备伟大愿景和价值观的企业才能聚拢起一群有相同价值观的人，磨合出来一个强大的团队，只有这样才可能打造出一款伟大的产品（服务），并最终形成伟大的品牌。企业不断为市场推出有远见的产品（服务），这些产品（服务）既为用户提供了价值，同时也将企业的价值主张刻在消费者的心智中，形成了品牌认知。

1. 企业家——远见、专注与领导力
Entrepreneur — Vision, Focus and Leadership

企业家和普通人的不同之处在于对市场需求的洞察和产品打造的专注力。1997 年，重新回到苹果公司掌舵的乔布斯面对公司纷繁众多的产品线，他决定要做减法。他在白板上面画了一根横线一根竖线做成一个象限图。在纵轴两端写上"消费类"和"专业类"，在横轴两端写上"台式"和"便携"。然后说，苹果公司的工作就是要做四个伟大的产品。有个员工问："是不是要做一下消费者调查？消费者想要什么就给他们做什么？"乔布斯说："我们的责任是提前一步搞清楚他们将来想要什么。亨利·福特曾说过，如果我最初问消费者他们想要什么，他们应该是会告诉我'要一匹更快的马'。人们不知道自己想要什么，直到你把那件东西摆在他们面前。正因如此，我从不依靠市场研究。我们的任务是读懂还没落到纸面上的东西。"那次会议之后，苹果的工程师和管理人员高度集中在四个领域：专业级台式电脑，他们开发出了 Power Macintosh G3；专业级便携电脑，开发出了 PowerBook G3；消费级台式电脑，后来发展成了 iMac；消费级便携电脑，就是后来的 iBook。乔布斯对 iPad 2 进行展示时表达了他的产品信条：真正的创意和简洁来自产品的一体化——硬件、软件，从内部到外壳——而不是让这些元素都开放和各自为政、像戴尔电脑那样的组装模式。苹果的基因决定了他们的产品是一个高度控制下的闭

合产品模式，也只有这样才能将"科技与人文的融合"做到极致，让其他公司的产品无法模仿、不可替代。这种专注性源于乔布斯对产品和商业模式的洞见：一个公司的产品战略不可能是"既要，又要，还要"，这种万金油式的逻辑注定造成平庸，因为市场需求的生态是如此多元，每一家企业只能选择专注去做符合自己价值主张的产品。乔布斯临终前和谷歌的创始人拉里·佩奇有过一次会面，那时还很青涩的拉里·佩奇面对谷歌的高速发展有点茫然无措，他向乔布斯请教了一个问题：做一个好的 CEO 到底有什么秘诀？乔布斯说：就是两个字"专注"。

也许很少有人知道全球最大的单一奢华酒店集团四季酒店竟然是由一个小建筑承包商出身的人从零开始创建的，这似乎超出了常理，但又恰好为我们阐释了企业家精神是怎么一回事：伊萨多·夏普（Isadore Sharp）早年与父亲一起从事建造小型公寓楼和房屋的业务。他的梦想是建一家自己的酒店，他花了五年才设法凑够了资本。1961 年春天，四季汽车旅馆开业了，注意，这确实是一间汽车旅馆。这座小酒店投资了大约 150 万美元，一共 126 间客房。虽然酒店位于多伦多市中心的贫民区，但一开业就取得了成功。顾客们被这间酒店独特的城市度假氛围所吸引。这个小酒店的客房在四周围合的布局，中间是一个大大的庭院和一个露天泳池。开业不久，位于街对面的加拿大广播公司的员工就将酒店作为下班后聚会的场所。一个夏天的中午，泳池畔的商务客人们在喝咖啡谈生意，忽然街对面走来一个妙龄女郎，径自穿过大堂走到泳池边脱掉衣服，一头扎进泳池游了一个来回，然后穿上衣服，浑身水淋淋地走出了酒店。从此，这个酒店的泳池边就总是坐满了喝咖啡的人。之后，泳池就成了世界各地豪华酒店里的标配。有人猜测这是夏普策划的一次完美营销。伊萨多·夏普的第二次酒店投资比他的第一次风险更大。这个项目占地 17 英亩，位于多伦多城市北部的荒凉郊区，附近唯一的企业是一个大型垃圾处理场。在项目开工前还差 100 万美元的资金，夏普和他的父亲再次去找银行经理贷款。银行经理对夏普的四季汽车旅馆的快速成功印象颇深，毫不犹豫地提供了这笔钱。这第二间酒店——多伦多公园酒店于 1963 年开业，尽管地理位置一般，但这家酒店也取得了成功，因为这家拥有 569 间客房的大酒店所在的区域不久就发展成为一个庞大的企业聚集区。不能不说夏普对项目地块周边区域未来的发展、规划作了充分的研究，给酒店的定位非常准确。

从四季汽车旅馆开业开始，夏普就在企业里营造了一种氛围，培养员工的专业态度和敬业精神。他发起了一项利润分享计划，给员工安排每天两次的"减压休息"时间，并向前台服务员支付两倍于平均房价的工资，叮嘱他们"顾客对酒店的第一印象非常重要"。关于员工敬业精神的一个典型案例是罗伊·戴门特（Roy Dyment）的故事，他自 1967 年以来一直是四季酒店的员工。有一次戴门特发现一位贵宾退房后把公文包落在房间了，这位忧心忡忡的客人从华盛顿打来电话，说要参加一个重要的政府会议，需要公文包里的资料，戴门特接完电话，二话不说就自费买了一张机票，去华盛顿把公文包交还给了这位客人。伊萨多·夏普在回忆录中说："1961 年当我在建造我的第一座酒店时，我根本不懂酒店行业。我唯一的专业经验就是建造公寓和房屋。我仅仅是一个建筑商，而这座酒店则是我要建的另一栋建筑而已。我从未想到过这将会变成我一生的事业，我也从未想到过有一天我将建造和管理世界上最大和最知名的五星级酒店集团。我从客户的角度开始涉足酒店业。我是主人，客户是我的宾客。在建造和运营酒店时，我这样问自己：客户认为最重要的东西是什么？客户最认同的价值是什么？因为如果我们给予客户最有价值的服务，他们就会毫不犹豫地为他们认为值得的东西掏腰包。这就是我一开始的策略，直到今天仍然如此。"

2. 企业——高效的组织
Enterprise — An Efficient Driven Organization

商场如战场，企业想在商场上立足、发展，必须要有一个能高效运转的组织。组织中的人们彼此都应该是至情至信，有共同愿景和价值观的人。只有这样的组织，才可以确保企业在严酷的市场竞争中立于不败之地。企业家必须有能力洞察到市场的需求，并通过创造性地提供某种解决方案而将其转化成为商业模式。而企业，就是实现这个商业模式的组织。商业是人类创造价值、告知价值、交易价值过程中所有行为的总和。企业就是一个创造价值、告知价值和交付价值的组织，而价值的载体就是产品和服务。品牌则是消费者对企业信用的感受形成的确定性认知。企业，就是为市场需求提供解决方案而形成的人力资源聚合体——组织。德鲁克说："整个组织的共同意愿、共同看法以及方向和行动的一致性，都要求明确界定。""我们的业务是什么和它应该是什么………顾客本质上购买的都是效用。"效用也就是我们常说的客户价值，不是什么抽象的东西，是通过物理世界中的"产品和服务"来达成的，毕竟人类作为碳基生物，是一个要生存在物理空间里的物种。"产品和服务"其实就是价值的载体，而创造价值就是企业这种组织存在的目的和使命。所谓伟大的企业，就是某个有远见、有激情的创始人，洞察到某种市场需求、开创了一个业务，为企业确立了一个独特而伟大的价值主张，基于此，构建了一个有共识的、至情至信的团队——也就是组织。然后不断创造价值并向市场交付。

奢华酒店品牌丽兹卡尔顿酒店集团创始人霍斯特·舒尔茨在回忆录里说："打造成功组织的挑战在于投射一个愿景，然后邀请其他人与你一起追求那个愿景。这可能是领导者可以采取的最重要的战略。打造组织不是像你从仓库的一堆插销中挑选出一些不错的插入我们公司的插槽那么简单，这要复杂也要宏伟得多。如果酒店经理仅仅是为了维持日常运转的职能而招聘，无论是厨房后面的洗碗工，还是前台为酒店的客人办理入住的员工，都是会有问题的。这个论断看似很简单，但它适用于商业的方方面面，但似乎没有太多人理解它。人们忙于看经济预测和财务报表，这个指标或那个比率，外星人可能真的相信地球上存在一只看不见的手在驱动着商业活动。人们很容易忘记这些量化指标究竟在测量什么，每一个数字——从生产率到薪酬——只是人们设计出的衡量企业成果的工具。对于管理者来说，最重要的工作不是衡量而是激励，因为你无法激励数字。我们在领导企业和组织的人而不是玩数字游戏！我们在以人为本——与客户、员工、同事、业主以及所有其他人打交道，以获得最佳成果。"企业要将注意力集中在四大最高目标：其一，留住客户；其二，发展新客户；其三，鼓励客户尽量多多消费，但不能与第一条目标相悖；其四，在以上的工作之中要始终努力提高效率。

霍斯特·舒尔茨认为：并不是只是接触客人的岗位才需要考虑客户服务。在一个组织里，只要需要与人接触的岗位，都要有客户服务的意识，整个组织上下是相互联系的整体。酒店里每个部门里的每个员工，都必须明白自己在组织内的"客户"是谁。真正让员工努力的是他们自己的目标。员工内心深处希望能被人尊重，能体现自己的价值，能够实实在在地体验到完成工作后的"卓越"感。服务行业的核心能力来源于人、来源于组织，所以组织的共识——也就是文化和价值观就特别重要。管理者可以制定出所有战略、程序、标准和要求，但如果没有共同的价值观和组织文化，那么最好的计划也寸步难行。要把人、把组织作为一个企业最宝贵的基础设施来建设。他提到一个商业咨询公司在研究过许多家经营不善的公司后，发现了员工的口头语会透露出企业的两大危险信号：第一个危险信号是员工经常用"他们"一词，"这是他们干的""他们总是这样""和他们说了没用"，这是部门之间或上下级之间出现隔阂的征兆；第二个危险信号是员工开始说"这个不归我管""我只能这样做""我也无能为力"。

服务业竞相学习的迪士尼公司的高管罗恩·伯格曾经这样描述"团队合作"和迪士尼式"演出"："这么做是让所有的员工都感觉自己是团队的一部分，能够获得同样的认可，也负有相同的责任。"迪士尼式管理的团队精神及上下级之间的关系，朴实简单，但宛如春风拂面，是有温度的。迪士尼内部有一个领导者的"圣经"——迪士尼领导力指南：

（1）创造并维持信任的风气。

（2）积极回应、作出决定——这是领导者的职责！

（3）把权力下放给团队成员——众人拾柴火焰高。

（4）为新手创造一展身手的机会。

（5）记住：经验不是拒绝。

（6）确定听到的不仅仅是自己的声音。

（7）包容多样性，接纳不同的观点。

（8）绝不吃老本——最重要的是下一步怎么做。

（9）冒险——支持有风险的举动。

（10）给别人更多自由发挥的机会。

随着公司的发展，后来又增加了二十条。

关于领导力：

（1）保持乐观——你不积极谁还积极？

（2）勇气和自信是通往成功的必经之路。

（3）让好奇心成为你的搜索引擎。

（4）学会钟爱下一个任务——无论做什么都要保持热情。

（5）留出探索的时间——但是最后期限是最大的动力和原则。

（6）从容授业——导师是受人尊敬的人。

（7）淡忘政治——这不是选举！

（8）传统固然重要——但改变是最大的活力。

（9）"团队"和"工作"虽是两个普通的词——但合在一起就能铸就"赢家"。

（10）记住：潮流的最后就是末流！

关于执行力：

（1）畅所欲言！得力战将不放马后炮。

（2）永远不要害怕提问。这是我们了解本职工作的方式——无论身处一线还是退居幕后。

（3）让你的经验具有实用价值（这才是你属于这个团队的原因）。

（4）帮助新手获取成功——你自己也曾是新手。

（5）了解自己在团队中的作用——人人各司其职。

（6）永远不要畏惧失败——赢家也经常失败！

（7）但是要知道什么时候冒险（而且要让领导知道你是在冒险）。

（8）遵守规则。如果有异议，在完成之后努力去改变规则。

（9）分享成功的欢乐——你不是仅凭自己就取得了成功。

（10）支持你的队友们——在迪士尼，大家都只有一个名字。

商业的本质是人与人关系，服务业更是一个激励人的行业。领导力的本质是分享愿景，共享价值观，建立正反馈循环机制。商业与艺术和科学一样，都是通过人的智力和想象力来创造和推动的，它的发展或衰落也取决于你能在多大程度上激发团队的热情和想象力。事实上，没有抽象的生意，只有具体的人。商业只存在于人与人之间。所有商业的成功，本质上都是组织的成功、人的成功。在一个产品和服务高度同质化的市场中，如果一家企业的产品和服务不能在产品的功能属性、心理属性和意义属性这三个维度上始终和用户链接并产生共鸣，不能在某个层面作出突破和创新，提供增量价值，那就会进入企业生命的下降曲线。在存量市场中内卷只能靠降价、削减成本来维持企业。企业的产品和服务的可替代性就越来越大，公司的利润会越来越薄，在消费者心智中的品牌势能也会逐渐趋近于零。

3. 产品——科技与人文的交叉点

Products: The Intersection of Technology and Humanities

苹果公司的创始人乔布斯一直宣扬：伟大的产品都是位于人文与科技的交叉路口。他说："苹果之所以能与人们产生共鸣，是因为在我们的创新中深藏着一种人文精神。我认为伟大的艺术家和伟大的工程师是相似的，他们都有自我表达的欲望。事实上，在最早做 Mac 的最优秀的人里，有些人同时也是诗人和音乐家。在 20 世纪 70 年代，计算机成为人们表现创造力的一种方式。一些伟大的艺术家，像列奥纳多·达·芬奇和米开朗琪罗，他们同时也是精通科学的人。米开朗琪罗懂得很多关于采石的知识，他不是只知道如何雕塑。人们付钱让我们为他们整合东西，因为他们不能 7 天 24 小时地去想这些。如果你对生产伟大的产品有极大的激情，它会推着你去追求一体化，去把你的硬件、软件以及内容管理都整合在一起。你想开辟新的领域，那就必须自己来做。"他也一针见血地指出了 IBM、微软这样一开始很成功的企业为何越来越平庸："这样的公司开始干得很好，它们进行创新，成为或接近成为某个领域的垄断者，然后产品的质量就变得不那么重要了。这些公司开始重视优秀的销售人员，因为是他们在推动销售、提高营业额，而不是产品的工程师和设计师，因此销售人员最后成为公司的经营者。IBM 的董事长约翰·埃克斯是一名聪明、善辩、非常棒的销售人员，但是对产品一无所知。同样的事情也发生在施乐公司。做销售的人经营公司，做产品的人就不再那么重要，其中很多人就失去了创造的激情。"

2005 年，全球手机销量超过 8.25 亿部，消费者从小学生直至爷爷奶奶。类似之前便携式音乐播放器市场，乔布斯注意到市场上的手机既不好看，又难使用。因此开发一款优质、时尚的手机会有市场空间，他对自己的传记作者回忆说："我们会坐在一起谈论有多么讨厌自己的手机，它们太复杂，有些功能没人能搞明白，包括通讯录。"他在开会时经常随手拿起旁边某人的手机，历数各类缺陷，指出这完全就是"脑残"设计。于是，乔布斯和团队决定打造一款自己的手机。当时，苹果还有一个项目处于进行中：秘密打造一款平板电脑。2005 年，项目组之间互相交流后，平板电脑的理念融入了手机计划之中。换言之，iPad 的想法实际上先于 iPhone 出现，并且帮助塑造和催生了 iPhone。

iPhone 新的外形设计出来了，手机的正面完全是金刚玻璃，一直延伸到边缘，与薄薄的不锈钢斜边相连接。手机的每个零件似乎都是为了屏幕而服务。新设计的外观简洁而亲切，让人看到之后就忍不住想要触碰。而这也意味着必须重新设计、制作手机内部的电路板、处理器，一切都要重新来过，即便如此，乔布斯也认为很有必要。最终，这款手机采用完全封闭式的设计，体现了乔布斯完美主义式的掌控感。手机无法打开就不可能更换电池，就像 1984 年设计 Mac 电脑一样，乔布斯不想让人在自己的产品里面乱动。对乔布斯来说，产品总是越薄越好。乔布斯的接班人蒂姆·库克说："他始终以纤薄为美，从我们所有的产品上就能看出。我们有最薄的笔记本电脑，最薄的智能手机，我们的 iPad 也很薄，而且以后会更薄。"当时苹果公司的竞争对手强调，售价 500 美元的手机很难成功。"这是世界上最贵的手机"，微软公司的史蒂夫·鲍尔默在接受美国全国广播公司财经频道（CNBC）的采访时这样说道，"它确实对商务人士没有吸引力，因为没有键盘"。微软又一次低估了乔布斯的远见。至 2010 年底，苹果公司已售出 9 000 万部 iPhone，其利润占全球手机市场利润总额的一半以上。

2010 年 1 月 27 日，iPad 在旧金山亮相。乔布斯以一贯的大师风格为新产品的登场铺陈渲染，就像三年前发布 iPhone 时一样。这一

站在人文与科学交叉点的苹果电子产品

　　《乔布斯传》中记载乔布斯说过，"我还是孩子时一直觉得自己是个人文学科的人，但我喜欢电子产品……然后我读到了我的偶像之一，宝丽来的埃德温·兰德（Edwin Land）说过，能够同时站在人文和科学交叉点的人有多么重要，我就下定决心，这就是我想做的事情"。

次，屏幕上显示出一台 iPhone 和一台笔记本电脑，中间标着一个问号。"问题是，两者之间还可能存在别的东西吗？"他问道。这个"东西"必须能用来很好地浏览网页、电子邮件、照片、视频、音乐、游戏和电子书。他说道："上网本无论从哪个角度来讲都乏善可陈，但是我们有这样一个'东西'，它叫 iPad。"为了强调 iPad 的亲和性，乔布斯从容地走到一把舒适的皮革椅子和一张边桌前，拿起了一台 iPad 说道："它比笔记本电脑亲和得多。"接着，乔布斯开始浏览《纽约时报》的网页，给公司同事发送电子邮件，题目是："哇，我们真的在发布 iPad"。然后他在 iPad 上翻阅相册，使用日历，在 Google 地图上放大埃菲尔铁塔的图片，观看了《星际迷航》和皮克斯《飞屋环游记》的一些视频片段，展示 iBook 书架，并播放了鲍勃·迪伦的《像一块滚石》，这首歌他曾在 iPhone 发布时播放过。"这难道还不够牛吗？"他问道。在最后一张幻灯片中，是一个写着"科技"与"人文"两个互成直角的指路牌。乔布斯着重强调："苹果之所以能够创造出 iPad 这样的产品，是因为我们一直在努力融合科技和人文艺术。"iPad 是《全球概览》的电子化身，在这里，人文创意与技术工具相遇。

在电子消费品成为人类的新宠之前，代表工业时代技术、审美、工匠精神的产品非奢侈品腕表莫属，而腕表品牌爱彼就是这个品类当中的一个明星：1971 年，爱彼公司的董事总经理乔治·戈雷（Georges Golay）经过对爱彼各产品系列的调查，清醒地意识到公司的产品阵容中已经没有任何对市场有吸引力的产品。尽管爱彼在腕表界曾经取得过许多成就，但面对来自日本廉价而精准的石英腕表，如果不作出改变，重新找到自己的生态位，爱彼将死无葬身之地。就在巴塞尔钟表展的前一天晚上，爱彼的御用设计大师杰拉德·尊达（Gerald Genta）接到了乔治·格雷的这样一个电话：意大利的客户期待一款与众不同的精钢腕表，希望尊达在第二天天亮之前设计出一款适合所有场合佩戴、拥有精美外观的运动腕表。不负众望，杰拉德·尊达连夜设计出了爱彼"皇家橡树"系列腕表，一个以军舰的八角舷窗为模型的表盘造型——灵感来源于英国皇家海军"皇家"级（也称"R"级）战列舰"皇家橡树"号。皇家橡树 5402 型号是在 1972 年巴塞尔钟表展之前及时推出的原型设计。对这款腕表的独特定位是第一款"奢华运动腕表"，顺应了当时精英人群更频繁地出现在高尔夫球场、网球场、越野旅行的崭新生活方式场景。爱彼皇家橡树不仅催生了一种新的精钢豪华运动腕表品类，而且在廉价精准的石英表充斥市场时，让人们对高端机械腕表再次着迷。当时杰拉德·尊达本人没有意识到，这将是让瑞士机械制表业起死回生的一款伟大作品。1993 年，爱彼的皇家橡树离岸系列腕表问世，作为"皇家橡树"

系列的名门之后，离岸系列创造性地使用了42毫米的大表壳，具有强烈的、别具一格的阳刚气质，首次开启大尺寸腕表的先河。在此之前，轻和薄一直是高端腕表设计遵循的主题，爱彼公司如此大开脑洞的创意完全颠覆了以往的设计理念，成为时尚界的新宠。它使用八枚清晰可见的螺丝将表壳固定，巧妙散发出一种孔武有力、阳刚大气的气质。该系列一经推出，就受到了广大男士表迷们的追捧。爱彼离岸系列腕表得到了演艺明星、运动明星和腕表藏家的青睐，这是因为它非常性感，也清楚地引领了腕表行业的发展方向。离岸系列腕表最狂热的粉丝之一就是阿诺德·施瓦辛格，他的名气和受欢迎程度更加为皇家橡树离岸系列的阳刚、孔武风格做了背书。在以他为主角的电影《终结者》中，一只皇家橡树离岸系列腕表很显眼地出现在他的手腕上，使得腕表市场也破天荒地开始接受黑色的奢侈腕表。皇家橡树离岸系列成为爱彼品牌的爆款，也是无数限量版收藏以及运动明星、社会名流的最爱。这些名人的背书又将这家古老的传统制表商推向了当前流行文化的中心位置，带来了无数新的年轻爱彼粉丝。[1]

一般来说，工具类产品都是技术驱动的，必须有自己的核心技术门槛，但作为人们日常生活中高频使用的腕表也承载着很强的社会符号的属性，所以更是生活方式驱动的商品，如何精准定位，找到自己的市场空间就显得极为重要。爱彼的案例告诉我们，以反传统的思路重新定位自己，可以为企业和行业开拓一个崭新的蓝海。爱彼将奢侈腕表原本很单一的佩戴场景破圈，使得高端腕表也适合在运动、休闲等更加多元化的生活场景中佩戴，而且一改传统奢侈腕表轻、薄、优雅的风格，变身为阳刚大气、孔武有力的风格，征服了市场中的年轻一代，从而锁定了未来的市场。

---

① 胡雨馨.奢侈的诱惑——遇见顶级珠宝和腕表品牌的梦幻世界［M］.北京：社会科学文献出版社，2017.

我们再来看看特斯拉是怎样从零到一找到自己独特的产品定位的：2004 年 4 月 23 日，马斯克向特斯拉注资 650 万美元，成为特斯拉的第一大股东和公司董事长，马斯克在汽车设计领域没有受过正规训练，凭借的仅是对汽车的一腔热情。在特斯拉发布电动跑车 Roadster 之前，几乎所有专业机构和消费者都确信电动车不过是一个时远时近的梦。Roadster 是全球首款量产版电动敞篷跑车，也是第一款可在高速公路上行驶的量产全电动汽车，它包括 Roadster 和 Roadster Sport 两个型号。埃隆·马斯克回忆了特斯拉早期犯的两大错误：一是轻易接受了采用莲花跑车爱丽斯汽车底盘的方案，但最后他们基本上把汽车底盘的每个部分都改动了，保留的部分大概只有 7%。二是以为买来的传动系统（drivetrain）可以直接上生产线。传动系统是汽车的关键技术，特斯拉从美国 ACP 公司（AC Propulsion）购买了相关技术，乐观地以为该技术可以直接用在量产车上。马斯克说："但显然不可以。最终我们还是重新设计了整个汽车的底盘和传动系统。"特斯拉 Roadster 最核心的技术是什么？是其独特的电池管理技术——将 6 831 节 18650 电池组合在一起，并通过芯片和感应器来管理这些电池。没有这种独特的电池管理技术，就没有今天的特斯拉汽车。但一开始对于特斯拉汽车的市场定位也是一团迷雾。

2004 年秋，英国工业设计师比尔·莫格里格（Bill Moggridge）和特斯拉联合创始人之一的马丁·艾伯哈德（Martin Eberhard）见面讨论产品定位，他是设计咨询公司 IDEO 的联合创始人，因设计了世界上第一款现代笔记本电脑而闻名，被称为"现代笔记本电脑之父"。同时，他还是纽约国家设计博物馆库博·休伊特（Cooper Hewitt）的负责人。莫格里格对 Roadster 非常感兴趣，虽然他设计过许多消费类电子产品，但唯独没有碰过汽车。莫格里格拿出一张白纸，画了个十字坐标轴。

他指着图问艾伯哈德说："你看，现在纵轴是复古风，横轴是未来派，你想让这辆车出现在图中的什么位置？"艾伯哈德指向了偏复古风的位置，因为他想让这辆车传递出"跑车"的酷劲儿，未来派会让这辆车产生脱离现实之感。

莫格里格问："现在，我们再画个十字坐标轴，分别代表男性化和女性化，你觉得我们该如何选择？"

艾伯哈德不假思索地回答道："我想应选在中间的某个点上。它既能够强烈吸引男人，又不会搞得像福特野马一样让女人望而却步。"

莫格里格又抛出一个关键问题："好，换下一张图。这次我们需要在曲线柔和与线条硬朗之间做取舍。你可以看看经典法拉利车型，它们的流线型设计非常漂亮；现代版兰博基尼，却又非常硬朗。你该怎么选？"

艾伯哈德说："应该在中间，不过曲线偏柔和一些。"

正是在这种对产品各关键维度精准定位的过程中，特斯拉终于确立了自己产品使命和市场形象，让一个起初单薄、草率甚至莽撞的梦想成为一个真实、性感的爆款产品。

伟大的产品不应仅仅提供一个功能层面的解决方案，而是要能让消费者在心灵和情绪上产生强烈的同频共振。就像一首动听的歌曲，它不用去做广告告诉人们它多好听，可当音乐响起，你就会翩翩起舞，就会潸然泪下……伟大的产品也不是靠砸钱和人海战术能搞出来的。产品经理必须将自己的灵魂和生命都投入进去，所以，伟大的产品和伟大的艺术创作一样，本质上都凝聚着创作者的一部分生命和灵魂。也许，乔布斯掌舵的苹果公司是一个伟大企业的范本，它有着卓越的灵魂人物，强大的团队，缔造出了一款又一款伟大的产品，塑造了全球市值第一的品牌。但是，如果是服务业企业，他们又会如何做呢？

4. 服务——待人如己
Service: Treat Others as You Want to Be Treated

服务业提供的是无形产品（非实物），提供服务通常指由人提供解决方案，其实，从广义上讲，即便是卖货，也或多或少包含一些服务。但是，当一个企业把服务本身当作产品提供时，那服务者和被服务者之间的互动才是最重要的部分，是交付的价值和效用。具体的服务类业态有旅游、休闲；餐饮、娱乐；教育、医疗；健康、保健；咨询、中介。

当你销售一项服务时，实际上是在卖一款看不见摸不着的产品，那么你到底在卖什么？本质上卖的是一个解决方案，一种体验，顾客是为体验买单的。对于企业来讲，服务营销本质上是要获得消费者的信任，与客户建立起高度的相互信任，让他们相信你有交付价值的能力。无论服务提供者如何宣传、吹嘘自己的硬件、软件水平，最终顾客只能通过他们实际获得的体验来评价你所提供的服务。另外，服务的效用和体验是通过服务者和被服务者之间的互动共同完成的，服务提供者与被服务者之间的互动和情绪交流就构成了服务过程。

体验是一种很主观的东西，并没有唯一客观的标准和尺度可以衡量。一方面，你可以理解一个餐厅侍者在一天的工作中可能要服务十几个甚至几十个顾客，而这些顾客的脾气秉性、个人喜好等一定会各不相同，所以对于服务的评价，只要规定的服务流程没有缺失或失误——这是可以客观评价的东西，只要在一个正常的范围区间内都可以接受，相信大多数正常的餐厅顾客不会对正常的服务流程和水平有特别不满的反应。另一方面，我们可以发现，服务者为顾客提供的情绪价值就成了影响衡量客户体验的关键因素：如果这个餐厅侍者特别热情、友善、令人愉悦，而且对于顾客的每一个需求，甚至是没有说出来的需求，从眼神和身体语言上就可以感知到，并给予及时、积极的回应，那就是卓越的服务了。这对于服务提供者自身的专业性、经验、阅历、性格都提出了很高的要求，所以像丽兹·卡尔顿酒店、四季酒店、迪士尼、梅奥诊所、海底捞这些伟大的服务业企业都无一例外地强调：一线为客人服务的员工，也就是"人"的因素才是构成伟大的服务的关键要素。

比较典型的一个案例是星巴克公司，如果你说星巴克是卖咖啡的公司，那是不确切的。它是卖服务、卖体验、卖美好生活方式的。星巴克公司创始人霍华德·舒尔茨在他的自传里说：星巴克是在引领一种时尚的生活方式，这是没有一所商科学校的教科书上讲到过的事情。创建品牌首先靠的是员工，而不是消费者——这与饼干与谷类食品公司的做法正相反。要迎合乃至超越顾客期待的最佳方式，就是聘用和训练那些出色的员工，星巴克聘用的都是对咖啡有着热情的人。这些伙伴是将激情贯注于行动的典范，也是星巴克的咖啡品牌大使。他们的知识和热情会在顾客中引起共鸣，并将顾客再次吸引到店里来。这就是星巴克品牌的强大秘密：员工们以自己的个人化的感受与顾客联接、互动，星巴克的品牌掌握在咖啡师手中，竞争对手也无能为力。

据舒尔茨回忆，每在一处新的市场开出一家新店，招募员工都要花费许多力气。在开张前的8~10个星期前，星巴克就发布招聘咖啡师的广告并着手进行培训。星巴克从现有的店里抽调有经验的店经理和咖啡师傅组成明星团队，按两人一组，一对一地进行培训。以星巴克对咖啡的热情去深深影响他们。星巴克有一套培训程序，这套程序的精细和深入在一般零售业很少见。多年来，星巴克在人员培训方面所花费的金钱远远超过产品广告的投入。星巴克不断完善对每一个新伙伴的24小时的训练课程。每一位新来的咖啡师傅都必须学习"咖啡知识"的基本课程（4小时）、"如何烹煮一杯完美的咖啡"（4小时）和"顾客服务技巧"（4小时）这些课程，还有一些基本的零售

星巴克的咖啡制作过程

　　人类有一个最本质的需求，就是"看到别人和被别人看到"，星巴克的成功就是它恰好提供了一个满足了这个需求的空间。所以，不应把星巴克简单看作一个咖啡销售商。当你细看星巴克的每一个细节时，除去显而易见的操作程序和装修风格，在一切表象之下的底层，你会看到真诚、敬意和尊严。并不是那些卖出去的产品使这个世界变得美好，更多的时候，是对"人"的关注和尊重"人"的价值的商业模式让这个世界变得更美好。

技能。从他们来上班的第一天起，就尝试以企业的核心价值观来影响他们，让他们知道接待顾客的重要性，以及如何以友好和不失尊严的态度与顾客互动。培训教员都由店经理或地区经理亲自担任，他们都是富有经验的人。训练咖啡师怎么用眼神与顾客接触，怎样预先知道他们的需求，如何简单扼要地介绍各种咖啡，怎样用星巴克的免费赠券来补偿不满意的顾客。还通过各家店铺发评议卡的方式鼓励顾客与员工对话。通常每个月大约能收回150张评议卡。其中一半评议是负面的，30%是正面的，其余都是问题和建议。对星巴克的负面评议最多的是排长队的问题。有些顾客给舒尔茨写了很长的信，那些信的语气、情绪各异，从万分推崇到极度厌恶的都有。有位先生写了整整三页，其中有一页叙述开车送他怀孕的妻子去医院时，拿铁缓和了他的紧张情绪。为了对这些评议卡和信件给出认真回答，公司专门让一个资深高管芭芭拉·里德负责这件事，并且在此基础上于1992年建立了顾客联系网。

而在顶级服务领域的奢华酒店品牌四季酒店集团的创始人夏普对于培训有不同的想法，他说：四季酒店的员工不是培训出来的，而是筛选出来的，优先选择有责任心和主动性的人。通常我们认为服务行业的人要求不算高，招人并不费劲。但四季招聘员工时，却严格遵循一套复杂又昂贵的程序。他们不看重专业技能，更关注应聘者的品德和性格。因为在他们看来，专业技能可以通过培训提高，责任心和主动性是培训不出来的。筛选人的责任心和主动性，要比筛简历麻烦多了。比如，在芝加哥四季酒店开业之前，他们竟然给500个工作岗位面试了1.5万人。所有被挑选出来的应聘者，还得再经过四到五轮面试，每一轮面试官会从工作意愿、文化契合度等不同的角度考察应聘者，最后一次面试还是酒店总经理亲自面试，看看员工有没有潜力去四季旗下其他酒店工作。这种挑剔程度，跟大公司挑选高管差不多。

20世纪70年代，夏普开始在公司内部推行一条黄金法则，叫作

"待人如己"，就是说高管想让员工如何对待客人，就用同样的方式对待员工。有一次，总部的一个报告里显示，四季伦敦酒店的员工对酒店的员工设施不满意，不到3个月，公司就重铺地板，布置新的储物柜，安装新的淋浴设备。遇到新问题的时候，四季酒店员工手里并没有可以参照的服务细则。他们怎么决定自己要不要"站"出来，以及如何"站"出来呢？很简单，他们只要问自己一个问题，"这项交易、这个决定、这次行动是否符合四季'待人如己'的价值观？"如果符合，员工就可以直接采取行动。四季酒店的管理细则不是管理层想出来的，而是员工的实践经验汇集形成的。一般来说，酒店的管理细则，也就是员工服务时的规范、程序和标准，都是酒管公司总部制定出来的。但四季酒店的管理细则，不是自上而下规划出来的，而是自下而上演化出来的。四季酒店每个员工，都有自主发现问题解决问题的权限。每当员工解决掉一个新问题，公司就会多一条服务经验。每一次发现问题解决问题，就积累下一条经验，天长日久就演化出了一套自己的行动细则。几十年累积下来，得是多大的一笔财富？曾经有一位四季酒店的老顾客只要来了加拿大多伦多就会住在四季酒店，后来一位前台员工发现这位老顾客竟然几个月都没来过了，他就主动打电话到客人的办公室问为什么不再来了？顾客说，自己喜欢四季酒店，但是不喜欢那里的枕头，更喜欢另一家酒店的枕头。听完原因，前台员工立刻给客房部的主管打电话说明情况，主管买来了4个老顾客喜欢的枕头，放到房间，邀请老顾客再来住。后来，这位客人就一直住在四季酒店了。

美国奢华酒店品牌丽兹·卡尔顿的前CEO霍斯特·舒尔茨——曾带领公司两次获得鲍德里奇国家质量奖，他经常在演讲时被听众询问丽兹·卡尔顿的成功秘诀。他总是这么回答："所有的成功秘诀，都写在我们的'信条'里，那就是全部的秘诀。"丽兹·卡尔顿的员工都会随身携带一张四折卡片。上面印有"信条""对员工的承诺""箴言""服务三部曲",另一面印有"服务基础二十条"(The 20 Basics),合称为《黄金标准》(Gold Standards)。霍斯特·舒尔茨还决定给予每个酒店员工2 000美金额度的授权,用于帮助客人解决问题,弥补各种服务失误和客人投诉。这么做的目的是希望员工抛开束缚,尽情开启造梦模式,用惊喜撼动顾客的感官和想象、深深烙进他们的记忆。霍斯特·舒尔茨早年总是从酒店业主那里听到抱怨说每个班次开始前十分钟的班前会是浪费时间浪费钱:"每天十分钟是什么意思?"业主的资产经理会说,"你知道一年下来那是多少个小时吗?你在浪费我付给他们的薪水。"霍斯特·舒尔茨问:"所以你想让他们对自己的工作保持愚蠢吗?那是你要的吗?这十分钟是每天轮班中最重要的事情。"事实上,这是霍斯特·舒尔茨早年在欧洲工作时学到的顶级酒店的标准程序。当班经理或领班会检查列队的员工,指甲干净吗?鞋子擦亮了吗?头发梳理整齐了吗?制服是熨烫过的,一尘不染吗?未经检查,任何人不得为客人服务。

关于如何定义什么是好的服务?舒尔茨曾分享过他的思考:客人可能并不总是能够清楚地表达他们的真实感受。在一组焦点小组调查中,客人说:"我想有宾至如归的感觉。"但这意味着什么?它真的告诉我们了什么?显然,酒店无法把客房布置和装饰成像每位新来客人的私人住宅。另外的猜想是:客人想感受到一些东西——他们少年时期在母亲家里的感觉。他们童年的家是有人为他们做一切事情的地方,每一个需要都得到照顾。他们不必担心任何事情。如果发现有什么不对劲,他们会立即去找他们的母亲诉说。舒尔茨认为,在内心深处,酒店客人希望一切都在掌控之中,任何问题都会立即得到解决。他们不想等三个小时。他们想把自己的情绪传达给他们看到的最近的人。他们希望有人——不管是谁——立刻回应他们并解决问题。这样他们才会感到受到尊重,感到满足,甚至获得幸福感。

如果把乔布斯的关于用户需求洞察、将创意变成产品、不要迷失在流程里等这些观点，用到其他行业里也一样适用，因此我在此基础上总结了一个品牌的价值公式：

价值创造能力 = 真诚 ×（需求洞察 + 创意力 + 技术）/ 获得成本

在这个公式里：

真诚 = 同理心 + 利他心；

需求洞察 = 人的基本生理需求 + 社会需求 + 精神和灵性需求；

创意力 = 勇气 + 审美品位 + 设计能力 + 独特性；

技术 = 制造工艺及流程管控能力 + 量产及复制能力；

获得成本 = 价格 + 营销及渠道成本 + 交付成本。

显而易见，这个公式的分子部分越大分母部分越小，最终的价值就越大，因此，在对组成分子和分母的各细项要素逐一分析后，这个公式能给我们带来更多的启示：

其一，消费者的需求是有身、心、灵三个层次的，对需求的洞察是一切商业模式的前提。其二，未来是创造出来的，不是复制出来的，创意产生价值，但你要有足够大的勇气和想象力。其三，服务、流程和技术只是手段不是目的，客人需要的是结果不是过程。因为一切的投入都是有成本的，你要始终平衡投入和产出的最佳临界点。其四，无论什么行业，无论什么产品和服务，与渠道妥协，是品牌消亡的开始。

在这个公式中最重要的那个变量是真诚，真诚是一切的基础，如果真诚是零，那整个公式的结果将为零。如果没有了真诚，即便你的需求洞察、创意、技术能力再强，也都只是套路。你可以成为网红去割韭菜，但你成不了经典和伟大的品牌，你也许可以获得暂时的流量，但无法转化成留量。把一个很重的地面服务业做好而且做成品牌是一件非常非常难的事情，海底捞、链家、亚马逊这些企业做到了。链家的创始人左晖在去世前发的最后一条微信朋友圈用了这样的标题——《要相信相信的力量》，里面的最后几句话是这样的："作为服务者，如果自身得不到尊重的话，也很难去尊重消费者。但要服务者得到尊重，首先是服务者能够为消费者创造足够多的价值，换言之就是你需要值得被尊重。希望大家问问自己：你还记得你当初许下的梦想吗？你每天在做的事是在无限接近它吗？是离你的梦想越来越远了还是越来越近了？"

> 服务都是冗余的，除非有了洞察；
> 洞察都是徒然的，除非有了创意；
> 创意都是虚幻的，除非有了技术；
> 技术都是傲慢的，除非有了真诚。

5. 品牌——身、心、灵三维度共鸣
Brand: Three-Dimensional Resonance of Body, Mind and Soul

在漫长的商业贸易历史中，人类一直在努力试图克服和降低交易成本。而交易成本主要源于交易双方的信用不透明，所以一直以来，商业行为中的买卖双方不得不花大量时间和金钱对彼此的信用做尽调。在企业对企业的交易行为中，这种商业尽调是必需的工作，企业将这些成本列支为运营费用。但是当大众消费者面对每天大量的高频、低值的商品时，对于这种信用不透明是无计可施的，所以必须依赖于某种便捷、廉价的信用识别工具。人类社会迈入工业化时代后，涌入市场的商品逐渐变得极大丰富，日常的购买、交易也越来越高频，由此，一个克服信用不透明的信用标签——品牌，就自然而然地出现了。品牌研究者和理论家们一直以来把品牌视同广告营销的一个组成部分，以为在广告营销上砸钱就可以做出品牌。遗憾的是，这种完全忽视产品、无视"企业的价值主张才是品牌源头和灵魂"的品牌理论一直沿用至今。

对于品牌到底是什么，学术界的定义很多。美国市场协会（AMA）

给品牌下的定义是："一个名称、符号、标识及它们的一种组合，用以辨识一个企业的产品，以把它们和竞争对手的产品区别开来。"实际上，这个定义说的是商标，但品牌和商标是一件东西吗？国际知名品牌咨询公司英特 Interbrand 则把品牌定义为："所有利益相关者在某个时间点上对于一个企业或产品的印象总和。"这个定义大而化之，含义笼统而模糊，我们仍然无法精确理解品牌是什么？以上两个定义都带有很明显的工业时代学术理论的局限性，让我们站在更高的维度给品牌下个定义：品牌的本质是信用标签，是促进商业交易行为的信用解码工具，是一个企业的价值主张及其产品的三重价值属性在消费者心智中的留痕。具体而言，第一重心智留痕是企业的产品或服务通过用户五种感知渠道——眼、耳、鼻、舌、身留下的知觉留痕，属于生理上的感知留痕；第二重心智留痕是企业的产品和服务和用户在心理上产生的共鸣，我们称之为情绪留痕；第三重心智留痕是企业的产品或服务在用户精神和理性层面产生的共鸣，我们称之为意义留痕。这三重层次的留痕经过长时间的重复，就会在消费者的心智中逐渐形成了一个立体的、确定性的认知，它映射出企业的价值主张、产品的个性、功能的可靠性，这种认知就是品牌。对于某个品牌有共识的人群会通过购买、使用这个品牌的商品而相互识别，并获得认同感。从人类学角度讲，人们总是倾向于寻找和自己类似的人，并形成团体和圈层。对于企业来说，品牌是触达消费者最直接、快捷的渠道，但这个通道并不是脱离产品和服务独立制造出来的，也不是一朝一夕就能形成的。确切地说，它只是企业创造价值、交付价值过程中的副产品，是一种信用标签而已。如果我们站在上帝的视角审视品牌之于商业的意义，那么品牌就是企业的"面孔"、产品的信用标签，是商业交易行为中降低交易成本的工具。

爱马仕家族的第五代掌门人让-路易斯·杜马斯说："我们从未对品牌形象定下明确的规定，但是我们有明确的产品策略。"爱马仕公司生产的每一件产品都追求着殿堂级的品质。追求完美一直是爱马仕的价值观，弘扬工匠精神，对自己的产品不断打磨，不停超越。爱马仕的产品大多不会印上明显的商标图案，但爱马仕具备强大的品牌势能，能促使人们购买、使用它的产品。爱马仕旗下的手工艺匠人谈及自己的工作时都非常自豪。他们认为自己做的是艺术家的工作而不是手工工人的活计。他们为一件银饰品进行最后的抛光打磨时，就像是"经过长期的努力，终于为一件美好的事物赋予了生命"一样。

　　星巴克的创始人霍华德·舒尔茨在他的几本自传里都提到，星巴克从来没有刻意去创建品牌，而是要建立一个强大的公司——一个具有某种象征意义的公司，追求产品的正宗，珍视人们的工作激情。他回忆说：在公司创立早期，星巴克专注于一杯一杯地卖咖啡，一家一家地拓展店铺，把烘焙咖啡的知识传授给大家，从未想过什么"品牌战略"。然而，从有一天开始，他经常接到这样的问询电话："你可以过来给我们讲讲如何在五年内创建一个国际品牌吗？"人们告诉舒尔茨，像星巴克这样迅速打开国际知名度，可以说是非同寻常的奇迹。在某些城市，这好像是一夜之间发生的事情。舒尔茨回忆说他从詹姆斯·申南那儿学到了有关伟大品牌的知识——詹姆斯是星巴克董事会成员，曾为宝洁公司、百事可乐和通用食品公司策划市场战略。他于1990年投资星巴克，因为他相信星巴克将会成为一个强大的品牌。詹姆斯·申南说："伟大的品牌都有其鲜明的特征、令人难忘的品质，其产品会使人们看上去更好或是感觉更好，有着强大而顺畅的销售渠道，这些特征基本上都体现在星巴克的门店里。为了获得成功，你需要在与许许多多同类的竞争对手中变得强大而生气勃勃，这样你才会有清晰的头脑和不受干扰的远见。"霍华德·舒尔茨回忆说：自1987年之后的10年内，星巴克在广告上投放了不到1 000万美元，这倒并非是星巴克不相信广告，也不是承担不起广告费用，而是因为这个企业的驱动力在于产品，在于价值观，在于人本身。大部分工业时代的企业对于市场的看法是零和思维，各行各业的市场营销基本上都是类似于宝洁公司那一套模式，靠薄利多销变着法儿从竞争对手那儿把市场份额夺过来。这是已经成熟的产品品类都会发生的情况，如果百事可乐公司多拿到一两个百分点，可口可乐公司就失去了这个份额。汽车和香烟品牌也大抵相同。大公司们花费数百万美元策动花样翻新的广告攻势，目的就是要在市场份额中多占几个百分点。而星巴克的扩张方式是重新定义市场，不会去挖其他咖啡公司的顾客，不是追逐市场的最大化。这里指的是星巴克开启了一个新的商业模式，或者说是新的消费品类。星巴克是在自己经营的门店里，通过自己的员工，每一次面对每一位顾客都以诚挚的服务来塑造自己的品牌的。只有和目标客户保持紧密的联系和互动，才能不用听任咖啡供货商的支配和摆布，这是建立品牌的极为有效的途径。[①]

我们可以看到，服务业的核心竞争力是人对人的服务。要说跟咖啡业内的同行竞争，星巴克的优势也在于自己的员工。在超市销售咖啡是不用通过语言的，没有和消费者的互动，根本无法将产品的三维属性向消费者传达。砸钱打广告并不是打造品牌的明智投资，因为品牌不是你说你是什么，而是客户说你是什么。也不是只有财力雄厚的公司才能创建品牌。舒尔茨对于那些讨教如何建立品牌的人说："对每一位顾客每次都给以诚挚的服务，对每一家新店都付出自己的心血，对每一个市场机会都去认真把握。事实上，那也许就是取信于顾客的最佳方式。经过若干岁月耐心的磨砺，你的口碑就建立起来了，这就有可能把一个地方性的好牌子提升为一个全国乃至全球的知名品牌——而这个品牌依然与个体的顾客和社区保持着紧密联系。在这个不断变化的世界上，最强大、最持久的品牌是建立在人们心里的——这才是真正可持续发展的品牌。这样的品牌基础坚实稳固，因为它赋

---

① 霍华德·舒尔茨.将心注入 [M].北京：中信出版集团，2011.

予了人的精神力量，不是全凭广告的狂轰滥炸。这些公司之所以能够持久发展，就在于它的可靠性。大众广告可以帮助建立品牌，但是，只有真正实打实的产品才能天长地久。如果人们相信他们与公司分享同样的价值理念，他们就会对这个牌子保持忠诚。"

三、价值的创造：产品战略
Value Creation: The Product Strategy

  商业的本质是价值创造、价值交易，如果让我们给产品和服务下个定义，商家提供的产品和服务本质上都是一种解决方案，而顾客要购买的本质上是效用。之所以人们在工业时代会把卖产品和卖服务分开，是因为当时人类的技术和企业组织能力还没能力能提供一揽子解决方案，但产品和服务的融合将是一个最终的趋势，因为产品和服务本质上都是解决方案的一部分，而解决方案都是通过物理世界中的"产品和服务"来达成的，所以我把"产品和服务"统称为价值载体，创造价值就是企业存在的目的和使命。企业不断推出自己的产品（服务），这些产品（服务）将企业的价值主张刻在消费者的心智中，品牌则是消费者对价值的感受形成的确定性认知。

1. 产品（服务）的价值三一律法则
The Trinity Rule of the Product (Service) Value

  自从工业化时代催生出商业品牌现象以来，人们一直误以为品牌是个独立存在的东西，可以通过广告宣传、渠道占领、公关活动、名人代言等战术行为来打造品牌。人们对品牌现象都很痴迷，津津乐道，也都可以对品牌说出一些"理论"，但大多是盲人摸象，导致品牌方法论越来越像玄学。大量的品牌理论诸如创品类、文字勾、视觉锤、大创意、文化母体、占渠道、建矩阵等五花八门的套路让人们眼花缭乱。但是，品牌不是你说你自己是什么，而是消费者说你是什么。品牌是消费者对商家及其产品和服务的感受形成的认知。脱离了具体的产品、服务这些物质载体空谈品牌，既荒唐也毫无意义，听起来更像是在欺诈。每一个伟大品牌的后面都对应着伟大的产品（服务），无论是法拉利的 F40 跑车，还是苹果公司的 iPhone，爱马仕的铂金包、马斯克的特斯拉，还是服务领域的迪士尼的乐园、星巴克的咖啡店、四季集团和丽兹·卡尔顿的酒店，对应我们在本章第一节"需求洞察：人的本质、经济周期与价值网络"中阐述的"人类三重本质属性的需求"，它们无一例外都是在为人类提供三个维度上的价值：功能价值、心理价值、精神价值。我们将这种同时并存于一件产品之中的三重价值属性称为"价值三一律法则"。既然品牌是企业的产品或服务投射在消费者心智中的信用，那么这种信用也就会映射出产品价值的三重属性。所以，品牌也就具有了与"产品价值三一律"对应的"信用三一律法则"，具体而言就是：与功能价值对应的信赖感、与心理价值对应的归属感和与精神价值对应的意义感，这就是品牌的信用三一律法则。

产品的价值三一律和品牌的信用三一律揭示出品牌相对于产品（服务）而言的镜像效应，这个镜像是消费者的心智。所以，产品和服务才是一切的本源，品牌是随之而来的副产品，是产品价值投射在消费者心智中的信用符号而已。认识到这个本质非常重要，这一点是本书所揭示的品牌认知与此前传统品牌理论的分水岭。当我们说"一个产品具有三重维度的价值属性"时，并不是说有三种不同东西的简单拼凑或叠加，而是同时、共存于一件产品之中。这个秘密并不太容易被参透。你可以假想我们此刻正在做一个光学实验中的光谱解析，那么三一律法则就是一个三棱镜，让我们一起用这个三棱镜把隐藏在产品和品牌之中的三重属性解析出来。

（1）技术属性及其功能价值（The Functional Value of Technical Attributes）

任何一个产品，从理论上讲都有某种使用价值，也就是说产品都具有某种使用功能，哪怕是艺术品、珠宝首饰这些确实没有具体功能的商品，谁又能说陈列和装饰不是它们的功能呢？使用功能是一切产品、服务的最基础的价值。这种价值直接源于企业的科技和工艺能力以及与使用场景匹配的产品化能力。既然所有的产品和服务本质上都是针对消费者某种需求的解决方案，那么显而易见，最擅长将科技成果应用到解决方案中的产品在这个属性上就会领先于本品类的其他产品，也会在消费者认知中打下第一重烙印：功能强大、易用、稳定、耐久。这是产品在消费者心智中形成品牌认知时的最基础的感受。越是高价值的产品（服务）技术门槛就越高，从经济学原理上说，只有稀缺的东西才能具有高价值，而高科技、高水平的工艺都具有稀缺性。当然这里所谓的"技术"也包括设计、审美、创意等人文方面的能力。如果把艺术品也当作商品来看的话，那艺术家的艺术天赋和创作能力也是一种稀缺的能力。所以乔布斯说：伟大的产品都位于科技和人文的交叉路口。随着人类科技能力的不断提升，原本高端的产品可能会随着技术的普及造成竞争门槛降低，甚至不再占据价值高地。随着竞争者大量涌入、市场供给剧增，价格必然大幅降低。所以说技术能力是一切产品（服务）最底层的基石，是最稀缺的资源，也是终极核心竞争力的门槛。这也就解释了产品的生命周期现象，除了垄断行为以外，在市场经济中，不可能有一款成功的产品不用迭代更新就能永远占据价值高点。这也就给所有企业家提出了两个终极的生存命题：

1. 如何横向扩张，去开拓新产品品类？

2. 如何纵向深挖，通过研发投入获得新的技术红利？

这两个命题就是创新的本质。德鲁克在《创新与企业家精神》中说:"创新,是企业家的核心标志。企业家的本质就是有目的、有组织地开展创新。"

(2) 社会属性及其心理价值(The Psychological Value of Social Attributes)

人类天生喜欢美的事物,所以任何产品除了基础功能之外,都会尽量将自己的产品做得美观,没有客户喜欢丑陋的产品。审美是和生活方式、区域文化、职业、收入水平高度相关的。如果你的产品在基础功能之上还能叠加一些艺术元素,让你的产品具有很高的审美,并成为社会符号,为消费者提供很高的心理价值,那消费者就会愿意支付溢价来购买你的产品和服务。通常这类产品和服务我们称之为奢侈品、奢华服务。使用什么的产品(服务)也就让你同时在告诉外界:你是谁,你想成为谁?它会为消费者带来身份感、归属感,也就是心理价值,这就是产品的社会属性。

正如前文所述,品牌商品在社会分层的过程中起到了重要作用,人们可以通过品牌商品的使用判断一个人的收入水平、生活方式、社会地位。更为重要的是,它是以自由的消费方式建立起来的社会秩序。每个人都可以依据自己的梦想重新定义自己,通过自己的努力获得财富,最终进入自己向往的社会层级和生活方式。人类学的规律揭示,只要有人群的地方,就会出现层级,精英阶层和权势阶层总会形成自己的内群体生活方式,即使不是以市场的方式呈现,也会以其他的方式出现,比如苏联时代为高级官员提供的特供机制。从心理学上讲,每个人都希望成为更好的人、更受人尊敬的人。当然,逐利的资本也会通过广告、电影、文娱节目刻意营造一场消费主义的幻梦,鼓励、诱惑人们去无节制地追求、消费本来他们并不需要的东西,造成浮华、泡沫式的生活方式。这也就偏离了商业文明的本质,随着经济周期的下行,人们会逐渐醒悟并抛弃这种消费骗局。

（3）信仰属性及其精神价值（The Spiritual Value of the Attributes of Faith）

几千年来的人类文明揭示出这样一种趋势，科学在人类的认知中的占比权重越大，迷信和神话占比就越小。即便如此，宗教、艺术、神话依然在人类文明中占据了很重要的地位。大仲马在《基督山伯爵》用这样一句话给全书收尾："在上帝揭示人类的未来之前，人类的一切智慧都蕴含在这四个字里面：'等待'和'希望'。"在动物界里，人是唯一的需要意义的动物，意义替我们遮蔽了那些漫天遍野的不确定性，让我们有勇气在无知中开始行动。随着基督教、伊斯兰教、佛教、道教等逐渐退出现代人类的日常生活场景，人类在剧烈变动的时代渴望再度发掘生活表象背后的意义，找到一种能够让我们重拾信心与勇气的东西。自从人类发明文字以来，人类总是试图把真实世界和神话世界连接在一起，即便是全球科研领军者美国，也会出现超人、蜘蛛侠、漫威英雄之类的文化形象。人类需要意义感，品牌神话便是这样产生的。一些奢侈品牌散发着与永恒、神秘的力量相通的气质，成为在"等待和希望"中与平庸乏味的生活日常相对抗的、芸芸众生的精神慰藉。任何一种产品，如果你要想将它做成伟大的产品，就一定要在功能属性、社会属性之上再赋予它某种信仰属性，让其在功能性和社会性以外，还能为消费者提供精神层面的价值。

马斯克当年在贝宝（Paypal）时的合伙人彼得·蒂尔说："我们应该严肃看待马斯克把人类带往火星的目标，他相信这会给大众带来希望。不是所有人都会认同他的使命，但确实有人在挑战自己的极限，推动宇宙开发和我们技术能力的发展，这点很重要。把人类送上火星的这一目标比其他人在太空尝试的其他事都要振奋人心。"而苹果公司的创始人乔布斯则在一次讲演中说："我想谈一谈苹果这个品牌以及它之于我们的意义——我觉得一定是那些有不同想法的人才会买一台苹果电脑。我真的认为那些花钱买我们电脑的人思考方式与别人是不同的。他们代表了这个世界上的创新精神。他们不是一群庸庸碌碌、只满足于完成工作的人，他们心中所想的是改变世界，他们会用一切可能的工具来实现它。我们要为这样一群人制造这个工具。但愿你们今天的所见所闻意味着一个新的开始，它让我们有信心。我们同样要学会用不同的方式思考，给那些从一开始就支持我们产品的用户提供最好的服务。因为，经常有人说他们是疯子，但在我们眼中他们却是天才，我们就是要为这些天才提供工具。"

伟大的产品，无一例外都为自己赋予了独特而宏大的信仰，让渺小的人类个体与宏大的事物相关联，也因此为人们的生命和存在赋予了意义感。

2. 价值三一律的品类化呈现
The Trinity Rule Expressed in Different Product Category

虽然在每件产品上都会存在三重价值属性，但在现实中，往往是这个产品作为商用场景解决方案的那个最主要功能决定了它的哪种价值属性最强。由此，不同品类商品的核心驱动资源也就会不太一样。一般来说，所有的商品和服务在宏观的层面上可以被分为三大群组：功能类、生活方式类、精神类。功能类产品指各种为人类赋能的工具；生活方式类指衣、食、住、行、娱乐等消费类产品；精神类产品指和信仰、文化、艺术相关的商品。

（1）功能类产品和服务：技术驱动（Functional Products and Service: Technology-Driven）

功能类产品（服务）也可以说是工具类产品（服务），其核心价值都是受技术、工艺能力驱动的产品，科技含量占绝大部分权重。所以提供这类产品的企业就需要占据科技领域的制高点，比如飞机、汽车、手机、电脑等品类。法拉利、保时捷都是赛车场上的天之骄子，他们为赛车制造的超级跑车屡屡拿下国际赛车大奖，以此来占领消费者的心智。其实他们市场占有率最大、最赚钱的产品是民用的公路跑车。保时捷曾经在二战时研发过装甲车和虎式坦克，英国的劳斯莱斯公司一直是航空发动机的生产商，旗下也有制造飞机发动机的公司。他们高超的技术研发能力都为自己的民用产品做了最好的背书。功能类的服务包括医疗类、咨询顾问、教育等，很多知名大学、学术机构都有自己的智库、咨询公司、附属医院等。功能类产品（服务）的领域都是要靠技术能力和研发能力的投入来驱动，这些核心能力是有可衡量指标的。比如，当这些教育和学术机构的研发成果获得诺贝尔奖之后，就会为他们的商业项目带来巨大的回报。

让我们首先看看保时捷的案例：1938 年，由保时捷先生出任总经理的德国大众汽车公司在柏林成立，专门生产保时捷先生设计的"平民车"甲壳虫，他一直以来的造"平民车"愿望终于变成了现实。从此，德国的工业历史和经济发展伴随着"甲壳虫"的时代翻开了崭新的一页。"大众"车型的第一个版本展示了许多延续到现在的特色——包括其独特的圆弧形车身和风冷水平对置的四缸后置发动机。大众汽车的早期版本被称为"通过快乐驾驶获得力量（Kraft durch Freude Wagen）"，并于 1938 年首次面向市场。第一批概念车是在保时捷位于德国斯图加特的工厂生产的，之后在沃尔夫斯堡的大众汽车制造厂量产。1939 年二战爆发。所有商用汽车制造都停止了，汽车公司都转而开发军用车辆。在大众汽车工厂，保时捷先生开始研发82 型多功能车（Kübelwagen）和水陆两栖汽车（Schwimmwagen），这两种车型都是专门为德国军方研发的。由于保时捷的虎式坦克驱动系统的设计过于复杂，因此军方选择了其他公司的设计进行量产。然而，在保时捷的设计最终被拒绝之前，工厂已经生产了九十个"虎式"坦克底盘，之后这些底盘被改装成可移动反坦克炮。它们于 1943 年作为"虎式装甲车"投入使用，在战场上以绰号"费迪南德"而闻名。1951 年 6 月，首度参加法国勒芒 24 小时大赛，披挂上阵的保时捷 356 赢得 1.1L 级别的冠军，总排名第 20 位。随之而来的是一连串胜利、再胜利的光辉时代。20 世纪 60 年代初，随着保时捷 356 车型在过去十年中的商业成功，保时捷以制造高质量、高性能的车辆而闻名，这些车辆在赛场内外都同样表现出色。1963 年在德国法兰克福举行的法兰克福国际汽车展上，费利·保时捷展示了保时捷 901，保时捷 901 配置了更强大的六缸"水平对置"发动机。在 1967 年一次赛事中，保时捷 911 打破了 16 项世界纪录，从此保时捷 911 名扬天下。1974 年，保时捷 911 Turbo 涡轮增压式赛车的诞生开启了保时捷历史的新纪元。它被评为世界最佳运动跑车而与法拉利 F40 齐名，车迷们称它为赛车之王。2000 年，高性能保时捷 Carrera GT 跑车在巴黎卢浮宫首度面世，立刻成为跨世纪的爆款产品。2002 年，保时捷成功推出第三个车型系列——SUV，即集运动性能和越野性能于一身的卡宴（Cayenne），也大受市场欢迎。从保时捷的案例我们可以看到，驱动它一直领先市场的能力是其研发、设计和高端的制造工艺，试想，一个连坦克、装甲车都可以设计制造的企业，生产民用汽车能差得了吗？

如果说世界上还有哪一款跑车可以和保时捷一争高下，那一定是法拉利。1940 年，恩佐·法拉利先生脱离了为阿尔法·罗密欧服务的赛车队，成立了新的法拉利汽车航空制造厂（Auto Avio Costruzioni Ferrari），主要是做飞机配件。直到第二次世界大战后法拉利才开始生产民用车型，1947 年，法拉利重建了战时被轰炸的工厂，并且开始以自己的名字为品牌生产汽车，当年 5 月 11 日就生产出一辆顶级跑车——法拉利 Tipo 125，配备了 125.1 升 V5 发动机的 12S 车型。从此他的事业就与惊心动魄的赛车场无法分离了。恩佐·法拉利曾经说："空气动力学是为那些做不出好发动机的人准备的。"伴随着法拉利车队在赛事上的一次又一次胜利，法拉利的名气也如日中天，很多有钱的车迷都向法拉利公司求购跑车。为挣钱补贴比赛，法拉利开始做起了制造民用跑车的生意。最初只是出售定制的跑车，慢慢转成生产小批量超级跑车。恩佐·法拉利对卖车并不特别感兴趣，只是需要资金来支持他真正的激情——赛车而已。之后陆续诞生了一系列有史以来最令人兴奋的跑车：如法拉利 250GTO、法拉利 400i、法拉利 365 GTB/4。这些车的外形都是出自宾尼法利纳（Pininfarina，意大利著名的汽车设计机构，于 1930 年创建）、米凯洛（Giovanni Michelotti, 1921—1980）等伟大设计师的作品。从 1950 年第一届 F1 赛事开始，法拉利从未缺席过任何一场比赛。在 F1 赛场上法拉利车队一共赢得了 16 次总冠军，遥遥领先于第二位的威廉姆斯车队。不过 F1 赛事是一项极其烧钱的运动，需要大量资金运营，法拉利为此不得不开始生产民用跑车。很快民用跑车在市场上也流行起来，这得益于法拉利强大的发动机技术和极具力量和美感的车身设计。

法拉利成为年轻一代富豪人群的专属座驾，因为它是成功者的象征。尽管客户需要等待的时间很长，小批量生产地民用法拉利跑车很快就会售罄。法拉利通常配备小排量 V8 和 V12 发动机，采用中置发动机设计。一个有意思的现象是，直到 20 世纪 80 年代中期，法拉利民用跑车的性能总是不太稳定，需要经常维护、保养。这被追捧者们认为是法拉利跑车独特的"性格特征"。可见只要你的核心价值足够突出，在拥趸者们的眼里，你的缺点也都是可爱的特征。20 世纪六七十年代，法拉利赢得了 5 000 多场比赛，其中包括 16 次车队锦标赛和 15 次一级方程式车手锦标赛。在赛道上的成功进一步巩固了法拉利作为世界级跑车制造商的声誉。

F40 是 1987 年为纪念法拉利车厂生产跑车 40 周年而打造的一款划时代跑车，F 代表法拉利的首字母而 40 代表 40 周年。F40 的车体是以碳纤维为主的复合材料打造而成，不仅具备高强度的车体刚性，同时也能达到让车身最轻量化的目的。以赛车理论为依据设计而成的

备受推崇的标志性法拉利 F40

恩佐·法拉利将其毕生精力都奉献给了赛车事业和"法拉利"品牌的经营,"工作不息"是他毕生所践行的信条。F40 是法拉利生前亲自签署的最后一款跑车,这是一款动力强劲的极速车型,兼具了法拉利所代表的一切,甚至是一种独特的桀骜精神。

民用跑车 F40,要告诉给市场的价值主张非常清楚,就是要让驾车者能够体验如同 F1 赛场上的王者法拉利车队一样的王者之风。法拉利之所以在民用跑车市场这么受追捧,完全是因为他们在赛车场上的辉煌战绩为其品质做了背书。在技术和设计上占领了造车行业的制高点,让消费者对其技术能力非常有信心、对其所代表的常胜风格非常向往。法拉利 F40 奠定了法拉利"世界上速度最快汽车的生产商"的江湖地位。

下面让我们看看劳斯莱斯的发展历程:最早期的汽车发动机与飞机发动机是同源的,劳斯莱斯也顺理成章地从 1914 年开始研制航空发动机,两台劳斯莱斯"鹰式"发动机驱动的"维米"(Vickers Vimy)轰炸机在 1919 年成为第一架飞越大西洋的飞机。第一次世界大战中约一半的盟军飞机使用的是劳斯莱斯的航空发动机。第一次世界大战期间,劳斯莱斯汽车也被征为军用,银色幽灵轿车被装上了装甲，车顶也安装了炮塔，可以搭配维克斯303机枪。1929年，装配"R"发动机的飞机代表英国参加洲际施奈德杯水上飞机比赛。"R"发动机后来演变为灰背隼飞机的发动机，该发动机之后被装配在喷火和飓风战斗机上。1938年第二次世界大战爆发在即，劳斯莱斯又在曼彻斯特以南30千米处的克鲁（Crewe）新建了一家大型工厂，专门生产航空发动机。二战期间公司生产的发动机安装在鹰式飓风战斗机和超级马林喷火战斗机上，为对抗德国空军的不列颠之战作出了巨大贡献，强劲的航空发动机需求也让公司一跃成为主要的航空发动机供应商。二战时期的劳斯莱斯"马林"发动机不仅造就了喷火战斗机的传奇，也使得美国P-51"野马"战斗机一跃成为二战时代最优秀的战斗机之一。飞机发动机赚来的钱刚好可以救济常常亏损的汽车业务。1946年，工厂重新生产汽车，劳斯莱斯的主体部分也迁往克鲁。此后，汽车业务的部分集中到克鲁，而德比则专门从事航空发动机生产，并跻身世界三大航空发动制造商之列。尽管为公司塑造了传奇，银色幽灵车型于1925年退出历史舞台，被新型车"劳斯莱斯幻影"取代。在银色幽灵的底盘上安装了新发动机的这款车被命名为幻影（Phantom），后来幻影Ⅳ成为英国王室的御用专车，被授权使用王室专用徽章，只有国家元首才有资格购买和拥有它。从劳斯莱斯的案例我们可以看到，这家豪华座驾的企业同时也是生产飞机发动机的企业，还有英国王室御用座驾的背书，还有什么能比这样的信用背书更会让高端消费者信任的呢？

通过以上几个案例，我们可以看到，这些造车企业在基因上都有着航空制造、军工制造的能力，掌握着最顶尖的发动机、电池组、空气动力学的核心技术，最重要的是他们的创始人，在不同的年代都能提前洞察到新的市场需求，并有针对性地整合各种最尖端的技术和优美的外观设计，为用户打造出了极具魅力的伟大产品。

（2）生活方式类的产品和服务：社交驱动（Lifestyle Products and Services: Social-Driven）

高支付能力的消费者更倾向于使用能彰显身份的产品和服务，为自己带来社会认同。因此这类产品（服务）带有很明显的社交属性。与功能类产品（服务）相比，生活方式类产品（服务）除了基础功能以外，还能输出独有的社交符号功能，比如名车、名表、名烟、名酒、奢牌手袋、奢牌服装、米其林餐厅、专属会所、奢华酒店、高尔夫球、马球、游艇，等等。从而带给使用者极强的心理价值。在二战后经济崛起的东亚各国中，富裕阶层的女性非常痴迷于奢侈品手袋，据报道，有个富家小姐收藏了几百只爱马仕手袋，装满了一个储藏室。中国的城市白领女性们也爱使用奢牌手袋、爱马仕丝巾，形影不离的奢牌用品虽然并不代表她们已经是那个生活方式层级的人，但满足了她们对自己的期望，也告诉了周围的人，她追求和梦想的生活方式是什么。

时装无疑是社交场合的重要武器，著名的香奈儿小黑裙是这样面市的：在西方人的文化传统里，一款简单的几乎没有装饰的黑色衣服只能作为丧服，而扭转这种观念恰恰是最困难的事情。香奈儿设计的小黑裙摒弃了一战之前那种常见的大帽、窄裙摆和繁复的装饰，并将至脚踝的长度调整至膝盖，露出性感的小腿。黑裙以中国绉丝面料为主，线条流畅，简洁雅致。大众被这种简约大气的设计所吸引，小黑裙很快收获了女人们的芳心。1926 年，美国《时尚》（Vogue）杂志发表了一幅简单的黑色连衣裙的图画，并称其为"香奈儿福特连衣裙"（如福特汽车般流行），声称它将成为所有有品位的女性的一种制服。它简单、实惠且舒适，这在大萧条时期很重要。香奈儿将黑色从葬礼中救赎出来，让它进入平常的生活中、宴会中、沙龙里。它将自己的魅力尽情绽放，成了高贵、典雅、自由、时尚、深邃的代名词。可可·香奈儿曾说：四分之一个世纪以来，我一直在创造着时尚。为什么？因为我知道怎样表达我的时代。我为我自己发明了运动装；不是因为其他的女人们要做运动，而是因为我自己要做运动。

从 20 世纪 80 年代开始，范思哲逐渐成为奢华生活和炫耀风格的代名词，在名流和富裕人群中成为"必备"品牌。詹尼·范思哲（Gianni Versace）的第一个时装系列于 1978 年 3 月 28 日在当代艺术博物馆（Palazzo della Permanente）展出。从一开始他就展示出服装独特而时髦的设计风格，这对于其他时装公司来说都是一种很冒险的风格。他说："我喜欢能穿出自我的人，如果你没有很强的自我意识，不如趁早滚开！"后来迈克尔·杰克逊等巨星成为范思哲的忠实客户也就不奇怪了。在时尚界，范思哲就是意大利王室。他们品牌的标志——"美杜莎"更像是某种宣言，当你穿戴上它时，所有人都可以立刻识别出它。"他明白与其说穿衣服的目的是为了遮盖自己不如说是为了吸引别人"，范思哲的传记作家哈尔·鲁宾斯坦（Hal Rubinstein）说，"他认为你应该通过穿着的服装来吸引注意力"。范思哲风格让世界各地成千上万的女性眼花缭乱。它的连衣裙、剪裁、颜色和印花的性感，总是伴随着挑衅和狂野的气场，它解放了女性被压抑的自我和个性，并因此而闻名。范思哲是一个被认为将街头文化与时装的行业完美结合的设计师，他带来了新鲜活力和艺术元素。提供色彩缤纷且性感十足的时装系列。他的大胆也体现在材料的选择上，他毫不犹豫地使用了丝绸、皮革，金属、塑料、刺绣、印花图案在时装之中。也是第一个将时尚与摇滚乐融合在一起的人，以前所未有的力量影响着流行文化。范思哲为社会名流和舞台上的顶级明星和艺术家设计服装，是戴安娜王妃和许多国际名人以及皇室成员的御用设计师，其中包括蒂娜·特纳、埃尔顿·约翰和麦当娜。时尚（Vogue）杂志的主编安娜·温图尔（Anna Wintour）在他去世后不久接受采访时回忆说："他不仅是一位出色的设计师，还是一位出色的营销人员。他是第一个将名人带到观众席前排的人，他是第一个在他的广告活动中使用女演员和摇滚明星的人。他明白在全球范围内宣传自己的名字和形象的重要性。"

让我们再看看奢侈品牌爱马仕是怎样在引领生活方式上崛起的：第三代掌门人埃米尔·莫里斯·爱马仕（Emile Maurice Hermès）受美国军车引擎盖上的"封闭式"开关启发发明了拉链，并于 1922 年获得了专利，它被应用于爱马仕出品的手袋上以及后来的男装夹克上，爱马仕为温莎公爵制作的夹克上就首次使用了拉链。埃米尔·爱马仕一直是艺术品、书籍、各种物品的充满好奇心的狂热收藏家。他的后人也在不断丰富这些收藏，这些物品成为爱马仕设计、创作的取之不尽、用之不竭的灵感来源。埃米尔·爱马仕不仅执着于家族的传承，而且对他的时代充满热情。在他的领导下公司不断开拓新的产品线。1925 年，第一款爱马仕男士成衣——高尔夫夹克问世。为了完善顾客的整体穿着效果，爱马仕于 1927 年迅速推出了珠宝，随后又在 1928 年推出了手表和凉鞋。1937 年推出的爱马仕丝巾是埃米尔·爱马仕的女婿罗伯特·杜马斯（Robert Dumas）创作的丝巾系列中的第一款，也是家族第一次制作非皮革制品的服饰。爱马仕领带的出现也是这个家族创新精神的例证：20 世纪的一个晚上，在戛纳一些被拒绝进入赌场的绅士来到旁边的爱马仕商店寻找领带。这种需求促使爱马仕开始生产真丝领带，爱马仕领带成为爱马仕男客户衣橱的必备品。

20 世纪 50 年代，传统的马具、皮具制造商爱马仕家族发现，经过两次世界大战，人们的生活方式发生了明显变化，罗伯特·杜马斯（Robert Dumas）于 1951 年接替岳父成为第四代掌门人。他掌舵爱马仕期间产品线有许多成功突破：包括第一条爱马仕丝巾、凯利包和锚链手镯。其实，凯利包是他在 20 世纪 30 年代设计，因为 1956 年格蕾丝·凯利（Grace Kelly）携带手袋的照片在生活杂志上被世界各地的读者看到，许多女顾客涌进爱马仕门店要求购买这款手袋。公司遂将这款手袋命名为凯利包，向这位摩纳哥王妃致敬。锚链手镯则源于一次他在观察停泊在诺曼底的船只时受到的启发。从 1978 年起，罗伯特·杜马斯的儿子让－路易·杜马斯成为爱马仕品牌第五代掌门人。他是一个有远见的人，对各种事物和各种文化都充满好奇，他主导了产品的多元化并将爱马仕门店开到世界各地。爱马仕以独特的专有技术为基础，不断推出新的品类，例如，1978 年进入制表业，以爱马仕腕表（La Montre Hermès）的品牌运营。1976 年，爱马仕与制鞋师约翰·洛布（John Lobb）一起开启了合作制鞋业务。铂金包是让－路易·杜马斯与女演员兼歌手简·铂金在巴黎飞往伦敦的航班上偶遇的结果，这促使让－路易·杜马斯设计了她需要的理想手袋。这款手袋除了优雅依旧，容积更大，更适合现代职业女性，而且白天、晚上不同场景都适于携带。在爱马仕所有的产品中，最著名、最畅销的当属精美绝伦的丝巾。据说，全世界每 38 秒就会卖出一条爱马仕丝巾。自 1937 年为纪念一百周年店庆推出第一款丝巾以来，爱马仕丝巾一直是男士馈赠女士的首选礼物。它们全都以法国里昂区为基地，从设计到制作完成必须经过七道工序。

除了时装以外，商业空间也是生活方式驱动的产物：星巴克在美国许多不同类型城市的成功促使创始人霍华德·舒尔茨思考：我们需要提供的价值究竟是什么？为什么那么多顾客愿意排很长的队来买星巴克的咖啡？为什么有那么多排队者拿着外卖咖啡往回走？最初舒尔茨只把原因归结为咖啡的味道出色。但随着时间的推移，舒尔茨发现是星巴克咖啡的环境给予人们一种与咖啡同样有吸引力的氛围：品尝浪漫。人们在日常生活中每天抽出 10~15 分钟来星巴克店里小憩片刻。这里是人们繁忙而又压力巨大的日常生活中的一片沙漠绿洲。星巴克的员工对你微笑，迅速为你提供服务，却不会来打扰你。一家广告公司曾在洛杉矶一处闹市为星巴克作了一项问卷调查。一般人们称赞星巴克的一点是："星巴克是一个人际交流的好地方，我们去星巴克是出于交流和会面的需要。"奇怪的是，这个广告公司的调查发现，只有不到 10% 的顾客会在店里与他人会面和交谈。但另外那 90% 的人说：只有在星巴克里，他们才感到自己融入社会群体之中，这里是使他们感觉最亲切的一个地方。霍华德·舒尔茨在回忆录中说：20 世纪 90 年代的美国，越来越多的人过着两点一线的生活——从家到工作地点，远距离的则是通过电话、传真、互联网彼此联络。他们去咖啡店是为了建立他们所需要的基本的人与人之间的互动关系。在互联网越来越盛行的时代，许多人除了电脑以外没有任何其他的互动关系。舒尔茨越来越意识到，顾客寻找的是一处"第三空间"，一种具有新鲜感的闲逸场所，以缓解来自工作或家庭的压力。舒尔茨总是喜欢说："每一件事情都重要。"实际上，门店就是星巴克的广告牌。在营造环境氛围这一点上，员工们使出的力气丝毫不少于对咖啡质量的关心。只要是顾客看到的、接触到的、听到的、闻到的或尝到的，每一样东西都有助于加深顾客体验。所有的感官体验都必须符合同样的高标准。那些艺术品、音乐和香味。在星巴克，产品不仅是咖啡，而是被称为"星巴克体验"的东西：一种洋溢于店面空间中慵懒、优雅、闲适、惬意的氛围。美国的社会学教授雷·奥登伯格写过一本书《第三空间》(*The Great Good Place*)。他的理论是：人们需要有非正式的公开场所，他们可以在那儿聚会，把对工作和家庭的忧虑暂时搁在一边，放松下来聊聊天。德国的啤酒花园、英格兰的酒吧、法国和维也纳的露天咖啡座就为人们的生活提供了这样的场所。这些场所为人们提供了一种所谓的中间地带，在那儿人们可以聊天会友，也可以什么都不做，看别人与被别人看见，是人类这种社会性动物的一个最本质的需要。

工业时代标准化的商品和服务已经严重过剩，未来的企业应该反思，增长的极限点已经到了，如何找到新的产品曲线？比如说一个蛋糕，在农业时代它只是解决温饱的食物，人们关注它别是变质的，别缺斤短两；在工业时代则是一种商品，人们进一步关注的它的口味、营养、卖相、包装等；服务时代则开始考虑场景：蛋糕上需要几根蜡烛？要用什么样的盒子包装？要送到哪里？而到了体验时代，则是对最终的结果进行分析和推敲——为什么需要这个蛋糕？是给孩子过生日还是给同事庆祝升职？如果是给同事庆祝升职，除了蛋糕以外还有什么更好的选择吗？能否给那个顾客专门定做一个特殊形状的蛋糕？体验经济就是要推翻之前卖货、卖标准化模块服务的逻辑，挖掘出客户最本质的需求，然后提供一个解决方案，这里包含产品、服务、空间场景、整体的设计策划。把生产表演化、商品道具化、服务舞台化、顾客角色化，根据消费者个体的兴趣、态度、嗜好、情绪、知识和教育，为顾客营造感觉美好的、独一无二的主体感受。

（3）精神类产品和服务：信仰驱动（Spiritual Products and Services: Faith-Driven）

这类产品（服务）更多和艺术、宗教信仰有关，本身也许不具备任何实用功能，但是都带有强烈的信仰和精神属性，为用户带来价值观层面的引导和共鸣。比如宗教场所教堂、庙宇、道观中美轮美奂的壁画和陈列物，各种宗教含义的佛牌、念珠、手串、十字架，以及耶稣、圣母、佛陀、观音的造像和摆件，还有世俗生活中常用到的送子鸟白鹳的摆件、圣诞树、圣诞老人的服装，等等，当然，大部分信仰驱动的作品都会以艺术的形式呈现，如绘画、雕塑、音乐、戏剧、舞蹈等。奢侈品中的珠宝、首饰品类的产品都会为自己赋予某种文化制高点的含义，比如钻戒象征的永恒、专一，比如著名的蒂芙尼蓝，其实是源于中世纪圣母玛利亚披风的颜色，在西方传统婚礼中要有"一点新，一点旧，一点借来的东西，和一点蓝色"（something old, something new, something borrowed, something blue），认为蓝色的纯净优雅可以衬托出新娘的矜持与高贵。宝格丽珠宝设计中最著名的蛇（Serpenti）系列自 1948 年首次亮相以来一直在不断迭代，蛇是一种启发神话和传说的爬行动物，无论是古希腊人、罗马人、埃及法老——自古以来就是故事中的主角。其蜿蜒、轻盈的外形也成为珠宝的流行灵感来源。古埃及法老们的王冠上戴着蛇的象征，称为乌拉厄斯（Uraeus），乌拉厄斯被视为保护他们的象征，巩固了法老作为统治者的合法性。在古希腊和罗马时代，蛇与治疗有关。希腊神阿波罗有一个儿子叫阿斯克勒庇俄斯，他被称为医学之神。阿斯克勒庇俄斯带着一根杆子，周围卷曲着一条蛇，这个图案今天在西方仍然被用作医学和医疗领域的象征。埃及艳后克利奥帕特拉以偏爱蛇形首饰而闻名——这可能是促使她成为永久的美丽诱惑女郎形象的元素。

1839 年英国阿尔伯特亲王送给维多利亚女王一枚 18 克拉的由他自己设计的蛇戒。蛇戒被视为永恒爱情的象征，维多利亚女王的蛇戒眼睛是红宝石，嘴是钻石，中间有祖母绿，因为这是她的生辰石。

再让我们看看范思哲，它的品牌图案是美杜莎的头像，就是那个与她对视便会被化为石头的女妖，她代表着致命的吸引力，而范思哲的设计就如同美杜莎一般，只要见过便很难忘记。范思哲崇尚的快乐至上的享乐主义精神以及极致华丽、性感的格调 。范思哲是大胆、诱惑、力量、性感而时髦的代名词，它的风格一直鼓舞着时尚界，凭借一己之力重塑了整个国际时尚界。范思哲大胆、多彩和性感的设计在 20 世纪 80 年代非常受欢迎，他与另一位意大利设计师乔治·阿玛尼（Giorgio Armani）有过重大竞争。时尚评论家对他们相似但不同的设计是这样说的：阿玛尼为妻子们设计衣服，而范思哲为情妇们设计衣服。范思哲希望他的衣服美丽而令人震惊，会唤起像美杜莎一样的致命吸引力。

美杜莎的故事是对欲望和虚荣的警告。在勾引波塞冬之后，美杜莎受到了雅典娜的惩罚，变得如此丑陋，只要目光相对她就会把男人变成石头。这是一个悖论，同时又美丽又令人恐惧，她的外表令人着迷，让你一次又一次地在迷宫中迷失，无法脱身。今天，范思哲这

美杜莎头像来源的雕塑

美杜莎是古希腊神话中最迷人的角色之一，代表着致命的吸引力。

个名字和代表公司的标志已经成为这种奢华和性感的代名词。如果说有什么元素是范思哲品牌区别于其他奢侈品牌，且始终如一未曾改变的，那就是张扬而危险的性感。

珠宝、饰品类中最有象征意义的产品也许就是梵克雅宝于1968年推出的"Alhambra"项链了，即经典的"四叶草"系列，四叶草是梵克雅宝品牌最具辨识度的形状。Alhambra这个词是源于西班牙格拉那达的一座历史悠久的阿拉伯宫殿"Alhambra Palace"，这座宫殿的花园中有一个喷泉是四瓣叶形状。四叶草在西方也被称为"幸运草"，因为西方人认为多出一片叶子的三叶草是幸运的征兆。"第一片叶子代表忠诚，第二片代表希望，第三片代表爱，第四片代表幸运。""Alhambra"四叶草幸运系列的创作者是雅克·雅宝（Jacques Arples）——是创始人阿尔弗莱德·梵克（Alfred Van Cleef）妻弟的儿子，他有一句名言："心怀幸运之愿，方能成为幸运之士"，也就成了梵克雅宝品牌的价值主张。

四、信用解码——营销战略

Credit Decode: Marketing Strategy

　　价值与信用的区别是，价值是你可以主动打造的，这是企业端的行为：赋予一件产品价值的三重属性以不同权重，精准匹配某个消费者的使用场景，成为用户某个问题或痛点的解决方案。但是信用是别人如何看待你？是客户使用你的产品、服务之后形成的对你的印象和认知。所以，品牌不是你自己说你是什么，是客户说你是什么。只有在某个品类中占据价值制高点的产品和服务才会成为品牌。检验品牌的标准是：能否卖出溢价、带来复购？对于那些技术含量不高，又不具备社交价值和精神价值的产品，即便再便宜，它们也不是品牌，只是商标而已。因为它们在消费者心智中无足轻重，是随时可以被舍弃和替换掉的。从这个意义上讲，现实中人们习惯说的中端品牌、低端品牌、性价比品牌、软品牌、白标品牌，等等，本质上都不是品牌，是商家和媒体有意无意中玩弄的文字游戏而已。虽然每个产品都是价值三一律的产物，但因为不同产品的这三重属性的权重分布不同，导致这些产品要么是工具，要么是社交符号，要么是信仰提供物。当然，也有少数产品在这三重属性上都做得很出色，我们称之为高势能品牌。比如保时捷、法拉利的跑车、苹果公司，服务领域的迪士尼乐园、四季酒店和丽兹·卡尔顿酒店，这些都属于典型的高势能品牌，是各自品类的领军者。

1. 信用的三一律法则
The Trinity Rule of Credit

品牌本质上是一种信用标签，是企业的价值主张在消费者心智中的留痕，是产品的价值三一律结构投射到顾客心智中产生出的对应产物——信用三一律：产品的功能属性会在客户的动物脑中产生信赖感，产品的社会属性会在客户的情绪脑中产生归属感，产品的信仰属性会为客户的理性脑提供意义感。品牌不是从来就有的，也不会永远存在，它是人类商业文明进入工业化时代的产物，此时商品供应极大丰富且同质化严重，而在日常的高频消费场景中，人们倾向于凭直觉而非理性作出购买决策，品牌作为信用标签就是在这种背景下出现的。

企业端的营销行为在本质上就是价值告知，是对企业价值主张的传播；从消费者的角度说，品牌就是对商品中蕴含价值的信用解码的工具。工业时代的学术研究者们不自觉地把品牌定性为营销的工具，甚至片面地将品牌理解为就是做广告，以此为出发点衍生出了大量所谓品牌策划、品牌构建、品牌标识设计、文字钩、视觉锤、超级符号等眼花缭乱的概念，这些都是战术层面的。可品牌实际上是战略层面的问题。营销本质上不是说服你马上购买——那是销售，而是让你想买，即使现在你不买，或还买不起，等将来你收入提高后就会来购买。这个过程的本质是对产品价值的告知，或者说是信用解码。而品牌，就是信用解码的工具。最高境界的营销是要能从身、心、灵三个维度触达客户，并与客户在这三个维度上产生共鸣。当下许多人把打造品牌想得很容易，以为从康熙字典或古梵文里找几个高深莫测的生僻字起个名字，显得很有文化、很有内涵，再找个广告公司做个视觉识别设计、弄个商标，之后就砸钱在各种媒体渠道上打广告，以为这就是在打造品牌。其实从传播学角度说：越是罕见、冷僻的字越不利于传播，为品牌起名字要站在用户的角度上考虑，要好认、好读、好记，而不是为了满足企业老板和决策人的自嗨。品牌不是你说自己是什么，而是顾客说你是什么。如果你的品牌既带不来复购，也卖不出溢价，那就不是品牌，仅仅是个商标而已。产品和服务是品牌的载体和肉身，而品牌是产品和服务散发出的气场和灵魂。即使是最受人追捧和喜爱的品牌，一旦有一天脱离了产品和服务的承载，也就只剩下了一个空洞的名字和商标。商业上的种种行为其实无外乎都是交易双方在建立对自己的信任感，也就是传递自己的信用。而所谓营销，就是将蕴含在产品中的三重价值属性——进行信用解码，从消费者的角度来说，接收到这三个层次的解码信息会在自己的心智中形成对应的认知——最基础的是信赖感或者说是可预期，高一层的是归属感，最顶层的是意义感。针对每一个维度的信用解码，我们给出如下实战建议。

第一层——信赖感：

• 尽量让潜在客户可以看到、感知到或提前体验一部分你的产品或服务，比如小包装免费试用产品，限时服务体验等。

• 通过和客户互动，让你的品牌在客户五感的知觉范围内不断展现和露出，营造关系和黏性，如做广告、赞助体育赛事、公益活动等。

• 作出承诺，承诺产品服务交付中的灵活性、及时响应、交付截止时间、售后服务等。这些做法都是在降低客户的交易成本，获取客户的信任。

• 展示给客户你的信用资质：奖项、徽章和证书。比如丽兹·卡尔顿酒店集团就两次获得美国国家鲍德里奇质量奖，比如美国航天局认证的欧米茄腕表，劳力士、宝铂腕表的潜水功能资质认证。

第二层——归属感：

• 同类人群的口碑和推荐是产生归属感的最佳方式。成为社会各领域金字塔尖人群、偶像、明星、名人喜欢的产品和服务。精英阶层更相信自己圈子内的人，然后是和自己同一阶层、相同生活方式的人的看法和意见；而普罗大众则倾向于向上看齐，他们更相信精英阶层的人，模仿他们的生活方式，希望自己也成为那样的人，过上那样的生活。比如英国王室授予皇家专用证书的哈罗德百货、劳斯莱斯、巴宝莉。

最顶层——意义感：

• 你的产品有什么伟大的历史传承和文化渊源？

• 你的产品如何赋能人类克服时间和空间的桎梏、不再渺小？你的产品如何让人们与超自然的力量链接？

• 你的产品对于人类、世界、大自然具有什么样的使命和责任？

迈克·马库拉（Mike Markkula）早年曾在仙童半导体公司和英特尔工作，乔布斯创建苹果公司时，他是第一个投资人。马库拉对于乔布斯来说是一个商业教父般的人物，当年他把自己的商业思考写了一页纸交给青涩的乔布斯，是关于企业的使命和营销的三项基本原则。他对乔布斯强调说：你永远不该怀着赚钱的目的去创办一家公司。你的目标应该是做出让你自己深信不疑的产品，创办一家生命力很强的公司。他在标题为"苹果营销哲学"的内容中强调了三点：第一点是共鸣（empathy），就是紧密结合顾客的感受。"我们要比其他任何公司都更好地理解使用者的需求。"第二点是专注（focus）。"为了做好我们决定做的事情，我们必须拒绝所有不重要的机会。"第三点是灌输（impute）。这涉及人们是如何根据一家公司或一个产品传达的信号，来形成对它的判断。"人们确实会以貌取物"，他写道，"我们也许有最好的产品、最高的质量、最实用的软件等，如果我们用一种潦草马虎的方式来展示，顾客就会认为我们的产品也是潦草马虎的；如果我们以创新的、专业的方式展示产品，那么优质的形象也就被灌输到顾客的思想中了。"如果置换成我们在阐述的品牌信用三一律法则，前面两点可以理解成是产品战略，后面一点可以理解成是营销战略。乔布斯比任何一位商业领袖更加了解消费者的需求，他聚焦于一系列核心产品，而且十分关注营销策略、产品形象乃至包装的细节，会像排练演出一样筹划产品发布会、会像建设教堂一样精心设计苹果体验店。"当你打开 iPhone 或者 iPad 的包装盒时，我们希望那种美妙的触觉体验可以为你在心中定下产品的基调。"乔布斯说，"这是迈克·马库拉教会我的。"

（1）信赖感：提供有效的解决方案（Sense of Trust: Providing Effective Solutions）

现在已经是全球最大的电商平台亚马逊的创始人贝索斯，在 1997 年的第一封致股东信中就明确指出了亚马逊公司的价值观：首先这是一家痴迷于顾客的公司（obsess over customers）；其次，这是一家一切以长远发展为首要原则的公司（It's all about the long term），公司会持续做对长远发展有益的投资，关注自由现金流，不关注短期利润。在之后每一年的致股东信中，贝索斯都会将 1997 年的第一封信附在后面。始终告诉投资人，It's still Day 1（我们还在第一天）。"以顾客为中心"之类的话似乎是老生常谈，算不上了不起的洞见，但问题的关键在于你是如何定义用户需求的？贝索斯认为网购的顾客有三个最本质的需求：

一是无限选择权（vast selection）；二是快捷地送达（fast, convenient delivery）；三是便宜（low prices）。

贝索斯在致股东的信中说："很难想象，很多年以后，用户会要求更少的选择，更慢的服务和更贵的商品"。2013 年，贝佐斯以 2.5 亿美元收购了《华盛顿邮报》。收购之后《华盛顿邮报》的主编、CEO、媒体出版人几个关键的人物来到贝佐斯位于洛杉矶的住宅开早餐会，他们向贝佐斯汇报了他们的改革计划。他们希望贝索斯在四年内投入一个亿美金进行数字化赋能，为读者推送千人千面的个性化内容，加入已经有 15 亿用户的苹果的 News+ 的服务，迅速增加流量，然后扩充广告团队，做大广告收入，最终改善《华盛顿邮报》的财务表现。但贝佐斯否定了他们的计划，要求他们针对四个问题进行深入研究：第一个问题，就是作为新闻媒体，《华盛顿邮报》真正的使命和价值观是什么？第二个问题，就是要研发一个"最小可爱产品"（MLP）解决客户某个当下的、具体的痛点。贝索斯用"最小可爱产品"来代替了"最小可行性产品"（MVP），贝佐斯坚定地认为最小可行性产品这个概念成为用户体验不佳的借口，好像说可以先推出去，以后有问题再改进。贝佐斯不允许这样的产品出现，所以他说要做最小可爱产品，这个产品要很小，要能解决客户当前的问题，同时又是被用户喜爱的。第三个问题，如何找到一个可以通过科技赋能的点，可以不断作长期投入、铸就竞争壁垒的点，从而持续地解决客户的问题并践行我们的使命？最后一个问题，如何找到一个真北指标，让我们的行动时刻可以获得反馈和校正？

从亚马逊的案例我们可以看出，只有深刻洞察行业的本质，才能为消费者提供正确的解决方案，获得市场的认可和信赖。所以，一个伟大的品牌，首先要在三一律信用结构中最基础的维度上提供给客户某种可信赖的解决方案。那些只要一说起来就让人们从心底有信赖感的品牌还有：瑞士的 ABB、雀巢、罗氏制药、UBS 银行；德国的西门子、博世、拜耳、奥迪、奔驰、大众；日本的索尼、本田、任天堂、资生堂；美国的可口可乐、迪士尼、麦当劳、肯德基、英特尔、开市客（Costco）；中国的华为、海尔、腾讯、茅台、京东，等等。

（2）归属感：提供情绪价值（Sense of Belonging: Providing Emotional Value）

人类是社会性动物，寻求心理上的归属感是人性的本质需要。几千年前的《诗经》中就有"嘤其鸣矣，求其友声"的诗句。伟大的产品不仅仅能提供功能层面的解决方案，而是能让消费者在心灵和情绪上产生同频共振。就像一首动听的歌曲，它不用去做广告告诉人们它多好听，可当音乐响起，人们就会翩翩起舞，就会潸然泪下。从心理学上讲，每个人的毕生努力都是要成为更好的人，支付溢价去购买、使用某个品牌的商品是为了让自己感觉到成为了更好的自己。当CBD的白领们举着星巴克的咖啡走来走去，出门必须要挎个爱马仕、LV的手袋的时候，你应该知道，他们举着星巴克的杯子不只是为了解渴，挎奢牌手袋也不只是为了装东西，他们是在告诉别人：自己是谁，自己想成为谁。他们需要的是一种身份认同。

正如前文所述，人类在很大程度上是由原始的动物脑控制着情绪阀门，但平时我们很少能意识到这一点。商家越是能创造视觉、听觉、触觉、味觉、嗅觉等方面的具体信息，就越能使听众产生情绪共鸣，也就越容易取信于客户的原始脑。因为脑科学告诉我们，我们从外界收集来的信息先传递给原始脑。原始脑中的神经系统在外界刺激下产生注意力，并作出相应的情绪反应。之后，在情绪脑的驱动下，神经元再把信息传送给理性脑，由理性脑对信息进行逻辑化和合理化处理，并最终按下决策按钮。因此，想要做到有效说服，说服信息必须先对听众的情绪产生影响，才有机会说服理性脑。品牌故事必须能够唤起情绪，在所有积极的情绪中，情绪脑最喜欢的是期待。在消极情绪中，后悔和恐惧对原始脑的作用力最强，它总能引起强烈的共鸣效果。在讲述产品故事时，最好从描绘美好愿景开始，让对方产生期待，然后再假设一下后悔和恐惧的情境，这样就能有效地抓住受众的好奇心和注意力。这是一种简短但有效的解码信用的方式，更容易触发受众即时的情绪反应。

著名的香奈儿5号香水是这样诞生的：调香师恩尼斯·鲍是法国人，但他出生于俄罗斯首都莫斯科。沙皇时期他曾在专门为俄罗斯皇室提供香水和肥皂的拉莱工厂担任技术主管，是名副其实的御用"调香"大师。他要制造一种独一无二的香水，要让它俘获全世界的嗅觉。这一点与香奈儿的梦想不谋而合。恩尼斯将两个系列的十个样本摆在了香奈儿面前。全部闻完之后，香奈儿将目光锁定在第五号小样。她说，这才是真正属于女性的香水。香奈儿将其命名为"香奈儿5号"。香奈儿说："我喜欢的香水的效果应该像一记耳光那样令人难忘。""香奈儿5号"诞生之后，人们渐渐意识到，原来还可以用正在用"香奈儿5号"和想用"香奈儿5号"来划分阶级。在"香奈儿5号"问世30年后的某一天，好莱坞性感女星玛丽莲·梦露接受记者的采访。

记者问道："梦露小姐，你睡觉时穿什么？睡衣、睡裙又或者睡袍？"

梦露答道："只穿香奈儿5号。"

记者问："应该在何处擦香水？"

梦露答："在每一处想要被亲吻的地方。"

好莱坞的《蒂芙尼的早餐》这部电影让蒂芙尼品牌全球闻名。2012年，美国国会图书馆因为这部电影的文化、历史和美学意义，将其选入国家影片登记簿典藏。《纽约时报》评价电影："将各种不同的元素，包括幽默、爱情、辛酸、俗语极好地融合在一起。"同时评价女主角霍莉是"一个令人难以置信的角色。不过，这个由赫本小姐饰演的角色极其迷人，是一个精灵般的流浪者，令人一见倾心。"小说作者杜鲁门·卡波特当年在寻找一个珠宝品牌代表女孩们的白日梦时，在众多著名品牌中选中蒂芙尼，蒂芙尼品牌作为女主角的梦想出现，影片中那样的场景和台词赋予了蒂芙尼品牌精神层面的价值。他在书中通过女主角的嘴说："蒂芙尼是世界上最好的地方，在那里不会有坏事发生。"而广大观众会因为对奥德丽·赫本饰演的美丽女孩霍莉的喜爱而接纳她的"价值观"。如果从商业的视角来看，这部电影无疑是对蒂芙尼品牌的一次核爆级别的营销。你一定以为这是用巨额的赞助费换来的，但事实上无论是原著作者还是电影制片方，都没有收取任何赞助费。蒂芙尼店只是借出了橱窗，封锁控制了街道上的人流和车辆，仅此而已。赫本饰演的霍莉穿着小黑裙，戴着假珠宝，拿着早餐袋，捧着咖啡，站在蒂芙尼的橱窗前心驰神往的样子，是电影史上的经典画面。霍莉在剧中还有台词："我不想拥有任何东西，直到我找到一个地方，我和我喜欢的东西在一起。我不知道这个地方在哪里，但是我知道它像什么样子，它就像蒂芙尼。"然后男主角保罗问："蒂芙尼是那家高级珠宝店吗？"霍莉说，"是的，我为之疯狂。"在电影结尾，仅有十块钱的保罗想为霍莉买一件礼物，仍然可以在蒂芙尼选到一个电话拨号棒，还免费为她带来的戒指刻了字。这个温暖的片段又一次帮助蒂芙尼品牌在亿万观众的内心留下了一个美好的情感烙印。

（3）意义感：提供信仰和价值观（Sense of Meaning: Providing Beliefs and Values）

高势能品牌是指那些能给产品带来高溢价的品牌。一般来说，奢侈品牌都属于高势能品牌，它们无一例外都具有极高的意义感和价值观导向，也能提供很强的社会归属感和情绪价值，但作为解决方案的权重就占比很低，比如梵克雅宝、爱马仕、蒂芙尼等；也有一些高势能品牌既有很强的价值观导向和社会归属感，同时也有很强的解决方案属性，比如苹果、劳斯莱斯、丽兹·卡尔顿酒店、四季酒店、特斯拉等。高势能品牌的特点是，当你接触到它们的时候会感受到一种强大的气场，会产生一种崇拜和仰视的感觉。人类在本质上是受时间和空间制约的一种存在，作为个体都有一种渺小和无力感，所以从心理上都努力追求让自己变得更好、更强大。高势能品牌可以满足人们这种心理需要。安迪·沃霍尔曾经说："珠宝不会让你更美丽，但可以让你觉得自己美丽。"

那么，这种势能从何而来呢？源于品牌的价值主张与信仰。无论是企业也好还是消费者也好，价值观与信仰可以带给人们意义感。比如苹果公司"Think Different"的口号和极简美学的产品外观，吸引了那些想与众不同的年轻消费者，他们极具个性，喜欢挑战强大的主流势力和守旧者。打造高势能品牌首先就要有一个鲜明、有力、宏大的价值主张，从信仰和意义层面打动消费者和用户，在归属感和情绪层面与他们产生共鸣。这种价值观的表达是由内而外地传播，首先是企业的核心团队，其次是企业的中、基层员工，最终让你的用户、客户以及你的商业伙伴乃至全世界都明确知道你的使命和价值观。如果研究一下奢侈品牌，我们就会发现许多品牌都贯穿了一条清晰的故事线：宝格丽、蒂芙尼通过珠宝、钻石宣扬永恒、华美与高贵；安缦酒店通过"禅意"的设计风格展现宁静与空灵，体验当下的生活方式；而苹果公司用"技术与人文的交叉路口"的极简产品美学讲述了"Think Different"的价值观；爱马仕则用六代人的传承讲述了融化在血液中的匠人精神及其毫不妥协的对品质的追求；法拉利跑车讲述的故事就一个字——赢。所以，打造高势能品牌，就必须在信仰和意义层面让品牌链接到一个永恒和无穷大的命题。

2. 信用三一律法则的营销实践
Marketing Practice of the Trinity Rule of Credit

虽然本节要讨论的是营销、是价值告知和信用解码环节，但我还是想强调一点：任何想要打造品牌的企业都更应该把注意力和资源聚焦到价值创造的环节，也即打造伟大的产品和服务这个根本上来。而不应舍本逐末、绞尽脑汁想怎样快速爆红、怎样快速引来巨大的流量。

当今的营销及广告界中的商家、电商平台、广告公司、直播博主、带货网红等变得越发精明和狡猾。他们借助新技术、新工具，以及对消费者行为、认知心理学和神经科学领域的新研究，揭开大众潜意识最深处的梦想、恐惧和欲望。他们挖掘我们留下的种种"电子足迹"，包括手机漫游区域、在电商网站上浏览过的商品，在短视频网站上观看不同内容视频的时长，然后他们用这些信息给我们推送针对于每个人喜好的商品。他们从我们的电脑、手机、微信、抖音、脸书上的浏览行为里记录每个人的特点，然后通过算法预测出大众的购买偏好。而且他们也知道如何利用这些信息来蒙蔽真相、控制我们的大脑，进而说服我们去购买。移动互联时代确实催生了许多一夜爆红的人和商品，通常这类人被称为网红，这类产品被称为爆款。但这类红得快、火得突然的网红和爆款往往过一段时间后就会销声匿迹。因为创造价值的核心能力不够强，门槛不够高，靠运气爆红和爆火的，也很快都会成为过眼烟云。除了垄断行为以外，只有具备某种稀缺的核心能力的企业才能打造出高价值的产品和服务。经济规律是倾向于把一切靠运气获得的高回报拉回到行业均值水平。红一时的叫网红，能一直红下去的才叫经典。作为价值的载体——产品和服务是商业社会的基石，离开了价值创造，一切都将不复存在，商业社会也会土崩瓦解。

（1）建立信任：展示详尽产品细节（Building Trust: Demonstrate Product Details）

商业社会中的消费者时刻都面临着广告误导、商家欺诈、劣质服务的风险。所以品牌的作用就非常明显，而稳定、可靠的产品和服务是一切品牌的基石。品牌宣传时应该把你在技术和工艺方面的优势彻底告知受众，这是增加信任感的便捷方法，即使在你的同行们看来这些技术细节的描述都是显而易见的常识，但普通消费者不懂技术，任何对技术和工艺的描述都会增加信任感，没有人愿意使用和相信一个技术过时、工艺低劣的产品或服务，在解码技术和工艺时，你可以描述：

• 稀有或独特的材质，如爱马仕手袋用的鳄鱼皮、蒂芙尼的黄钻、香奈儿高定套装用的花呢。

- 产品局部细节，蒂芙尼婚戒的六爪镶嵌工艺、百达翡丽的陀飞轮、特斯拉的电池组。

- 手工定制部件，劳斯莱斯的定制内饰、爱马仕的皮具缝制、伯爵腕表的珠宝、钻石镶嵌。

- 产品独有的特色，法拉利启动时马达的轰鸣和推背感、宝格丽首饰的色彩绚烂、爱彼腕表皇家橡树离岸系列腕表的孔武彪悍、伯爵腕表的超薄和优雅华贵。

前文我们提到根据心理学和神经认知科学的研究成果，在大多数场景中人类是通过动物脑和潜意识接收外界信息的，所以要想有效说服对方，最好通过人类的五感通道全方位传递信息。许多被一部电视剧、电影而突然带火的商品或品牌，就是因为电影这种综合的艺术可以让受众在全方位受到触碰、产生共鸣。随着科技的发展，声、光、电等各种媒介载体都趋近成熟，AR、VR、AI应用越来越普遍，运用这些工具去解码你的产品价值可以事半功倍，远远比传统企业和商家通过文案、图片、海报、视频片段等进行信用解码更有效。当然，真人讲解、直播、互动的效果会更好，这也是为什么近几年直播带货已经逐渐成了主流的卖货方式。在为公司客户进行商业展示时需要做到：

- 展示信息必须和目标客户有相关性，识别出客户的痛点，有针对性地解说，不要大而化之、泛泛而谈。

- 展示内容要尽量视觉化。不过，视觉神经并不会接收全部视觉刺激。因此，在设计视觉化的说服信息时，我们必须把最重要的信息元素突显出来。同时，还要注意色彩的使用，因为色彩会影响人们对信息的感知。

- 为了帮助客户快速决策，设计展示信息时不要给对方太多的方案选择，只提供两三个待选方案。并要在展示中通过制造对比反差突出你方产品的显著优势；展示使用产品前后的效果。

• 你要传达的内容越简单直观越好，主题要聚焦不要发散。把重要信息放在开头和结尾。如果能以展现问题带来的痛苦开头，再用你提供解决方案的效果产生的愉悦收尾，用同理心和情绪共鸣贯穿始终，就更容易打动听众，给对方留下深刻印象。

创造真实的情感共鸣是让你的产品和用户互动的最好方式。比如乔布斯知道苹果产品不仅仅是一种工具，也应该与用户在情感上有更好的联接。当年苹果公司推出白色 iPhone 时，因为工艺问题推迟了近一年。等到白色 iPhone 终于上市时，苹果官网的广告语就是一个词：Finally（可算出来啦），仿佛是在回应苹果粉们的焦急催促。当 iPhone 4 出现通信故障时，乔布斯在台上道歉说："对不起，我们不完美。我们希望做得更好，但我们还有很多不完美的地方。"

作为高端定制腕表的领先企业，爱彼首创在定制腕表上刻下制表匠名字的做法。客户拿着自己定制的腕表询问爱彼的工作人员："这个签名是什么意思？"爱彼的工作人员告诉他："这是我们一位优秀制表匠的作品，所以他签下了自己的名字。如果这块表有任何质量问题，我们郑重做出承诺，将给您一个满意的解决方法。"爱彼的创始人曾经这样解释这个无意之举：起初我们只是为了保证质量，没想到，这个举措一经推出就受到了多方的欢迎。制表匠为自己满意的作品刻下自己的印记，有一种油然而生的自豪感；客户觉得制表匠的签名为高端定制的手工表增添了几分艺术作品的气质。无独有偶，当年在苹果 Mac 电脑最终的设计方案敲定后，乔布斯把 Mac 电脑团队的成员都召集到一起举行了一个仪式。他说："真正的艺术家会在作品上签上名字。"于是他拿出一张绘图纸和一支笔，让所有人都签上了自己的名字。这些签名被刻在了每一台 Mac 电脑的内部。除了维修电脑的人，没有人会看到这些名字，但团队里的每个成员都知道电脑里面有自己的名字，就如同每个人都知道那里面的电路板已经被设计得尽善尽美了。乔布斯一个一个叫出大家的名字，让他们签名。研发团队中被称为"硬件魔法师"的伯勒尔·史密斯（Burrell Smith）是第一个，乔布斯等到其他45个人都签过名后，他在图纸的正中间找到了一个位置，用小写字母潇洒地签下了自己的名字。当时在场的苹果公司员工后来回忆说："在这样的时刻，他让我们觉得，自己的成果就是艺术品。"这些案例揭示了一个秘密：建立信任感最好的方法就是让顾客看到你的产品和服务后面具体的人，比如产品上工匠的签名，比如餐厅的开放式厨房，比如邀请客户参观厂区和生产车间等。人与人的真实联接是建立信任的必要条件，这也是为什么面对面的商业会面总是好过视频会议、电话会议、发音频、文字短信等。

（2）增加黏性：与终端用户高频互动（Maintain Interactives: Engage with End Users）

工业化时代在商品和消费者之间隔着渠道中介，如批发商、分销商、代理商和零售商。这是由于科技水平相对低下的时代，信息流、物流、交易流程都比较低效所致。这些渠道商、分销商的话语权很大，由于他们更靠近消费者，所以对客户有着更直接的影响。因而对品牌资产的影响也很大：在商品配售、定价和分期付款政策、服务质量及其他因素的影响下，消费者会通过渠道商和中间商形成对于产品和企业的感知，或者说，渠道商也是隔绝品牌和终端消费者之间的障碍，这也就解释了为何强大的品牌都一定要以直营店为主，这样才能更好地把控客户体验，保护自己的品牌资产。随着科技的进步，线上平台的崛起，如亚马逊、京东、拼多多、缤客（BOOKING）、携程、爱彼迎（Air B&B）、贝壳网等，已经将供需双方直接连接起来，大大降低了双方的交易成本。移动互联时代的"渠道"已经转化成这些电商平台以及围绕它们的物流公司、线下体验店、安装及售后服务商等。品牌方应该选择那些能提供"完整购物体验"的平台。

乔布斯为了让苹果产品更贴近用户，摆脱零售商和百货商场的中间渠道，开始构思建造独立的苹果零售和体验店。2001年5月19日，第一家苹果零售店在弗吉尼亚州的高端购物中心泰森角（Tyson's Corner）开业了。亮白色的柜台、浅色的木地板，店内还悬挂着一张印有"非同凡想"的巨幅海报，上面是约翰·列侬和小野洋子坐在床上的图片。乔布斯的好朋友、广告人李·克劳回忆道："零售店刚开业时，在一次营销会议上，乔布斯让我们花半个小时的时间决定店内厕所的标识该使用哪一种灰色。"乔布斯尤其关注楼梯的设计，苹果零售店的楼梯和他以前为 NeXT 办公楼设计的楼梯如出一辙。他每去一个正在兴建的店铺时，都会对楼梯的设计提出改进建议。为此楼梯递交的两项专利申请书上都把他作为主要发明者：一个专利是采用了透明玻璃踏板和玻璃混合金属钛的支架；另一个专利是采用含有多层玻璃压制而成的整块承重玻璃系统。2002 年，乔布斯觉得浅色的木地板有些平庸——一些同事建议他用混凝土，成本是石头的十分之一，而且也可以模仿出石头的颜色和纹路。但是乔布斯坚持必须用真正的石头。要用灰蓝色的锡耶纳沙石，它有着清晰的纹理感，这种石材来自佛罗伦萨郊外费伦佐拉的一个家庭自营采石场。这么做的原因是：1985 年在被苹果董事会驱逐之后，乔布斯去了意大利，佛罗伦萨人行道上的灰蓝色石头给他留下了深刻的印象。

苹果位于曼哈顿第五大道上的零售店在 2006 年开业，这家新开张的体验店把乔布斯的很多创意激情集结到了一起：立方体、标志性的楼梯、玻璃，以及极致的简约主义。体验店每天营业 24 小时，全年无休，开业第一年的客流量就达到平均每周 5 万人，这也证明了乔布斯选址在繁华地段的策略是正确的。乔布斯在 2010 年自豪地说："这家店每平方英尺带来的平均收入比世界上任何一家店都多，而且总收入也比纽约的任何一家店要多。"乔布斯还把产品发布会上的那种戏剧性的手法用到了零售店的开业典礼上。人们开始奔走于各个开业典礼，并且整夜在门外排队，就是为了能成为首批进店的人。零售店为苹果公司贡献的收入仅占 15%，但它们在制造话题和提高品牌认知度方面作出了直接贡献，提升了整个公司的业务。

电影《教父》中有一句台词，教父临终前告诉他的小儿子迈克："Keep your friends close, but your enemies closer"——翻译过来就是"亲近你的朋友，但要更贴近你的敌人"。开始我并不明白是什么意思，后来慢慢理解了：黑手党模式的本质是占地盘收保护费，是一场零和游戏，所以你必须时刻清楚你的博弈对手在想什么做什么，这样你才不至于被干掉。所以你和敌人在一起的时间甚至要多于你和朋友在一起的时间。商业社会中的关系显然不是零和游戏，商业的本质是分工协作和价值交换，最终是要创造出增量价值。那么，如果教父堂科里昂是个企业老板，他会给儿子一句什么忠告？我想他一定会给儿子这样的忠告：Keep your clients close, but your end users closer.（和你的客户保持紧密接触，但是和你的终端用户要更近一些。）因为许多公司客户虽然是付钱的甲方，但他们并不是终端消费者，所以他们的喜好和意见往往并不能真的代表终端消费者的需求，这也就是为什么很多政府拥有的企业往往很难做出好的产品和服务，因为他们做决策时的第一考量因素往往不是最终消费者的意愿。

（3）名人背书：向上看齐的生活方式（Celebrity Endorsements: Follow the Upper Class Lifestyle）

在各种价值告知、信用解码的行为里，口碑是最有效的途径，尤其是来自那些高信用度的、社会顶层精英的意见。因为从社会学角度来说，每个人都梦想成为高价值、高信用度的人，而这类人都位于社会阶层的金字塔尖。比如英国有八百年历史的"皇家许可证制度"，就是英国王室对一些机构和企业的认证，显示王室对于他们在本领域中的最高认可度。第一份皇家特许状是在 13 世纪王室颁发给剑桥大学的。从那时起到现在英国君主已经授予过 900 多个特许状。其中就有我们熟悉的巴宝莉品牌、哈罗德百货（后因被埃及富豪收购而终止）、劳斯莱斯等。有了英国王室背书，这些企业及其产品都成了全球消费者追捧的对象。因为全世界的消费者都会认为，连王室都认可的机构和企业一定是最好的。对公司或生产商来说，成为皇家认证的企业就意味着抵达了信用度的巅峰，而且消费者识别这个信用不需要消耗任何大脑能量，换个说法就是可以将买卖双方的交易成本降到最低。

许多奢侈品牌都为王室和名人、演艺明星提供定制服务，尽管这个人群数量不大，但它们的号召力极强，所以许多奢侈品牌早年都是在欧洲王室购买使用后才逐渐为世人所知。许多原本默默无闻的产品也是在社会名流和精英们使用之后才开始大红大紫的，比如，好几个服饰品牌都是在戴安娜王妃使用之后一夜成名的。从人类学角度讲，在生活方式这件事上，人们都是向上看齐。企业也会请和自己价值主张匹配的明星、名人代言，赞助和品牌相关的赛事、慈善活动等，这些本质上都是在传播自己品牌的价值主张，扩大品牌的影响力。让我们看看一些奢侈品牌的成名之路：1851 年，伦敦举办世界博览会，维多利亚女王、阿尔伯特亲王夫妇盛装出席。女王在博览会现场看到百达翡丽展示的一块美丽的珐琅蓝金壳怀表，悬垂在一根镶有 13 颗钻石的 18K 金别针上，女王爱不释手欣然买下。阿尔伯特亲王则对一块百达翡丽猎表情有独钟，也欣然收入囊中。女王购买百达翡丽的消息传开后，欧洲贵族圈争相一睹百达翡丽的风采，趋之若鹜。百达翡丽的名气一飞冲天，"蓝血贵族"的称号由此传播开来。大批欧洲王室成员如教皇庇护九世、教皇利奥十三世、丹麦国王克里斯蒂安和王后、意大利国王埃马努尔三世等都是百达翡丽的用户，就连中国的末代皇帝溥仪也有一块百达翡丽腕表。百达翡丽著名的广告语是："没有人可以拥有百达翡丽，只不过为下一代保管而已。"

梵克雅宝一直作为爱的见证出现在许多伟大的爱情故事中，许多王室名流都会选择梵克雅宝作为他们爱情的见证。梵克雅宝见证了温莎公爵伉俪各个阶段的爱情，在他们相伴的 35 年中，温莎公爵向梵克雅宝定制过很多特殊样式的珠宝，也催生了梵克雅宝的两件经典设计："Zip"拉链项链和"Cadenass"腕表。摩纳哥王妃格蕾丝·凯利也是梵克雅宝的忠诚客户。1956年格蕾丝·凯利即将与摩纳哥王子雷尼尔举行婚礼，受到人们的巨大关注。王子特别向梵克雅宝定制了一套镶嵌珍珠与钻石的珠宝作为赠予未婚妻的订婚礼物。这套珠宝包括一条三圈项链、一对手镯、一对耳环及一枚指环，整体设计柔和温润，与格蕾丝·凯利的优雅风姿相得益彰。这套珠宝陪伴王妃出席过很多次官方场合与私人聚会。另一个奢侈珠宝品牌宝格丽的客户群在20世纪60年代之前有包括意大利贵族、前阿根廷第一夫人艾薇塔·庇隆、纳尔逊·洛克菲勒，伍尔沃斯创始人塞缪尔·亨利·克雷斯等名商巨贾、美国驻意大利大使等。战后重建和经济繁荣为意大利提供了再次享有盛誉的新形象。从1950年到1962年，罗马成为国际电影业的中心，被称为"台伯河上的好莱坞"，也带来了几乎所有当红的好莱坞明星。20世纪70年代是宝格丽取得巨大成功的时期，在此期间，宝格丽通过创新设计提升了其在全球最伟大珠宝商中的排名。重要客户的数量也相应增加，包括索菲亚·罗兰（Sophia Loren）、奥黛丽·赫本（Audrey Hepburn）、柯克·道格拉斯（Kirk Douglas）等国际影星，当然最著名的客户是伊丽莎白·泰勒（Elizabeth Taylor）。1964年，伊丽莎白·泰勒和理查·伯顿结为夫妻。婚礼上，酷爱收藏名贵珠宝的泰勒穿着嫩黄色长裙，却只佩戴了一件珠宝，就是理查·伯顿送给她的宝格丽胸针——这颗祖母绿主石重18克拉，周围镶嵌着一圈钻石。理查·伯顿曾打趣说："我带伊丽莎白认识啤酒，伊丽莎白教我认识宝格丽。"事实上，在这之前，伯顿就已经送给过泰勒一枚极致奢华的宝格丽戒指。这枚戒指镶嵌有一颗重达7.4克拉的阶梯形切割的八角形哥伦比亚祖母绿宝石，四周环绕12颗梨形钻石。伊丽莎白·泰勒是珠宝的狂热爱好者，她的丰腴和美艳跟宝格丽的风格十分相配，理查·伯顿曾说："宝格丽是泰勒唯一会说的一个意大利语单词"。

奢华轿车品牌劳斯莱斯在 20 世纪 50 年代开始与英国王室家族长期合作。1950 年，当时还不是女王的伊丽莎白公主殿下订购了第一辆劳斯莱斯幻影Ⅳ，标志着劳斯莱斯取代戴姆勒轿车成为英国王室的首选汽车供应商。幻影Ⅳ是劳斯莱斯历史上最尊贵的一款车，劳斯莱斯宣布只有国家元首才有资格购买和拥有它。从 1950 年到 1956 年，幻影Ⅳ总共只生产了 18 辆。20 世纪 50 年代末，劳斯莱斯幻影Ⅴ的问世获得了巨大成功，它搭载 V8 发动机，配木制车身。1955 年，劳斯莱斯被授权使用皇室专用徽章。在 20 世纪全球经济上升的 60 年代，劳斯莱斯开始破圈吸引了一批新贵客户：众多影星、摇滚明星和知名人士都以选择劳斯莱斯汽车作为证明自己成功的标志。1965 年，约翰·列侬购买了一辆劳斯莱斯幻影Ⅴ，现在这辆劳斯莱斯已成为价值非凡的收藏品。

詹尼·范思哲（Gianni Versace）是 20 世纪最著名的设计师之一，他的信念是：不要消灭肉体的能量，那做不到！他因批量捧红、创造出的超模而受到时尚界瞩目。他是琳达·伊万杰利斯塔（Linda Evangelista）、克里斯蒂·特灵顿（Christy Turlington）和他最喜欢的时装秀明星娜奥米·坎贝尔（Naomi Campbell）的导师。不仅如此，他的美学风格与前辈设计师的简洁形成了强烈的对比。范思哲的设计充满活力、撩人且有趣。时尚和音乐、文化的融合已经成了现在普遍的做法，让金字塔尖的名人坐在时装秀的第一排，使时尚品牌在消费者心目中更具有可信度。通过这种做法让自己也成了名人。范思哲为他那个时代世界上最知名的人物设计服装，包括戴安娜王妃、迈克·杰克逊。范思哲时装的形象与名人和流行音乐圈密不可分，比如戴米·摩尔和史蒂文·斯皮尔博格都是范思哲时装的拥护者。1994 年伊丽莎白·赫利（Elizabeth Hurley）穿着一件范思哲定制的黑色晚礼服参加男友休·格兰特（Hugh Grant）的电影《四个婚礼和一个葬礼》的首映式。这件晚礼服的暴露程度在时装史上前所未有，让观众们不禁都在心里捏了把汗，生怕赫利春光外露。其实秘密在于：遮盖赫利身体最关键部位的布料是用金色安全别针固定在一起的。这件晚礼服为赫利和范思哲赢得了空前的媒体关注。这可能是范思哲最著名的作品了。一年后赫利获得了价值一亿美元的广告合同，从一个默默无闻的小模特成为万人瞩目的大明星。

（4）传递信仰：讲述英雄之旅的故事（Passing on the Faith: Telling the Story of a Hero's Journey）

这个世界上做营销、销售的有两类人，一类是什么都可以卖，对卖什么无所谓，连蒙带骗、巧舌如簧，只要能卖掉就是胜利；还有一类人，他对卖的东西充满感情，他不认为是在向你出售东西，而是在向你分享美好和热爱。卖货的尽头是营销，营销的尽头是品牌，品牌的尽头是信仰是价值观。除了提出简洁有力的口号以外，传达信仰和价值主张的最好方法是讲故事，讲故事有助于我们理解这个复杂而浩瀚的世界，尤其是那些超出我们理解和控制范围的部分。几乎所有民族最早期的信仰和世界观都源于他们的神话传说和故事，神话传说里的价值观和信仰最能激励和鼓舞人们，它们总是能启发人们去超越现实，去寻求更宏大、更永恒、更有意义的事物。换句话说，宗教和信仰是用来赋予人类无法把控的事物以某种确定性和意义。人是需要意义的动物，意义替我们遮蔽了那些漫天遍野的不确定性，让我们有勇气在无知中开始行动。

讲故事是特别有效的沟通和达成共识的方式。美国学者约瑟夫·坎贝尔在1949年提出英雄之旅的故事结构，至今已经被好莱坞电影和文学创作普遍采用，成为最能打动人心的叙事结构。英雄之旅，一个普通的小人物莫名其妙被卷入一个险境和未知领域，但他面对意义的召唤必须直面冲突和挑战。过程中他要经历退缩、绝望、崩溃和失败，但他没有放弃，最终取得了胜利，然后回到原来出发的地方，他发现自己成了一个更好的人、一个原本不敢奢望成为的英雄。当你以讲故事的方式和客户沟通时，对方更容易把自己代入其中，成为故事中的角色，从而和你传达的内容产生共鸣。故事向倾听者的原始脑传输了一个假想的世界，从情感上营造了一个令人深信不疑的场景，让倾听者相信故事传达的信息、情感、信仰。大量研究显示：第一，故事的完美呈现，会和听众在身、心、灵三个层次都产生共鸣；第二，故事内容越是和潜在客户的背景、生活方式接近，听众接纳的效果就越好；第三，如果故事里的主角也具有和普通人类似的弱点和人性，这个故事就会更令人信服。

有一个故事是这样的：一个落魄的盲人坐在路边乞讨，他面前的纸板上写着，我是盲人，请帮帮我！纸板旁边的帽子里只有很少几个硬币。后来一个路人拿起纸板在背面写了些什么，然后放在盲人面前就离开了。之后，盲人听到许多人都往帽子里扔钱，很快帽子里就装满了钱。他就问别人纸板上写了什么，别人家告诉他，纸板上写着：今天真是美丽的一天，可惜我看不到。从这个故事我们可以看到，那个帮助盲人写文案的人并不是在撒谎或欺骗，而是让来来往往的路人能设身处地地和盲人产生情感共鸣。

在空间场景营造这一点上，还有什么物理空间的影响力能超过教堂呢？教堂的设计通过建筑结构、内部装饰、美学、音乐、光线、香氛等营造出了一个完美控制下的场景，进入其中的人都会感到这个空间是个强烈的能量场域。这种效果应该是所有商业空间营造的范本。宗教才是商业的天花板，它推销的是信仰。

乔布斯是用故事和戏剧手法介绍产品的大师，在一次苹果产品发布会中，乔布斯在开场白中说道："今天上午，我们准备了一些非常神奇的东西要展示给大家，就如所有伟大的古典名著一样，今天我的演讲也同样由三部分组成。"苹果产品发布会的确是一场精彩的演

瑞士圣加仑大教堂

　　教堂是从身、心、灵三个维度进行场景营造的最典型案例。比如瑞士的圣加仑大教堂，是巴洛克晚期欧洲最经典的教堂建筑之一，1983 年被联合国教科文组织列为世界文化遗产，教堂由当时南德地区最杰出的工匠和艺术家装饰而成，室内几乎每个地方，包括天花板上都布满了华丽的绘画和装饰品。

出，正如一部话剧，由三部分组成，而且是一部观众可以上台互动的舞台剧。乔布斯设计的发布会不但充满悬念，而且高潮迭起，直到观众体验产品之时达到顶峰。2008 年 2 月 9 日，苹果发布了当时全球最薄的笔记本电脑：MacBook Air，这是一款改变了个人电脑市场格局的产品。发布会上，乔布斯貌似随意地拿出一个大信封，然后从里面抽出了 Mac 笔记本，打开放在五指上托着。所有观众都惊讶于 Mac 的纤薄。

乔布斯在产品发布会上只使用通俗的大白话：Awesome！（太棒了！）Extraordinary！（非凡的！）Wonderful！（绝妙的！）Amazing！（神奇的！）Cool！（酷！），让大众跟着他一起兴奋起来，只有引发大家的共鸣，大家才会对产品完全接受。伟大的营销并不是把东西"卖"给你，而是把美好的体验、生活方式、价值主张传递给你。当消费者习惯了这样的营销，他们会发现自己真正获得的其实是苹果产品所传递的美感、创新精神和不甘平庸的价值观。营销，本质上不是卖产品，而是卖解决方案，卖一种生活方式，传递一种信仰。

拈花时刻
A Moment of Inspiration

◎ 人，在本质上同时具有三重不可或缺的属性：首先，人类是一种经济的动物；其次，人类是一种社会性的动物；最后，人类是需要意义的动物。只有彻底理解了人的这三重本质属性之后，我们才可以据此建立一套洞察人类需求，创造价值的方法论。

◎ 人类社会的经济周期变迁本质上是技术迭代的周期使然，从农业时代开始，历经工业时代、后工业时代、互联网时代，直到现在的智能化时代，每个技术周期的最底层变量是能源的使用方式和信息交流方式。

◎ 伟大的本质是远见和延迟满足；平庸的本质是近视和急于变现。忙于在当下变现的人，是不会看到他们正身处泰坦尼克的豪华头等舱，虽然自我感觉良好，但他们的业务却正在慢慢消亡。而伟大的企业家懂得以正确的方式打破现状，向新的业务模式、价值网络迁移。

◎ 企业家精神就是时刻在价值网上面寻找空白的价值点和生态位，然后去填补它，这也就是我们所说的创新。任何产品、服务、生意、品牌，要想历久弥新、不断成长，就必须与人的本质属性链接，必须有触碰到用户最本质需求的东西。

◎ 计划经济的问题在于它假设供给方了解所有人的所有需求，以及所有人的所有能力，简单说就是此时此刻的世界已经是完美的状态了，由此，就扼杀了推动经济前行的原生动力——供需双方的相互博弈和激发：需求方有许多潜在的需求等待被满足，供给方有许多潜在的能力等待被激发。

◎ 伟大的品牌后面一定是伟大的产品（服务）在支撑，而伟大的产品（服务）后面一定是伟大的企业，伟大的企业后面一定是一个卓越的团队，卓越的团队里一定会有一个伟大的灵魂人物在领导。

◎ 企业家必须有能力洞察到市场的需求，并通过创造性地提供某种解决方案而将其转化成为商业模式。而企业，就是实现这个商业模式的组织。商业是人类创造价值、告知价值、交易价值过程中所有行为的总和。企业就是一个创造价值、告知价值和交付价值的组织，而价值的载体就是产品和服务。品牌则是消费者对企业信用的感受形成的确定性认知。

◎ 在一个产品和服务高度同质化的市场中，如果一家企业的产品和服务不能在产品的功能属性、心理属性和意义属性这三个维度上始终和用户链接并产生共鸣，不能在某个层面做出突破和创新，提供增量价值，那就会进入企业生命的下降曲线。

◎ 伟大的产品不应仅仅提供一个功能层面的解决方案，而是要能让消费者在心灵和情绪上的产生强烈的同频共振。就像一首动听的歌曲，它不用去做广告告诉人们它多好听，可当音乐响起，你就会翩翩起舞，就会潸然泪下……

◎ 无论什么行业，无论什么产品和服务，与渠道妥协，是品牌消亡的开始。

◎ 品牌的本质是信用标签，是促进商业交易行为的信用解码工具，是一个企业的价值主张及其产品的三重价值属性在消费者心智中的留痕。

◎ 对于企业来说，品牌是触达消费者最直接、快捷的渠道，但这个通道并不是脱离产品和服务独立制造出来的，也不是一朝一夕就能形成的。确切地说，它只是企业创造价值、交付价值过程中的副产品，是一种信用标签而已。

◎ 如果我们站在上帝的视角审视品牌之于商业的意义，那么品牌就是企业的"面孔"、产品的信用标签，是商业交易行为中降低交易成本的工具。

◎ 品牌不是你说你自己是什么，而是消费者说你是什么。

◎ 脱离了具体的产品、服务这些物质载体空谈品牌，既荒唐也毫无意义，听起来更像是在欺诈。每一个伟大品牌的后面都对应着伟大的产品（服务），

◎ 产品的价值三一律法则：所有的产品和服务都是针对人类的三重本质需求提供的解决方案，它们包含功能价值、心理价值、精神价值。同时并存于一件产品之中。

◎ 品牌的信用三一律法则：与产品功能价值对应的信赖感、与心理价值对应的归属感和与精神价值对应的意义感。

◎ 使用什么的产品（服务）也就让你同时在告诉外界：你是谁，你想成为谁？它会为消费者带来身份感、归属感，也就是心理价值，这就是产品的社会属性。

◎ 任何一种产品，如果你要想将它做成伟大的产品，就一定要在功能属性、社会属性之上再赋予它某种信仰属性，让其在功能性和社会性以外，还能为消费者提供精神层面的价值。

◎ 伟大的产品，无一例外都为自己赋予了独特而宏大的信仰，让渺小的人类个体与宏大的事物相关联，也因此为人们的生命和存在赋予了意义感。

◎ 功能类产品（服务）也可以说是工具类产品（服务），其核心价值都是受技术、工艺能力驱动的产品，科技含量占绝大部分权重。生活方式类产品（服务）是社交驱动。看见别人与被别人看见，是人类这种社会性动物的一个最本质的需要。精神类商品是信仰驱动，为用户带来价值观层面的引导和共鸣。

◎ 那些技术含量不高，又不具备社交价值和精神价值的产品，即便再便宜，它们也不是品牌，只是商标而已。

◎ 这个世界上做营销、销售的有两类人，一类是什么都可以卖，对

卖什么无所谓，连蒙带骗、巧舌如簧，只要能卖掉就是胜利；还有一类人，他对卖的东西充满感情，他不认为是在向你出售东西，而是在向你分享美好和热爱。卖货的尽头是营销，营销的尽头是品牌，品牌的尽头是信仰是价值观。

◎ 营销，本质上不是卖产品，而是卖解决方案，卖一种生活方式，传递一种信仰。

肆

Chapter 4

Managing the Brand Equity

第四章

管理品牌资产

　　品牌是一个企业的产品或服务的价值在客户心智中的留痕。心理学研究揭示出一个有趣的现象：人类在使用大脑这件事上，总是倾向于越少用，越少耗能越好，也许是因为那些过度用脑的人的基因没能幸存到今天。正如我们在前文讨论过的，几万年进化的结果让人类在处理问题时更倾向于用直觉判断，以减少大脑的能量消耗。美国心理学家苏珊·费斯克（Susan Fiske）和谢利·泰勒（Shelly Taylor）把这种现象命名为"认知吝啬鬼"。也就是说，人类在处理信息和问题时往往采用"决策捷径"，比如直觉、对事物的第一印象、人或物的外表和包装，自己过去的经验、周围人的看法、权威的意见，等等。所以，品牌就是人类在这种"认知吝啬鬼"模式驱使下形成的信用识别工具，也就是消费者赖以快速作出购买决策的工具。可以说，口碑、名人背书、各类资质证书、奖项、广告宣传等，本质上都是在做"价值告知"和"信用解码"这件事。商业领域中交易双方一般都会刻意夸大自己的信用度，虽然夸大的信用度不会维持太长久，可人们总是倾向于选择做短期就有效果的事情。但伟大的品牌都是言行合一、知行合一，诚信才是最宝贵的资产。价值也好、信用也好，都不是靠弄虚作假得来的。正如前面的章节阐述过的，不能把品牌战略简单地等同于传播战略，此前无论是学术界还是商业界的专家们都把广告、营销、公关、视觉识别设计视同于做品牌，甚至在企业的市场营销部之下设置一个品牌经理的岗位，这些都是对品牌本质的巨大的误解。品牌战略是产品战略和传播传略共同构建而成，其实品牌战略和公司战略是一体两面的事物。

一、品牌资产的核心要素
The Core Elements of Brand Equity

  由于品牌在本质上是消费者认知中的东西，虽然商家期望市场对同一品牌的理解和感知应该是一致的，但由于消费者的受教育程度、人生阅历、消费层次、文化背景、性别的不同，人们对于某一个品牌的认知，确切地说是对于这个品牌蕴含的三个维度——信赖感、归属感、意义感的认知程度肯定不会完全一样。所以对于同一个品牌，一百个消费者的心智中可能会有一百种认知。正是因为品牌的这种非企业端的客体属性，使得意图打造伟大品牌的企业只能"向内求"：首先要清楚自己的价值主张是什么？自己能提供给客户的独特价值是什么？在什么样的场景下把价值交付给顾客？品牌，在某种意义上是一家企业的使命、愿景、价值观也就是品牌的价值主张在顾客心智上的投射。价值主张本质上就是品牌的自我宣言：告诉外界你是谁？你要成为谁？但品牌不应该只是抽象的商标符号和空洞的口号，它越像一个真人就越好，有个性，有脾气，有鲜明的特征，只有这样消费者才越容易在情绪层面和你产生共鸣。我们已经熟知的许多伟大品牌的创始人都是有脾气和鲜明个性的：法拉利的创始人恩佐，迪士尼的创始人华特·迪士尼，苹果的创始人乔布斯，特斯拉和 Space X 的创始人马斯克，更不用说香奈儿、范思哲这些时尚界的品牌创始人了。当人们想起他们的品牌，无不立刻闪现出这些企业灵魂人物的形象。从消费者的角度来说，使用品牌商品或服务时除了在使用它的功能外，也是在展示这个品牌所宣示的社会层级和生活方式，并且向外界展示对这个品牌价值主张的认同。消费者会根据自己的生活方式和审美偏好选择不同的品牌。品牌的特色和个性对于消费者非常重要，人类需要心理上的归属感，总是倾向于找到自己的同类人群。品牌带来的价值感也是消费者非常在意的一个维度，人们倾向于把自己包装得更成功、更优秀，成为更好的自己。通俗地说，消费者是借由使用某类品牌来告诉外界：自己是谁？自己想成为谁？

品牌战略包括产品战略和营销战略两个核心支柱。品牌，就是一个企业的面孔。产品战略和营销战略的成功执行，就形成了所谓的"品牌资产"，那么，驱动产品战略、营销战略成功执行的核心要素有哪些呢？

1. 灵魂人物：掌舵者的远见和领导力
The Key Person: Vision and Leadership of the leader

其实，对于一家企业、对于一个品牌，没有任何因素可以大过一个灵魂人物的作用。因此，对于品牌资产价值的评估，非常有必要把对于企业掌舵者的评估作为一个关键变量添加进去。企业的灵魂人物既是产品战略的决策者，也是传播企业价值主张的最鲜活的样板。一般来说，品牌的掌舵者自己就是最好的品牌代言人，他的一举一动、一言一行都是对消费者脑海中品牌认知的强化。他们对企业的掌控，他们个人的健康情况，都会对品牌造成巨大影响。

首先让我们看看法拉利的灵魂人物——恩佐·法拉利（Enzo Ferrari）的故事：法拉利是一家以"赢"为文化主导元素的公司。恩佐洞察到一个秘密，成功者心底的终极渴望是赢。而法拉利就是要成为成功者的选择。公司从上到下并不关注竞争对手，而是用自己的创造引领趋势。恩佐·法拉利的充满雄性荷尔蒙的竞争精神成为公司的价值观，公司通过创新应对每一个挑战，法拉利以不妥协而自豪，无论是材料、性能、外形、内饰，一切细节都围绕着提供最佳驾驶体验。恩佐强硬的个性是法拉利品牌的主要驱动力。1961 年，当时恩佐的妻子也参与了公司业务，她与公司团队的主要高管们意见不统一，经常发生争执。有一天法拉利收到了这些高管们的书面最后通牒，要求将他的妻子排除在公司业务之外。但最终结果出人意料：恩佐解雇了所有高管。要知道这些高管都是公司各部门的顶梁柱，这样一来公司的高管全部离开了。后来这些岗位都被年轻一代的经理人所取代，这一举动进一步巩固了法拉利作为创始人对公司的全面掌控能力。另一个显示恩佐·法拉利典型个性的故事是：当时法拉利小规模定制的跑车数量不多，公司的销售利润无法支持法拉利赛车队的庞大开销，所以经常陷入财务困境。而当时在民用车领域春风得意的美国福特公司特别想打开欧洲市场，他们想通过收购一家欧洲著名跑车品牌来完成这个计划。在那个年代，赛车场可是法拉利的天下，尤其是在赛车界顶级赛事——勒芒 24 小时拉力赛上法拉利已经取得过三连冠的纪录。当福特向法拉利提出收购意向时，恩佐同意了。恩佐与福特二世很快便对 1 600 万美元的收购价格达成了一致。1963 年 5 月 21 日，福特二世率领庞大的管理层团队，浩浩荡荡地抵达法拉利工厂所在地意大利小镇马拉内罗签署协议。那天的恩佐身边只带了一位律师。恩佐与律师逐页检查合同，一切看上去都很顺利，但是恩佐却突然停了下来，他提出自己要保留法拉利的赛车业务，但福特二世拒绝了。显然他不想在赛车场上给自己留下一个强劲的对手，他要全部接手法拉利公司。恩佐转头对身边的律师说，"走，咱们去吃点东西吧"，然后就起身离去，留下福特二世和他的一众目瞪口呆的高管团队。然后，就没有了然后。[①] 法拉利的传奇是由永远追求第一所驱动

---

① The Story Behind Ford Vs. Ferrari | Origins of Ford & Ferrari Rivalry [EB/OL]. https://www.volocars.com/auto-sales/news/ford-vs-ferrari, 2022-08-26.

的，突破性的创新技术和卓越的手工工艺细节都是手段而已。法拉利品牌情感中延续的赛车精神超越了赛道和公路，最终成为一种象征着成功的生活方式。成就来自激情的力量，恩佐·法拉利曾经这样说自己："我经常后悔，但从未悔改。这是好事吗？"

20世纪另一个个性鲜明的企业家是迪士尼的创始人华特·迪士尼：华特从小到大一直有一个梦想，希望每个人都能分享他小时候在农场所经历的惊奇和兴奋，他要将可爱的小动物们赋予人格特点，搬上荧幕。为了实现这个想法，他在1952年出售了他的所有股票和财产，还用他的人寿保险单抵押借款，竭尽全力凑集了尽可能多的资本，以实现他的拍摄计划。后来，他在一次合同纠纷中失去了幸运兔奥斯瓦尔德的版权，华特不得不重新创造出一个新的主题动画形象，这个角色就是未来举世闻名的米老鼠。随着他的动画电影和电视节目取得成功，他觉得应该建造一个现实世界中的、父母和孩子可以一起玩耍的公园，要让大人、孩子都能玩得很开心，这就是迪士尼乐园的概念起源。经过几年的规划和建设，这个新物种乐园于1955年开业。开业之后它就吸引了数亿游客，一直被市场当作游乐园项目的模板。华特说："只要世界上还有想象力，迪士尼乐园就永远不会完工。"后来公司在佛罗里达州购买了土地，并宣布了位于奥兰多附近约28 000英亩的华特迪士尼世界项目，这个项目最终于1971年开业。这里拥有在加利福尼亚州所缺乏的空间，迪士尼乐园不受周围城市扩张的限制，终于可以成为一个度假目的地了。不仅有迪士尼乐园的魔法王国主题公园，还有酒店、露营地、高尔夫球场和购物村。开业不久，华特迪士尼世界就成为世界上首屈一指的度假胜地。华特经常对员工强调：必须能够理解客人的愿望和需求，对客人应该尊重和以诚相待。把解决客人的问题当成激发创新的灵感。在迪士尼，员工被称为"演职人员"，游客被称为"宾客"，工作服被称为"戏服"，求职面试被称为"演员甄选"，宾客区被称为"舞台"，宾客区之外的地方被称作"后台"。迪士尼世界是在造梦，每个员工都是在"表演"，都是在为共同的梦想而工作。华特这样说："当你相信一件事的时候，你会毫无保留、毫无疑问地去相信。"

苹果公司的灵魂人物乔布斯也许是最具明星气质的企业家了，苹果品牌和乔布斯这个人已经融为一体，说到苹果产品就会想到乔布斯，说到乔布斯，就会想到苹果产品。这一点在他去世十年之后回看，就更加明显了。当年研发 Mac 团队的一名苹果员工回忆说："史蒂夫拥有现实扭曲力场。有他在的时候，现实都是可塑的。他能让任何人相信几乎任何事情。等他不在的时候，这种力场就会逐渐消失，但这种力场让我们很难作出符合实际的计划。陷入史蒂夫的扭曲力场中是一件很危险的事情，但也正是这种力场让他可以真正地改变现实。"苹果的员工们说现实扭曲力场是充满力量的，它让苹果的团队在掌握的资源远不及施乐和 IBM 的情况下，却改变了计算机产业的进程。那是一种自我实现的扭曲，让员工完成了不可能完成的任务，因为你并没有意识到那是不可能完成的。现实扭曲力场的根源在于乔布斯内心深处不可动摇的信念：世界上的规则都不适用于他。当年乔布斯每半年都会带着 Mac 团队的人去某处度假胜地举行为期两天的集思会。在一次集思会上，他写下了自己的几个信条：

第一个信条是"决不妥协"。Mac 电脑最终要成为乔布斯和他的队伍所能做出的"酷毙了"（Insanely Great）的产品。乔布斯说："即便错过上市日期，也不能粗制滥造。"换作别人也许会敲定一个完工日期，之后不得再做出任何改动。但乔布斯不是这样的人，他的另一句口头禅是："直到发货，产品才能算是完工（It's not done until it ships）。"

第二个信条是"过程即奖励（The journey is the reward）"。他和所有的团队成员都分享过这句颇具禅意的话。他说：Mac 团队是一支有着崇高使命的特殊队伍。未来的某一天，他们会回顾这段共同度过的时光，那些痛苦将烟消云散，留下的只是人生巅峰时刻的体验。

第三个信条是"当海盗，不要当海军"。他想给自己的团队灌输叛逆精神，让他们像侠盗一样行事：既为自己的事业骄傲，又不耻于从别人那里获得灵感。重要的是成功、是改变世界，不要拘泥于繁文缛节。一个苹果高管回忆说："他的意思是，我们的团队要有一种叛逆的感觉，我们能快速行动，做成事情。"

乔布斯离开我们之后，这个世界上最具个性的企业家也许就是埃隆·马斯克了，他从小就是个科幻迷，看过许多科幻小说。SpaceX的火箭回收船"当然我依旧爱你（Of course I Still Love You）"，"只要看操作指南就好了（Just Read the Instructions）"都来自英国科幻作家伊恩·M.班克斯《文明》系列第二部《游戏玩家》（*The Player of Games*）。一次他接受《卫报》采访时说："小行星或超级火山肯定会摧毁我们，我们还面临着恐龙从未见过的风险，生物工程改造的病毒、核战争、无意中形成的微黑洞或某些迄今未知的技术，都可能会毁灭我们。迟早我们要让生命走出我们的星球，否则就会遭到毁灭。是什么阻碍了我们？大体量的、可重复使用的、可靠的火箭是个难以解决的问题，航空公司的存在是因为飞机可以重复使用。除了部分航天飞机外，火箭都是一次性使用的。我们必须设法解决这些问题，并将载人航天的成本降低 100 倍。这就是我创办 SpaceX 的原因。"

马斯克总是说"让最基本的物理原理说话"，用第一性原理思考不只是对团队的要求，也是对他自己的要求。他并不会像许多企业领导那样因为畏惧艰深的专业知识就把判断"很困难"还是"不可能"的权力让渡出去。尽管马斯克在很年轻时就成了亿万富翁，本可以安享生活，但他的使命感驱使他疯狂地学习各个领域的技术和知识。在早年创业时期他可以得心应手地坚持自己的想法和管理程序员队伍，但在 SpaceX 他不得不一边做一边学。马斯克最开始的火箭知识主要来自教科书，他用了几个月的时间研究航天工业及其背后的物理原

SpaceX 火箭发射的场面

　　马斯克小时候经常思考人生的意义是什么，他意识到人生的目的不是一个非黑即白的答案，而是对本质世界的探索。他得出的结论是，但如果我们能够扩大意识的觉知范围和广度，那么我们就能够更好地弄清楚对于宇宙的终极答案究竟要问什么问题，也许我们就可以找出生命的意义是什么。

理，阅读从其他人那里借来的《火箭推进原理》《天体动力学基础》《燃气涡轮和火箭推进的空气动力学》，还有各种专业书籍。一旦通过书本知识的汲取为自己建立起一个基本的知识框架后，马斯克就开始通过提问的方式向宇航专家学习。每当 SpaceX 聘请了一个火箭专家后，马斯克就把他们当成自己的学习资源，他会在 SpaceX 厂区里随机抓住一个工程师，然后开始追问他有关阀门或某种特殊材料的问题。"我刚开始以为他在考我，看我是不是知道自己在做什么"，一个早期的工程师凯文·布罗根（Kevin Brogan）回忆说，后来我才发现他是在试图学东西。他会不停地提问，直到你知道的百分之九十都被他学会。和马斯克长期共事过的人都领教过他惊人的学习能力和记忆力。

请你试着想想，如果法拉利公司没有恩佐·法拉利，迪士尼公司没有华特·迪士尼，苹果公司没有乔布斯，特斯拉和 SpaceX 没有埃隆·马斯克，那么，这几个公司和它们的品牌还会出现吗？

2. 品牌个性：强大而鲜明的价值主张
Brand Personality: A Strong and Distinct Value Proposition

品牌资产的第二个核心要素是：强大、独特且具有精神驱动力的价值主张。人类进入移动互联时代后出现好多"网红新锐品牌"，它们花钱买流量，大量做矩阵号，在各种渠道发软文，赞助各种峰会、活动，取得展示和讲演的机会。但是，脱离了你的产品和服务，你的组织，你的企业价值观，仅仅靠占领传播渠道来打造品牌，那是镜花水月，缘木求鱼。对于企业来说，就像一个活生生的人一样，企业的个性、特色和价值主张越是强烈、越是独特、越是能从它的竞争群中脱颖而出，它在消费者认知中的留痕就越深刻、越清晰，也就越可能形成强势品牌。当然，不同消费者喜爱的品牌可能大不相同，但这并不重要，只要你的目标客户群喜爱你就行了。事实上，不可能有哪种产品或服务同时被所有人喜爱，也许黄金除外——如果把黄金也当作是一种商品的话。从所有伟大的成功企业走过的历程来看，打造品牌和占领客户心智没有捷径，必须先打造出一款伟大的产品或伟大的服务，必须用长期主义的价值观去选择做难而正确的事，品牌资产是随之而来的副产品。品牌对外传达的首先就是自己的价值主张，而且价值主张越鲜明、越简洁，传达的效果就越好。以下是一些世界知名品牌的广告语和价值主张。

梵克雅宝：心怀幸运之愿，方能成为幸运之士

蒂芙尼：爱是一切

宝格丽：美学与尊贵的融合

保时捷：比赛当天的赢家和一项只会随着时间的推移而升值的投资

法拉利：超越极限，创造奇迹（Beyond Limits, Make Miracles）

劳斯莱斯：超越期待，尽享奢华

百达翡丽：没有人能拥有百达翡丽，只不过为下一代保管而已

伯爵：奢华与精准

爱彼：意无尽，至无界（Seek Beyond）

爱马仕：永恒的优雅、品质和工艺

香奈儿：想要无可取代，必须时刻与众不同

星巴克：营造一种温暖而有归属感的文化，欣然接纳和欢迎每一个人

四季酒店：待人如己

丽兹卡尔顿酒店：绅士、淑女为绅士和淑女们服务（Ladies and Gentlemen, Serving Ladies and Gentlemen）

迪士尼：让每个人都梦想成真

奈飞：将人们从无聊中解救出来

苹果：非同凡想（Think Different）

特斯拉：加速世界向可持续能源的转变

当然，价值主张不是说说那么简单，要言行合一、知行合一，切不可把企业的价值主张理解为广告策划公司提供给你的文案。如果说在市场上树立强大而鲜明的价值主张有什么捷径的话，那就是当某个万众瞩目的公共事件发生时，你做了什么、说了什么，就是最能在人们心中留下烙印的时候。比如当人类面对灾难的时候，就是特别容易展示企业价值观和品牌价值主张的时刻。苹果公司就是一个信仰驱动的典型案例：乔布斯当年回归苹果后的第一件事就是鼓舞士气、唤起苹果员工的激情。他请回了早年合作过的广告人李·克劳。他们想要推出一个宣扬公司价值主张的广告，而不是宣传产品的广告。它的目标受众不仅仅是潜在的顾客，还包括苹果公司自己的员工。乔布斯

说："这不是在说处理器速度或者内存，而是在说创造力。我们苹果的员工已经忘记了自己是谁。要回想起你是谁的方法之一就是要想起你的偶像是谁。这就是那次宣传活动的缘起。"最终，李·克劳和乔布斯共同酝酿完成了一段的举世闻名的短片，文案是这样写的：

致疯狂的人

他们特立独行。

他们桀骜不驯。

他们惹是生非。

他们格格不入。

他们用与众不同的眼光看待事物。

他们不喜欢墨守成规。

他们也不愿安于现状。

你可以认同他们，反对他们，颂扬或是诋毁他们。

但唯独不能漠视他们。

因为他们改变了寻常事物。

他们推动人类向前迈进。

或许他们是别人眼里的疯子，但他们却是我们眼中的天才。

因为只有那些疯狂到以为自己能够改变世界的人……才能真正改变世界。

相信全世界的消费者看这段视频时都会心潮澎湃、热血沸腾。后来，苹果公司和乔布斯在各种场合都会使用"Think Different"这个口号。李·克劳回忆说："从乔布斯年轻时我第一次见到他，他就有无比强烈的直觉，知道他想让他的品牌对人们产生什么样的影响。极少有其他公司或领导者——可能根本没有——敢于把他们的品牌跟甘地、爱因斯坦、马丁·路德·金、毕加索联系在一起。乔布斯能够鼓励人们定义自己——作为反体制的、富有创造性的、敢于创新的叛逆者——而且只要通过使用什么电脑就实现了这种定义。"

2018年2月，SpaceX发射了第一枚重型猎鹰（Falcon Heavy）火箭，它是现役最强的运载火箭，是设计用来载人上天的，将来有一天将跨星球移民的定居者带到火星。火箭搭载了一辆红色特斯拉敞篷跑车，驾驶员座位上安放了一个太空人模型，还大声播放着英国音乐人大卫·鲍伊（David Bowie）的"星人"。象征着太空人星人（Starman）驾驶着他的特斯拉跑车进入了近火星轨道，从而证明了重型猎鹰火箭有能力发射到达火星的宇宙飞船。埃隆·马斯克接受BBC采访时说，他不知道自己有多富有，金钱并不是他做事的动力："我的财富并不是说某处有一大堆现金，实际上是指我在特斯拉、SpaceX和SolarCity拥有一定数量的决策权，而市场对这些决策权赋予了价值"。同年，有一次记者请马斯克题词留念，他思考片刻写下了一句他最喜欢的拉丁文："Ad astra"，意为"探索星际"。实际上完整的版本是："Per aspera，Ad astra."中文意思是：历经劫难，抵达星辰。

3. 工匠精神：对所有产品细节严格把控
Craftsmanship Spirit: Strict Control of all Details

可以说，如果离开了匠人精神，任何伟大的价值主张也会归于虚无。那什么是匠人精神？爱马仕前首席执行官克里斯蒂安·布朗卡特回忆和路易威登公司的香水部门负责人莫里斯·罗杰的一次对话：他给我解释说露华浓香水（Revlon）乃是死于其对利润的痴迷："愚蠢的利润率、整体上的失误、错误的优先顺序。蜜丝佛陀（Max Factor）也是死于同一种病，那就是为了业绩不惜一切代价"，他补充道，"您去问问他们如何生产一支口红，如何推出一款香水，他们什么都不知道。当奢侈品业被当成螺栓一样经营时，就要大祸临头了"。莫里斯·罗杰继续对我说:"唯有自由才能造就创意。一款香水构成的是一个整体,要审慎挑选名字和瓶子的样式。奢侈品是一门完整而全面的科学,什么东西都不应逃避对于最小细节的检验。它需要兼收并蓄、品位、优雅,以及完美。"布朗卡特认为工匠精神体现在三个方面:首先,工匠精神体现在要投入时间来好好做事情,专注自己当下的时间,真实地考虑时间能给一件产品注入的生命,那是一种浓度、一种机会、一种价值。其次,不应该沦为资本的奴隶。当一个企业成为生产的机器时,它们就失去了自己的灵魂,也不再有力量去坚持那代价昂贵的细节,去购买最美的皮子,给工人很好的报酬,和堪称行业楷模的质量。只有超越了资本逻辑,才能做出真正伟大的产品并最终盈利。最后,工匠不应考虑奢侈品和利润这两个词——当然,他们会使用优雅这个词,但大多数时候他们谈论的是如何精益求精,如何传承? 如何耐心? 如何取舍?

让我们看一下奢侈腕表品牌百达翡丽的故事:1977 年菲利普·斯登(Philippe Stern)被任命为百达翡丽董事总经理。他在计算机领域学到的东西很快也被应用到钟表行业:技术发展进入一个更快、更激进的量子跃迁时代。虽然第一批石英手表明显比机械手表贵,但其价格在 20 世纪 70 年代开始巨幅下跌。在此期间,菲利普·斯登被要求承担起研发代表他这一代人的新款腕表的责任。作为一名运动爱好者,他认为应研发一款充满百达翡丽优雅风格的休闲腕表。受爱彼皇家橡树的灵感启发,1976 年百达翡丽推出标志性的鹦鹉螺型号 3700/1,由大师杰拉德·尊达(Gerald Genta)设计,灵感来自轮船的舷窗,采用全不锈钢材质。其口号是:"世界上最昂贵的手表之一是由钢制成的。"它至今仍是百达翡丽的经典爆款产品。科学技术的突飞猛进,让无数传统技艺消失在历史的长河中。而制表工艺,也正在经历着一场变革,石英表的出现给传统制表工艺带来了致命的一击。菲利浦·斯登坚信,钟表不仅仅是一个记录时间的工具,复杂功能才是制表业中的顶级工艺。经典的机械表只有被定位在最高端产品领域，甚至在作为艺术品和收藏品的定位上，才有机会与更精确、更便宜的石英表相抗衡。他招募工程师将百达翡丽从手工艺驱动转变为工业制造，但保留了对精湛工艺的承诺，腕表的设计基于详细的图纸，采用最新技术、用机器制作零件，确保零件的可替代性和质量标准，这样在售后就保证了对所有百达翡丽腕表的保养和维修的能力。他说："手能比机器做得更好的一切，我们都会做。但是，当机器可以辅助一个人的工作时，我们不会盲目地坚持传统。"百达翡丽紧接着又研发出更为复杂的腕表，如双面设计、夜空图、恒星时间、带"威斯敏斯特教堂钟声"的三问报时等。曾有人如此评价：百达翡丽的企业发展史本身就是一部科技创新史。百达翡丽的作品从来都是科学与艺术、精确与复杂的完美结合。

让我们回看乔布斯打造苹果电脑的历程。一个苹果员工回忆说："他不会在产品上做出妥协，他是个控制欲极强的完美主义者。"如果哪个人不愿意把产品做到完美，那他就会被乔布斯骂成是笨蛋。一天，乔布斯走进了负责 Mac 电脑操作系统的工程师拉里·凯尼恩（Larry Kenyon）的办公隔间，乔布斯抱怨说开机启动时间太长了。凯尼恩开始解释，但乔布斯打断了他，问道："如果能救人一命的话，你愿意想办法让启动时间缩短 10 秒钟吗？"凯尼恩说也许可以。于是，乔布斯走到一块白板前开始演示，如果有 500 万人使用 Mac 电脑，而每天开机都要多用 10 秒钟，那加起来每年就要浪费大约 3 亿分钟，而 3 亿分钟相当于至少 100 个人的终生寿命。"几周过后，乔布斯再来看的时候，电脑的启动时间缩短了 28 秒。史蒂夫·乔布斯能够从更高维度看穿产品的本质，并带领他人一起努力触达这个本质。在一次访谈中乔布斯解释说："多年以来，我认识到，当你拥有真正优秀的人才时，你不必对他们太纵容，你期待他们做出好成绩，你就能让他们做出好成绩。最初的 Mac 团队让我知道，最顶级的人才喜欢一起工作，而且他们是不能容忍平庸作品的。"有意思的是，出于对乔布斯的畏惧以及想取悦他的动机，苹果员工们获得了原本以为自己无法取得的成就。乔布斯会仔细检查电路板。电路板上有芯片和其他部件，深藏于 Mac 电脑的内部，没有哪个用户会看到它，但乔布斯还是会从美学角度对它进行评判："那个部分做得很漂亮，但是，看看这些存储芯片，真难看。这些线靠得太近了。"一名新手工程师问："这有什么关系——只要机器能运行起来就行，没人会去看电路板的。"乔布斯的反应和往常一样："我想要它尽可能好看一点儿，就算它是在机箱里面的。优秀的木匠不会用劣质木板去做柜子的背板，即使没人会看到。"

Mac 研发团队负责人安迪·赫兹菲尔德回忆说："乔布斯认为自己是艺术家，他鼓励设计团队的人也把自己当成艺术家。我们的目标从来都不是打败竞争对手，也不是狠赚一笔，而是做出最好的产品，甚至比最好的还要好一点。"[①]乔布斯鼓励设计团队的人把自己当成艺术家，他曾经带领团队去曼哈顿大都会博物馆参观蒂芙尼的玻璃制品展览，因为他相信可以从路易斯·蒂芙尼（Louis Tiffany）创造出的可以量产的伟大艺术品这个例子中学到些什么。随着乔布斯的美学品位不断提升，他开始青睐日式风格，经常和三宅一生及贝聿铭这样的设计师交流。他还从事禅修："我一直都认为佛教，尤其是日本的佛教禅宗，在审美上是超群的。我见过的最美的设计就是京都地区的花园，这个文化遗产深深打动了我，而它们都直接源自佛教禅宗。"1981年3月的一天，乔布斯站在一台 Mac 样机旁和公司的创意总监詹姆斯·费里斯（James Ferris）激烈地争论："我们要设计出一个经典的外形，不会过时的那种，就像大众的甲壳虫汽车一样。"费里斯说：

---

① 艾萨克森.史蒂夫·乔布斯传（修订版）[M].管延斯等，译.北京：中信出版集团，2014.

202 | 终极品牌：价值与信用创造的秘密

"不，不对，外形应该性感诱人，就像法拉利那样。""法拉利也不对"，乔布斯反驳，"应该更像保时捷！"这么说并不奇怪，乔布斯当时就拥有一辆保时捷 928。乔布斯说："伟大的艺术品不必追随潮流，它们自身就可以引领潮流。"

那么，服务业的工匠精神怎样体现呢？迪士尼的管理层曾经这样总结道："这么多迪士尼公园都能取得成功有一个主要的原因，那就是对细节的追求。"创始人华特·迪士尼一直在不懈地追求完美，总是寻问如何才能改进？尽管他知道需要在财务底线和追求完美之间保持谨慎的平衡，否则追求细节可能会变得昂贵。注意细节也意味着要对工作结果进行量化测量，以确保努力与结果相符。在早年建设迪士尼乐园之前，华特·迪士尼对自己的竞争对手作了充分的研究，发现它们有一个共同点，那就是都比较脏、乱。而他对迪士尼的所有员工强调，迪士尼乐园必须保有最干净、整洁的环境。他坚持乐园内的街道要达到"即使把食物掉在上面也可以捡起来吃"的程度，这一点成为迪士尼企业文化重要的组成部分。迪士尼公司雇员数以万计，人力资源管理职务 500 多个，工作说明书 1 500 多份。由于每个员工的思想以及个性、年龄、经历、生长环境各不相同，心理需求的差异很大，因而怎样调动不同个性的员工使他们服从于统一的企业目标至关重要，迪士尼公司领导力的愿景是：让每个人都梦想成真。迪士尼公司雇佣了数以百计的"幻想者"，他们唯一的工作目的就是开发创意。但是这种创新的文化并不只局限于这些幻想者，迪士尼在全体员工中培养和促进这种创新文化。与其他行业竞争对手相比，公司的这种鼓励政策提高了员工的参与程度并降低了离职率。华特·迪士尼说："我希望每位船长在每次巡游时表现得都像他们第一次上船一样。每次河马突然从水中露头的时候，他们都应该表现得非常吃惊。船长应该和游客一样吃惊。"叮当小仙女手中挥动着的魔法棒召唤来了古灵精怪的米奇、优雅善良的迪士尼公主、憨态可掬的小熊维尼、顽皮可爱的小飞象等，开启了迪士尼的奇妙世界。其背后隐藏的，正是迪士尼的魔法服务之道和全球数以万计员工付出的情绪劳动让梦想成真。自1955年7月17日开幕以来，迪士尼乐园获得了无与伦比的成功。它提高了美国服务行业的行业标准，将什么是优秀的创意、家庭娱乐服务和客户服务进行了全新的定义。

让我们再看看星巴克的故事：为了让客人闻到的只是咖啡香，星巴克要求员工不要使用香水，也不出售加有其他化学添加剂的咖啡豆，不卖餐食。门店里的音乐也是体验的一部分，只能是古典音乐或爵士乐，但在客人点单后，会听到收银员报出所要饮品的名字，然后听到后面咖啡师的回应。咖啡烹煮的滋滋声，咖啡师敲击过滤器的声音，牛奶沸腾的滋滋声——所有这些声音都构成顾客对星巴克门店体验的一部分。此外，椅子的样式，调料柜和餐具柜摆放的位置，地板的质地商品展示，清洁卫生，都是星巴克门店体验的组成部分。每一个细节上都仔细推敲，还为此发生过许多激烈的讨论，比如陈列物会不会影响客人的整体感受？此外，星巴克把咖啡豆保存在真空密封袋或深色匣子里，以尽量避免空气、阳光和湿度的侵蚀。员工根据烹煮效果最佳的要求来决定咖啡研磨的精细程度。然后，按精确标准调配咖啡与水的比例。在培训中，一位咖啡师烹煮的时间如果不到18秒或超过23秒，就要求他重新来过，直到把烹煮咖啡的时间掌握得分秒不差。一杯咖啡中98%是水，水质不好会把上佳的咖啡给毁了。所以，每家店的柜台后面（顾客一般看不见）都有专门安设的水过滤装置。每一个环节上的审慎考虑都增加了运作成本，但最终保证了顾客能品尝到最好的咖啡。从一个门店到另一个门店，从一个地区到另一个地区，星巴克都力求稳定地保持咖啡的风味和品质。

创始人舒尔茨总结道：星巴克的员工是在把自己的咖啡知识和激情传递给顾客。在接待顾客时，针对不同对象只需稍许变换一下服务用语，或专为他们的口味定制饮品，他们就会再度光临。品牌价值并非由市场大小所决定，也不是来自广告的效应。它源自公司所做的每一件事情，从店址选择、店堂设计到伙伴培训，从产品出货到包装，还有各种原料的采购。一个拥有强大品牌的公司，管理者在评估每项决策时都需要掂量一下："这会加强品牌还是会削弱品牌？"

二、品牌定位

Brand Positioning

从宏观视角来审视所有品牌——本质上只有两种定位：一种是价值驱动，另一种是效率驱动。可以说，两种品牌取向的企业都很伟大，但是价值驱动的企业才是真正引领人类文明前行的发展引擎。价值驱动本质上就是创新驱动，它不是在已有品类中进行存量博弈，而是试图创造新产品、新品类。这种创新一般会有两种途径，一类是基于新科技、新工艺研发的商用产品或新服务，比如谷歌眼镜、英伟达公司的芯片、马斯克的星链、中国的北斗导航、华为的5G、大疆无人机、三星的曲面屏手机；另一类创新只是将现有各种要素重新组合而成的新产品和新服务，比如iPhone、微信、抖音、奈飞等，苹果公司的iPhone中任何一项技术都不是苹果公司研发的，但乔布斯带领的产品团队采撷各家公司的技术专长，通过购买技术专利、并购公司，设计打造出了第一款极具美感的智能手机，也开启了人类的移动互联时代。之后乔布斯还构想了线上的苹果应用商店，更是激发了手机应用的蓬勃发展，让苹果公司不再仅仅是个终端硬件制造商，还形成了一个自成一体的互联网生态平台。

创新很难被事先计划出来，也不会完全和资金投入成等比增长，它是创造力、想象力、价值网络的形成等多重因素叠加后发生的突变和涌现。达·芬奇、爱迪生、特斯拉、图灵、乔布斯、马斯克这样具有旺盛创造力和想象力的人，在人类当中本身就是特别稀缺的资源，这些人在大多数情况下被同时代的人视为"怪咖"和异类，更不用说像梵高、毕加索这些艺术领域的大师了。苹果公司、迪士尼、特斯拉、华为都是价值驱动的公司，他们主张创新，不断突破旧产品的技术、旧的商业模式，创造出前所未有的产品和服务，但创新的产品和服务往往需要支付高溢价才能获得，所以是打造高势能品牌的首选方向。而效率驱动的品牌本质上是让某种原有的高价值产品越来越普惠、下沉，本质上是在做存量价值的博弈。日本的优衣库、欧洲的阿尔迪超市、中国的小米公司和瑞幸咖啡等都是效率驱动的公司，他们能够让消费者以越来越便宜的价格获得品质可以接受的产品和服务。但市场终究会饱和，技术红利会被耗尽，效率驱动的企业只能在价值驱动的企业后面亦步亦趋地跟随。但随着互联网电商的出现，像亚马逊、拼多多、携程、缤客（Booking.com）、爱彼迎、贝壳网这样的电商平台已经提供了性价比筛选器的功能，因此，效率驱动品牌的价值事实上已经被电商平台给覆盖了，相信在未来的某个时点，电商平台品牌会取代掉所有效率驱动的制造商品牌。

1. 定位：品牌生死的魔咒
Positioning: The Key of Brand's Success

为什么定位如此重要？从理论上讲，一个品牌只能有一个定位，不能同时既做高端，又做中端，还做低端。因为我们前文所述，掌控消费者的原始脑中只能分给你容下一个品牌定位的位置，如果你的品牌既要做高端，又要做中端，还想覆盖低端，那消费者的原始脑就不知如何安放对你的品牌认知了，你的品牌在消费者头脑中也就完全混沌无序了。因为品牌是帮助消费者迅速作出购买决策的信用解码工具，如果解码出来的信息错综复杂、相互矛盾，消费者就不得不启动理性脑来思考和辨别，但当消费者启动理性脑的那一刻，你的品牌就失败了。

让我们来看看时装界一个很有意思的案例：香奈儿的前首席设计师拉格菲尔德叱咤奢侈品江湖 64 年，成功地盘活了香奈儿品牌，带领其重新登顶。香奈儿是行业内奢侈品属性保存最完整，品牌经典内核最具连贯性、也最赚钱的奢侈品牌之一。拉格菲尔德设计的经典粗呢女装售价十几万一套，人们依然趋之若鹜。香奈儿年销售额接近百亿美元，并且一直保持着独立运营，始终没有被爱马仕、路易威登集团和开云集团这三个奢侈品寡头吞并。然而吊诡的是，拉格菲尔德在 1984 年用自己名字创立的轻奢定位品牌 Karl Lagerfeld 从诞生以来一直业绩低迷，曾经几度卖身，其变现能力甚至比不上他的宠物猫舒佩特（Choupette），无论是在北美市场还是在中国市场都遭遇了滑铁卢式的惨败，连年亏损。那么，一个让香奈儿品牌起死回生、持续辉煌几十载的牛人为什么救不活自己的品牌？因为，定位轻奢的拉格菲尔德品牌撞上的是同样定位轻奢的服装品牌 ZARA。在时装界 ZARA 以时尚、便宜、品类多、更新超快著称。一般的轻奢品牌每年最多出 5 000 多款设计，而 ZARA 每年至少要出 2 万多款。每年 ZARA 的 600 多名设计师频繁出入于巴黎、纽约等各大时装周，也会潜入东京、伦敦街头捕捉时尚气息。常常是时装周还没有结束，模特身上类似款式的衣服已经出现在 ZARA 的店里。这种速度很契合脸书、推特、微博、朋友圈等社交网络时代的快时尚文化：人们通过网络看到秀场上的东西，希望尽快拥有同款的时髦且又不贵的服装。为了保证快速，ZARA 还掘地 20 多千米，建立了地下物流传送网络，而且拥有两个航空基地，欧洲以外的商品全部走航空，保证三天内送达店铺。"速度至上"是 ZARA 的文化，时间在 ZARA 那里真正变成了金钱。而拉格·菲尔德每年要为香奈儿设计八个系列，既有成衣，也有高定，为 Fendi 设计五个系列，所有设计稿都坚持自己手绘，他追求高标准，百分之九十九的手稿都无法令他满意，最终面世的大量手稿，其实只是百分之一的精品，这对于打造动辄价格十几万的奢侈品服装是绝对是必要的，因为获得了高溢价，但对于价格一两千块的轻奢品牌，拉格菲尔德的时间成本太昂贵了，根本无法大量和快速推出新的设计，这样如何能够和效率强大的 ZARA 竞争？

从经济学角度来说，用昂贵、稀缺的资源去支撑大众、价廉的商业模式是行不通的。所以，中、低端（高频、价廉）品牌的生存之道是"效率驱动"。奢华、高端（低频、高附加值）品牌的制胜之道是"溢价驱动"。服务业也不例外，我们看到不少高端国际酒店品牌在拓展自己的中端品牌时举步维艰，同样，靠中、低端起家的酒店集团在向高端品牌尝试突破时也都乏善可陈。每个成功的企业家或公司都一定有认知边界，只不过他们在自己的边界里，因而对自己的边界不自知。而且为了捍卫自己的正确，整个组织的心智都会把这件事情合理化，把边界当成了世界。

每个品牌都要弄清楚：你为目标消费人群在什么场景下、以什么样的价格、交付了什么样的价值？这就是定位。人们只会为有价值感的东西付钱，所谓价值感是指某个特定的目标消费人群对于产品、服务的体验结果，这决定了他们是否愿意为之付钱。餐饮、酒店、休闲娱乐等生活服务业，从本质上讲是基于位置的服务，所以酒店价值感的基础是：方便的位置，安全，卫生，无噪声，温度适宜，舒适的床，早餐可口，价格适中等，是所有客人对住宿设施无差别的最基本需求。快捷酒店从定位上讲就是满足追求性价比的大众消费者的住宿产品。为这类客群服务就必须效率至上，砍掉客人并不在意的、会增加投资和运营成本的东西，满足基础功能即可。而根据产品价值三一律法则，奢华酒店就必须在这些基础功能价值之上再叠加上社交价值、意义价值。比如说奢华品牌半岛酒店的下午茶就非常受欢迎，除了眼花缭乱的各种食品、饮品以外，还有奢华的餐厅装修、花艺、香氛、现场演奏的乐队。在这里享受下午茶其实不是为了充饥或解渴，而是社交，展示自己的身份、品位，看别人也被别人看到。这种高端生活方式的服务由文艺情怀、故事、设计感、美学元素、奢华硬件等各种元素构成，但一切奢华的事物本质上都是反效率的。从商业模式上讲，做不到效率最大化的中、低端产品（服务）无法生存；卖不出高溢价的奢华品牌也同样不可持续。这就是决定品牌生死的魔咒。

2. 价值导向的品牌
Value -Oriented Brand

价值导向的品牌一般来说都是在自己品类中占据制高点的高势能品牌。乔布斯的一段话也许最形象地阐释了价值驱动与效率驱动的本质区别。一次发布会上台下有个女记者问乔布斯："是不是由于你们的定价和设计，苹果的产品更倾向于吸引小众和精英群体而不是大众客户？"乔布斯回答："我们的目标是制造世界上最好的个人电脑，制造让我们自豪地向家人和朋友推荐的产品，并且我们也希望以尽可能低的价格做到这一点。但我必须告诉你，在我们这个行业中好多产品是我们不屑于交付给客户的，也无法自豪地推荐给家人和朋友。因此，我们有自己的门槛，不能跨越自己的底线。但我们确实要制造最好的个人电脑，这也是行业需要的。你会发现我们的产品并不是超额定价的，你可以去看看我们竞争对手的产品价格，当你很便宜地买到他们的产品之后，会发现必须再额外付费添加一些功能才能满足你的需要时，你会发现有时他们会比我们更贵。不同之处在于，我们不提供简陋劣质的产品，不提供那种低端的产品。但如果抛开这些再把我们的产品和竞争对手相比，我认为我们的产品相当有优势。"

在服务业领域内，四季酒店是价值驱动的典型。创始人夏普在回忆录提到他第一间五星级酒店的筹建历程："我认为，打造杰出酒店的关键在于床的舒适性。旅途通常都非常辛苦，特别是对于那些彻夜从美国飞往伦敦的旅行者而言。他们在飞机上几乎很少睡觉，通常到达目的地时会异常劳累。所以我在开第一家酒店时，使用了泡沫床垫——是当时我们能找到的最舒适的床垫。为找到世界上最好的床垫，我搜寻了好几年，一有可能就让厂家定期把床垫送到我这测试。最后我在德国找到了一家，我们觉得也许是有史以来最舒适的床垫。我们把这些床垫配备到了伦敦酒店项目里。我们是第一家如此高度重视床垫的酒店，而从那以后绝大多数主流酒店都复制了我们的方法。"1970年1月，夏普筹建和管理的第一家五星级酒店开业在伦敦开业了，这间酒店和伦敦另外五家宫廷风格的传统奢华酒店有着许许多多的不同。他在自传中回忆：在伦敦，没有哪一家世界级的酒店会在晚上10点以后提供饮食，而我们保证饥饿的客人在任何时候都可以饱餐一顿，并且擦亮他们的鞋子，熨平他们的衣服。我们有专门人员回应客人提出的任何要求。四季酒店率先在酒店提供的增值服务还有：引进健身中心以及无烟楼层；把每个房间设计得都比竞争对手的标准间稍稍大一点，而且拥有更安静的水暖设备，更好的淋浴喷头，以及为顾客量身定做舒适的床垫；提供护发啫喱、电吹风、化妆镜，房间里面配置睡袍；在食物中引进低脂肪、低糖的高级烹饪术。四季酒店重视一切细节，提供大量贴心服务，枕头的舒适度要满足每一个客人，还有舒适的餐巾纸、每天新鲜的花束。伦敦酒店在开业的第一年就获得了欧洲年度最佳酒店的称号，并在10年内两次获此殊荣和其他的一些奖项。它的入住率长期高居全市第一，直到现在仍是伦敦最成功的酒店之一。

从以上的案例可以看到，价值驱动的品牌无一例外都是因为在产品价值三一律的各个维度进行深度挖掘，并且至少在其中的一个维度占据了价值制高点，并由此获得了信用的制高点，所以最终成了高势能品牌。此外，如法拉利的发动机技术和车身的流线造型铸就了赢家和成功者象征的品牌形象；伯爵表的超薄，以及融合了珠宝设计的华美外形铸就和形成了优雅、高贵的腕表品牌；四季酒店则是采用了工业时代的技术重塑了住宿、接待行业的产品和服务标准和产品，为精英人群提供了旅途中的奢华生活方式，铸就了安心、尊崇、奢华的品牌形象。

3. 效率导向的品牌
Efficiency-Oriented Brand

效率驱动型产品（服务）都是高频应用场景下的产品，一般来说高频低值的大众消费品和服务都属于这种定位。为了薄利多销，产品（服务）的供应端就得尽最大可能压低产品价格，毕竟作为高频购买和使用的产品（服务）是不可能有太高利润的，否则就难以在市场竞争中存活，比如超市中的日用商品、快餐连锁、快捷酒店，比如早期的福特 T 型车和大众汽车也都属于这类产品。对于效率驱动型的产品和服务，维持规模经济是核心门槛。所以它们无一例外都是商业领域的金字塔底层。用我们前文的价值三一律法则来分析，就是这类商品都聚焦于提供最基本功能价值，给消费者留下的品牌认知是价廉、品质马马虎虎的信赖感。

当然，任何商品和服务要做到效率最大化，除了垄断或政府补助的模式以外，只有通过技术赋能，将产品（服务）标准化、模块化才能最终达到效率最大化的目的。从严格的意义上说，这些产品都不会形成高势能品牌，因为它们都不占据价值制高点。它们的可替代性很强，没有客人忠诚度。效率驱动的产品和服务与价值导向的产品和服务完全相反，效率驱动型的产品和服务在社交属性和意义属性两个维度的价值趋近于零，只专注提供最基本的功能。但并不是说效率导向的商业模式成为不了伟大的企业，恰恰相反，有许多伟大的企业都是效率驱动型的，比如美国的沃尔玛，欧洲的阿尔迪，日本的优衣库，中国的华住集团、小米公司，等等。他们都让人类享受到工业时代的红利，提升了全社会的平均生活水平。

自从人类进入移动互联网时代之后，出现了大型互联网电商、预定平台型企业，他们提供的都是效率驱动型产品和服务。这些商业模式本质上都是在为消费者省钱、省时间。和工业时代的廉价产品厂家不同，这样的巨无霸电商平台的受众是没有地域边界的，所以他们的用户规模经常是庞大的天文数字，因此平台可以靠卖广告或其他方式盈利。由于平台可以反向整合、制约上游的厂家和供应商，他们本身就成了规则的制定者，具有很大的话语权。因此这类平台型企业自身就形成了极高的信用度，在某种意义上使得这些企业自身就成了信用符号，比如亚马逊、京东、拼多多、优步、滴滴打车、谷歌、爱彼迎、携程、缤客等。但人类社会的进步归根到底是价值创新带来的，也只有基于创新的产品和服务才有机会在消费者认知中形成品牌势能；效率驱动型产品和服务先天就缺少品牌势能，只能通过极致的性价比来获取客户，消费者对于品牌并不存在任何忠诚度。我们可以做出一个基本预测，未来的趋势将是少数几个巨无霸电商平台反向整合、覆盖掉所有效率驱动的产品和服务商品牌，凡是价格敏感的消费者在未来将只认电商平台品牌。

三、时间维度上的品牌：生命周期与滞后效应
Time Dimension: Life Cycle and Lag Effect

从本书前面章节的大量分析中我们已经知道，品牌的形成是企业、产品（服务）在消费者心智中形成的感受和认知，所以品牌的形成一定是落后于产品（服务）的出现，品牌的形成需要一段时间，因此相较于产品（服务）进入市场，品牌的形成总会有一种滞后效应，滞后于产品生命周期一段时间。当然，品牌的衰落和消亡也一定会落后产品（服务）的衰落、消亡一段时间。所以我们经常可以看到，有些产品已经停产或退出市场了，但消费者对于品牌的好感依然存在并会延续很长一段时间，比如诺基亚手机、悍马越野吉普（Hummer）等。从严格意义上讲，让一个没落品牌重生几乎和重新打造一个新品牌一样，必须注入鲜明有力的价值主张，并且要有能力在企业组织、产品打造、市场营销等几个方面将这个价值主张体现出来。也许复兴一个品牌的意义在于，可以在讲述品牌历史时有些线索可以追溯，更容易让消费者对品牌产生信任感。而这一切，都与是否有合适的掌舵者出现，也就是我们所说的灵魂人物密切相关。下面从丽兹·卡尔顿酒店品牌的故事可以让我们略见一二。

如果曾经有一个名字是最奢华酒店的代名词，那就是丽兹。对这种品牌效应作出贡献的人是塞萨·丽兹（César Ritz），他被称为"王的酒店人和酒店人之王"。他是瑞士人，从餐馆学徒开始的职业生涯。他在1873年维也纳的世界博览会期间服务了当时的威尔士亲王

和许多社会名流、政界要人；作为一名酒店经营者，丽兹的优势在于他能够理解和满足最富裕阶层客人的需求，再加上他要打造奢华酒店的强烈愿望，使他就此开创了一个新商业模式——连锁化奢华酒店。丽兹为他的酒店引入了许多当今豪华酒店还在沿用的服务和标准。

- 每间客房均设有私人浴室、卫生间；套房内的卧室有专属卫生间。
- 客房内的棉织品、窗帘等更轻便，便于定期彻底地清洗。
- 遍布酒店各个角落的鲜花、插花。
- 摆脱了传统定食的限制，客人可以随意零点的菜单。
- 酒店一定要配备城里最有声望的大厨，为客人提供顶级的美食。
- 脱胎于欧洲贵族宅邸客厅而设计出的小巧精致的酒店大堂，提供专属、尊崇的宾客体验。
- 沿袭欧洲贵族宅邸中管家、女仆、厨师、门房等岗位的服装而设计的酒店经理和各岗位员工的制服，从此形成了职业化的酒店业着装和仪容仪表的规范要求。

丽兹先生所做的一切，本质上是在利用工业时代高效的技术和物质条件，将以前贵族、王室的生活方式标准化复制到市场中去，无身份差别地为所有高支付能力的人群服务。直到今天，丽兹的服务愿景和理念在餐饮和酒店行业中仍然是基本信条。他的待客之道成为现代奢华酒店行业的基石。丽兹先生去世后，丽兹·卡尔顿这个品牌也就没有了灵魂。后来美国人阿尔伯特·凯勒（Albert Keller）买下了丽兹·卡尔顿这个品牌在美国的使用权，成立了丽兹·卡尔顿投资公司。在波士顿、费城、匹兹堡、大西洋城和博卡拉顿等地开出了几家丽兹·卡尔顿酒店。在 1929 年美国的经济大萧条之后，各地的丽兹·卡尔顿酒店都陆续关门，此后，丽兹·卡尔顿逐渐被人们淡忘了，人们的头脑中关于丽兹·卡尔顿只剩下一个老古董般高端、奢华的模糊印象。到 20 世纪 40 年代就只有波士顿的丽兹·卡尔顿酒店还在运营。这家丽兹·卡尔顿酒店以其高端的服务水平和餐饮声誉以及奢华的设施标准成为以后丽兹·卡尔顿酒店品牌的模板。经过近四十年之后，丽兹·卡尔顿品牌忽然开启了它的第二次生命曲线：1983 年，丽兹·卡尔顿品牌被亚特兰大的地产大亨威廉·约翰逊（William Johnson）购得，并以波士顿丽兹·卡尔顿为旗舰店创立了丽兹·卡尔顿酒店公司。在总裁兼创始人科尔盖特·霍尔姆斯（Colgate Holmes）的带领下，由霍斯特·舒尔茨（Horst Schulze）、乔·弗兰尼（Joe Freni）、艾德·斯塔罗斯（Ed Staros）和赫夫·胡姆勒（Herve Humler）一起领导了品牌的重生和扩张，他们在两年内开出了 5 家酒店，包括巴克海德丽兹·卡尔顿酒店、亚特兰大丽兹·卡尔顿酒店、尼格尔湖丽兹·卡尔顿酒店和那不勒斯丽兹·卡尔顿酒店。这种快速扩张一直在继续，到 1992 年底，丽兹·卡尔顿酒店已扩展到 23 家，无一例外都是顶级奢华酒店，并获得了第一个美国马尔科姆·鲍德里奇国家质量奖。1993 年，又在亚洲开设了第一家酒店——香港丽兹·卡尔顿酒店。成就这一切的是品牌后面的灵魂人物——霍斯特·舒尔茨（Horst Schulze）。

1958 年的一天，一个在荷兰—美国航线的邮轮上打工的德国小伙子走进了纽约华尔道夫酒店的大堂，参观这个酒店是他一直以来的梦想。他仰望着大堂里那个著名的大钟不禁打了一个寒颤，他问自己：我以后有可能成为一个在这样华丽酒店工作的经理人吗？他心里默念：如果有朝一日梦想实现了，我就要把酒店变成一个绅士和淑女为绅士和淑女服务的地方，每个员工都带着自豪感工作，无论是客房阿姨还是总经理，大家一起把服务做到卓越。当时这个来自德国南部乡村的孩子已经完成了三年制的酒店学徒培训，在瑞士伯尔尼的国宾馆、巴黎雅典娜广场酒店和伦敦的萨沃伊酒店都短暂工作过。在见识过世界各地的豪华酒店之后，他心中萌动的念头就愈加强烈了，这念头源于他学徒期间的一篇作文，他写自己的餐厅经理蔡特勒先生——举止优雅，穿着无懈可击，对顾客关心备至，简直就是一个完美绅士的模板。在文章的最后，他写下了自己创造的金句：Damen und Herren im Dienst zu Damen und Herren.（绅士和淑女为绅士和淑女服务。）这篇作文让他获得了有史以来的第一个 A，并被邀请给所有学校教员朗读，在那一刻，他意识到，酒店工作不一定是低下的仆人，完全可以作为绅士和淑女为客人提供服务。35 年后，他领导的酒店集团获得了美国鲍德里奇国家质量奖，这也是酒店行业唯一获得过此奖项的企业，而且是两次获奖。这个小伙子就是日后全球闻名的奢华酒店品牌丽兹·卡尔顿酒店集团的联合创始人霍斯特·舒尔茨（Horst Schulze）。霍斯特·舒尔茨经常在演讲时被听众询问丽兹·卡尔顿的成功秘诀。他总是这么回答："所有的成功秘诀，都写在我们的'信条'里，那就是全部的秘诀。丽兹·卡尔顿酒店品牌的成功引起了酒店业的关注，并被万豪国际集团于 1998 年收购，之后霍斯特·舒尔茨也离开了公司，此后，虽然丽兹·卡尔顿品牌依然在各地扩张，但似乎关于它的传奇服务的故事越来越少，也很少有客人再提起入住期间有让自己感动的瞬间了。

另一个起死回生的奢华酒店品牌是 Rosewood Hotel（现在的中文名字叫瑰丽酒店）。1979 年，美国石油大亨亨特的女儿卡洛琳·罗斯·亨特（Caroline Rose Hunt）创立了罗斯伍德酒店公司（Rosewood Hotel），她希望打造住宅式的豪华酒店，提供贴心的个性化服务。一年后她将位于得克萨斯州达拉斯海龟湾（Turtle Creek）的棉业大亨谢波德·金（Sheppard King）的豪宅改建为酒店——罗斯伍德大宅（Rosewood Mansion）。之后这个品牌并没有太大的发展，市场影响力也很有限。2011 年 7 月 29 日香港新世界酒店集团收购了这个公司，新世界集团是香港企业家周大福集团的子公司。家族的第二代郑志雯女士于 2008 年接棒执掌新世界酒店集团，成为首席执行官，正是她完成了对罗斯伍德酒店公司（Rosewood Hotel）的收购，2013 年新世界酒店集团改名为瑰丽酒店集团。

郑志雯从小在家族的酒店里长大，每天对酒店经营耳濡目染。自己执掌酒店板块之后，她赋予酒店的价值主张之一是"在地感"（A Sense of Place），在这个理念指引下，她聘请国际著名的酒店设计师参与每一个瑰丽酒店项目的设计，努力通过独特的美学理解和品质打造，为每一家瑰丽酒店注入独特的在地风情与奇妙体验。十多年间陆续在英国伦敦、美国纽约和法国巴黎的核心位置收购当地的百年地标奢华酒店，并投巨资翻新改造，之后冠以瑰丽酒店之名重新面市。她对酒店管理和运营的细节也一丝不苟，以"由心使命（The Calling）"为理念，要求从员工开始，建立以心为本的待客之道，在对客服务时焕发热情，与客人建立稳固而良好的关系。如今已在全球范围内打造出数十间经典的瑰丽酒店，也缔造、引领了同时兼具东西方美学基因的高端生活方式的标杆典范。郑女士还不断主导瑰丽品牌与其他高端生活方式行业跨界、联合。一个超越酒店空间之外的瑰丽生活方式版图正在徐徐展开。

伊恩·施拉格（Ian Schrager）是世界上一系列最时髦的酒店的创造者，包括纽约的摩根酒店（Morgans）、伦敦的桑德森酒店（Sanderson）、迈阿密海滩的德拉诺酒店（Delano），以及洛杉矶的蒙德里安酒店（Mondrian）等。早年，他因为厌倦了酒店行业"百货商场"式的传统设计方法，大胆为酒店行业引入了"夜店思维"，进入 21 世纪后又连续推出了公众酒店（Public Hotel）和艾迪逊酒店（EDITION Hotel），40 年来施拉格一直践行着自己的准则：打破常规，在细节上永不妥协。伊恩·施拉格毕业于锡拉丘兹大学的法学院，从事了三年房地产法律工作，他经常流连于纽约的各大夜店，1977 年，他和好朋友史蒂夫·陆贝尔（Steve Rubell）一起将美国哥伦比亚广播公司（CBS）的"52 号工作室"改造成了一家夜店，并将其命名为"Studio 54"。"它是为那些厌倦了极简主义或是过度修饰的人。是为了新一代,生活闲适、有着更自由姿态的人,愿意享受惊喜、意外的人",这便是 Studio 54 想要传递的信息。在纽约夜店的历史上,Studio 54 是一个传奇。1977~1981 年是其最风光的时期,在那段时间里名模、艺术家、摇滚明星、演员、设计师、政治家都是那里的常客,而这些客人也成为后来摩根酒店(Morgans)的常客。

20 世纪 80 年代的纽约大部分酒店都中规中矩乏善可陈,伊恩・施拉格回忆道:"一切似乎被管理得井井有条,每家酒店看起来都一模一样,大家认为标准化是美德,没人关心体验之类的。"于是,施拉格和陆贝尔决定将他们在 Studio 54 所掀起的流行文化运用到酒店。"当时就是要把我们所创造的新的体验形态与当时市面上的大型连锁酒店作出明确的分野,结果我们也确实改变了酒店市场的生态。"摩根酒店与当时的"装饰造型师"——法国设计师安德利・普特曼(Andrée Putman)合作,与一位国外设计师合作在当时美国的酒店业也算开创了先河。他们第一家酒店——摩根酒店于 1984 年正式开业,标志着一种全新酒店模式的诞生。之后对百年历史的罗伊顿酒店(Royalton)的改造则是施拉格酒店创作理论"Lobby Socializing(大堂社交)"的第一场测试——如时装秀 T 台般的大堂,目的是要吸引全纽约最漂亮的人来酒店体验,他的御用平面设计师法比安・拜伦(Fabien Baron)说:"他要想传递的想法即——酒店不该只是旅客留宿的地方,酒店是种体验。"施拉格陆续在迈阿密、伦敦、旧金山、洛杉矶等接管酒店,将旗下酒店数量扩张到十几家,他也成为美国最大的精品酒店经营者。这些酒店几乎都是由廉价酒店改建而成,为了让狭小的房间看起来更大,施拉格将家具尺寸缩小了 10%,甚至将床腿锯短;他让走廊保持昏暗,从而让房间显得明亮宽敞。公共空间的改造依旧沿用他打造夜店的元素,再加上他聘请的高颜值的员工,以及成为城市目的地的酒吧和餐厅,这些破圈的新奇做法都为摩根酒店带来了很好的经营回报。

不想管理酒店只想设计和开发酒店的施拉格于 2005 年退出了摩根酒店，同年成立了自己的公司——伊恩施拉格公司（Ian Schrager Co.），继续打造属于新生代人群的酒店。他的第一个项目是纽约著名的格拉梅西公园酒店（Gramercy Park hotel）。施拉格买下这家酒店后，在美国当代艺术家朱利安·施纳贝尔（Julian Schnabel）的协助下进行了改建。格拉梅西公园酒店不像他以前的酒店那样大搞噱头和夜店风，而是运用鲜艳的文艺复兴色调，添加波希米亚元素，使酒店摇身一变成为艺术至上的精品酒店，再一次惊艳了众多国际媒体和酒店客人。格拉梅西公园酒店的成功催生了施拉格的另一个酒店品牌——公众酒店（Public Hotels）。第一家公众酒店位于美国芝加哥，于 2011 年 10 月开业。他希望以全新的视角呈现酒店，打造一家精选服务酒店。这种理念的核心是将万怡酒店（Courtyard of Marriott）和希尔顿花园酒店（Hilton Garden Inn）的精简模式融入四季酒店的奢华品位之中。施拉格把他的理念与苹果商店的零售体验相比较。"你抛弃不必要的东西，只获得自己需要的东西。美国酒店业的服务模式正在发生变化。人们变得更加低调，即使他们很有钱，也不愿毫无节制地花钱。"他强调，奢华并不是说你花了多少钱，而是你获得了什么样的体验。

后来施拉格意识到：再次走向趋同的全球酒店业需要将特立独行的设计和大酒店集团的成熟运营结合起来。万豪集团当时的 CEO 阿恩·索伦森曾经说："如果说伊恩·施拉格成功有何遗憾，那应该是'规模'，在此以前，他拥有不过数十家酒店。而跟我们合作就是给他酒店生涯的一个完满答案。"万豪集团一度认为精品酒店、生活方式酒店很小众，不足以成为一个大市场；然而到 2006 年，喜达屋集团的 W Hotel 获得成功，而万豪似乎没有可以拿得出手的产品与其竞争，这让他们感觉到自己正在错失年轻一代的客户。于是小万豪先生（Bill Marriott）约见了施拉格，寻求合作的机会。施拉格和万豪的合作分工很简单，各做各所擅长的——施拉格负责酒店的设计，万豪做管理。2015 年开业的纽约艾迪逊酒店（EDITION Hotel）距离他在麦迪逊大道上的第一家酒店摩根酒店只有十分钟路程，却见证了施拉格 40 多年的传奇之旅。他回忆说："80 年代愿意做酒店设计的人不多，而现在大家都在找新晋当红设计师，这倒让我失去了兴趣。我喜欢和自己的班底合作，能长期合作是因为我们都非常清楚自己的需要。我们是第一个去找乔治·阿玛尼、凯文·克莱因设计酒店员工制服的，后来所有人都跟风做同样的，变成了军备竞赛。"所以施拉格老先生认为他需要寻找新的聚焦点了。如果说有什么是不变的，他的每一个新酒店作品都会有一些让人惊奇的地方，这也是他参与艾迪逊酒店的初衷——旨在推动酒店业的创新精神。中国三亚的艾迪逊酒店除了常规的海景客房，老先生还打造了一个全新意境的人造海景区域，晚上灯光亮起来，美如仙境。每一家艾迪逊酒店的品牌标志物除了优雅的旋转楼梯以外，还有就是放在客房床上的狐皮褥子。我始终猜不出它是做啥用的，后来有一次我鼓起勇气询问了艾迪逊酒店的经理。酒店经理讲了这个故事：在施拉格先生的记忆里，每次母亲从外面回来，都会把披着的大披肩非常随性地搭在沙发或床上，那样子让他觉得非常飘逸、非常温馨，也是一种只有在自己家里才会有的感觉，所以，施拉格就将这个细节用在了艾迪逊酒店上。原来，床上的仿狐狸皮披风是象征着家的温暖和随意。

从爱马仕六代工匠精神的传承，苹果公司的乔布斯两度掌舵，到丽兹·卡尔顿品牌的百年浮沉和瑰丽酒店的品牌重生，伊恩·施拉格在不同年代打造的时尚精品生活方式酒店，我们可以看到任何品牌都是有生命周期的，因为任何产品和服务都要匹配社会的发展、生活方式的迭代。能够持续百年以上的品牌并不多。为品牌找到合适的灵魂人物和有创造力的掌舵者就非常重要，像爱马仕家族那样六代传承还依然辉煌的品牌真是凤毛麟角。品牌的价值主张和企业掌舵者的格局、灵魂高度相关，离开了灵魂人物，品牌的价值主张就会越来越弱化、模糊，慢慢走入歧途。一般来说，品牌资产的价值含量在失去灵魂人物之后只能再延续十年、二十年左右，然后就会丧失殆尽，被市场遗忘。

四、空间维度上的品牌：区域品牌与全球化品牌
Spatial Dimension: Regional Brands and Global Brands

　　如果你认为本书提到的这些品牌的成功都是企业家个人努力的结果，那说明你还缺少一双"究竟之眼"，我们在本书中引用成功品牌故事时没有明说的一条暗线是：驱动这些企业家和他们品牌成功的更底层驱动力是人类科技进步带来的经济周期迭代，以及全球地缘政治格局的演变、国家实力的此消彼长。细心的读者可以发现，我们讨论过的几乎所有主要的品牌都是与二战后和平年代全球经济崛起同步出现的，而且与大国之间的实力变迁和政治博弈息息相关。比如工业革命之后大部分全球领头羊企业和品牌来自英国，少数来自法国、德国；而两次世界大战之后，大部分全球领头羊企业和品牌都来自美国，少数来自德国、英国、法国和日本。如今，中国的华为、比亚迪、小米也已经走向世界，被东西方消费者所喜爱。预计随着中国的经济总量最终赶超美国，会有更多的中国品牌走向全世界。

　　品牌，尤其是高势能品牌，更是跨国界的文化使者和生活方式的传播者，是全世界消费者跟随的梦想。从扩张趋势来看就是：科技、经济、军事强国的生活方式向欠发达国家和区域扩张和下沉。在英国电视剧《唐顿庄园》拍摄期间，有一次要拍一个下午茶的场景，编剧发现桌上有一杯水，他立刻让人拿走，并说："那时的贵族是不喝白水的，他们只喝茶。"1610 年，荷兰人从日本长崎县西北部小岛上

的港口平户购买了少量茶叶，绕到爪哇岛运到荷兰，第一次将茶叶作为商品进口到欧洲。那时的荷兰人把茶叶当作良药，把茶叶小量地包装好，一般一袋就装成 30 克左右，放在药店出售，对于欧洲人来说，茶最早是作为药来使用的。1662 年，葡萄牙的凯瑟琳公主嫁到英国，带来的陪嫁中有一箱中国茶叶，之后茶作为饮品在英格兰流行起来。英式下午茶的起源是：由于当时英国人一天只吃两餐——早餐和晚餐。贵族们一般在上午 10 点左右吃早餐，晚上 8 点后才用晚餐。在早晚餐之间的漫长时间里，英国人常常要忍饥挨饿。有一次，贝德福德七世公爵的夫人安娜下午 4 点左右让女仆给自己准备了一壶茶，几片烤面包配着奶油、黄油、果酱，她吃完之后感到非常享受。此后，公爵夫人便会在每天下午 4 点左右邀上几个闺蜜一同品茶，并配以精美的三明治、司康、小蛋糕。后来英国女王也采用了这样的作息安排，于是喝下午茶逐渐成为英国贵族们的社交方式，还衍生出了各种下午茶礼节。再后来，这种习惯逐渐下沉到平民阶层。

农业文明时代全球生活方式的制高点无疑在中国，17、18 世纪的欧洲，受马可波罗游记的影响，欧洲各国君主对于神秘的中国特别感兴趣，并由此掀起一股中国风。奢华的中国宫廷成为欧洲王公贵族们的奢华梦境。1700 年，为庆祝新世纪的到来，法国的"太阳王"路易十四在凡尔赛宫举行盛大的舞会时身着中国式服装，坐在一顶中国式八抬大轿里出场，使得在场贵族和夫人们发出一片惊叹声。在 18 世纪从中国进口瓷器、丝绸、漆器是非常时髦的，这导致了许多外国设计师和工匠模仿亚洲设计，他们凭借想象创造出许多奇特的东方风尚。中国的生活方式体现在当时整个欧洲社会中，并渗透到了欧洲人生活的各个层面，如日用物品、家居装饰、园林建筑等。欧洲的中国风尚在 18 世纪中叶时达到顶峰。法国国王路易十五和英国国王乔治四世将中国风与洛可可风格融合在一起装饰他们的宫廷房间，当时的中国瓷器在欧洲是如此稀有和受人喜爱，以至于成为奢华的象征。1670年法国国王路易十四在凡尔赛宫为情妇造了一座装饰满瓷器的房子——Trianon de Porcelaine。普鲁士国王腓特烈大帝在德国波茨坦的无忧宫花园里建造了一座中国屋。中国屋是一座圆亭，周围树立了中国人物雕像，这些雕像都是镀金的，整个亭楼外壁也都采用黄金装饰。中国楼顶部是根据中国传说故事中的猴王塑造的雕像。腓特烈大帝对中国充满了好奇和向往，他搜集了各种来自东方的物品来装饰自己的中国屋，在布置上极尽奢华，以展现出自己想象中的那个富裕、华丽的东方帝国。但是，工业时代的到来颠覆了一切。

在工业革命之前，中国向西方出口的商品主要是陶瓷、茶叶、丝绸，而且一直处于贸易顺差的状态。可在工业革命之后，由于蒸汽机的使用以及后来电力机械的使用，西方各国却在这些产业中逐渐追赶上了它们的发源地中国，不仅在产量上赶超了中国，在品质上也不逊于中国，并且出现了一大批高端品牌，而中国的同类产品已经不再占据本品类的价值制高点位置了。比如国际知名的陶瓷品牌有：丹麦皇家哥本哈根陶瓷（Royal Copenhagen）、芬兰阿拉比亚陶瓷（Arabia）、法国爱马仕陶瓷（Hermès）、法国吉安陶瓷（Faïencerie de Gien）、匈牙利赫伦陶瓷（Herend）、英国皇家道尔顿（Royal Doulton）、英国韦奇伍德（Wedgwood）、英国皇家瓦塞思特（Royal Worcester）、德国梅森（Meissen）、西班牙的雅致瓷器（Lladro）。知名的茶叶品牌有：英国川宁（Twinings）、美国泰舒（Tazo）、美国共和国茶（The Republic of Tea）、英国立顿（Lipton）、英国约克郡茶（Yorkshire Tea）、美国天堂味道（Celestial Seasonings）、美国哈尼父子（Harney & Sons）、澳大利亚迪尔玛（Dilmah）、美国毕格罗（Bigelow）、英国泰特莱（Tetley）。法国、意大利、英国的丝绸纺织和时装业非常发达，由于本土没有养蚕业，所以主要通过从中国进口生丝和绸缎等原料进行深加工，制成奢侈品时装和配饰后销售。知名丝绸时装和服饰品牌有：法国爱马仕（Hermes）、意大利古驰（Gucci）、法国香奈儿（Chanel）、意大利阿玛尼（Armani）、法国路易威登（Louis Vuitton）、意大利芬迪（Fendi）、意大利普拉达（Prada）、法国迪奥（Christian Dior）、意大利范思哲（Versace）、英国巴宝利（Burberry）。

不能说这些国际知名的陶瓷、茶叶和丝绸制品都比中国的产品好，只是在工业化上他们领先了一百多年，所以无论是生产、加工、物流、营销等都已经是成熟的现代化运营模式。而中国的工业化事实上从 20 世纪 80 年代的改革开放才正式开始。

二战后东亚各国的消费者对欧美品牌崇拜得五体投地，就连日韩的女孩子们做医美整型都是照着西方人的长相做，把自己整成瘦脸、高鼻、大眼、白肤，然后染黄头发，戴美瞳。其实，东亚各国对西方生活方式的盲目追捧也很可笑，比如印度、新加坡的上流阶层也仿效宗主国英国的下午茶习俗，殊不知，西欧的天气阴冷潮湿，因此人们热量消耗大，所以下午四点要吃点三明治、司康、蛋糕、黄油、奶油和果酱等高热量的食物。而热带地区的人们根本没有这个需要，但印度、新加坡高端酒店的下午茶一直非常受欢迎，每天等待品尝下午茶的游客经常要在大堂酒吧外面排起长龙。其实，本质上不是英式下午茶好喝，是领先中国一百年完成现代化的欧美占据了文化和生活方式的制高点，谁占据了文化和生活方式的制高点，谁就拥有了品牌的话语权。品牌源于人类社会中精英阶层的背书，只有当一个国家的科技和国力领先全球之后，它才能在生活方式和品牌的话语权上占领制高点，也只有到那个时候，它的品牌才会被各国消费者认可，成为全球品牌。至今中国的中餐、中药、中医等许多农业文明时代留下来的文化财富依然没有被工业化重塑，诸多非物质文化遗产依然无法被定性定量地分析和研究，只能依赖于师徒制人对人的传承。但工业化恰恰就是一个"去人化"的过程，应用新的能源和技术手段提高生产工艺和效率。

所以，中国经济蕴含着巨大的提升空间和待开发的文化宝藏。更进一步说，中华民族的品牌在未来的五十年将迎来巨大的爆发机会。中国酒店业品牌香格里拉、瑰丽已经遍布全世界主要门户城市了，比亚迪的新能源汽车、华为、小米的电子消费品也被国内外消费者所喜爱。随着中国工业化的完成，目前在经济体量上也仅次于美国位居世界第二，中华文化和生活方式正在重新登上世界之巅，相信下一个十年陆续会有更多的中国本土品牌走向世界。

五、品牌资产的估值
Valuation of the Brand Equity

    品牌资产（brand equity）是 20 世纪 80 年代出现的概念，当时美国出现越来越多的企业并购业务，对于如何在交易过程中客观评估品牌的价值就成了一个新命题。把品牌定性为资产这件事具有里程碑式的意义，开启了对于品牌资产定性、定量研究的先河。随着品牌资产这个概念的出现，也提升了品牌在企业管理中的地位。因为此前品牌仅仅被当作广告营销的工具，并没有作为资产概念的考量。截至目前，最接近于品牌资产的概念是商誉（goodwill）——一个只有在发生公司并购、交易时才会出现的会计概念和数字，用于表达该公司价值除实物资产、社会平均价值以外的溢价部分。由于工业时代对品牌的定义还比较模糊，始终把品牌放在营销功能之内，所以一直以来对于品牌资产如何估值，如何管理也是众说纷纭，没有达成共识。品牌估值从 20 世纪 80 年代末出现至今已经发展了 30 多年。它让企业管理者意识到品牌是公司的核心资产，但是如何将这个核心资产保值、增值却有不同的说法、不同的做法，至今并没有达成共识。全球多家品牌咨询公司和市场营销公司发布的品牌价值排行榜都会在媒体行业掀起波澜，但其客观性、专业性、公允性依然存疑。下图为全球知名的品牌咨询公司 INTERBRAND 评出的 2023 年度全球品牌前 100 排行。

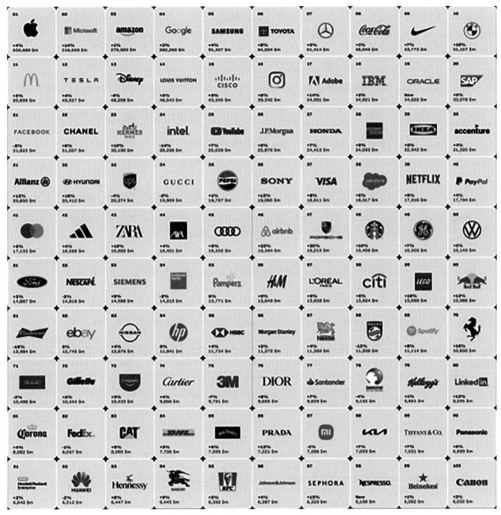

Interbrand 咨询公司评出的 2023 年度全球品牌前 100 名

市场上的品牌咨询公司每年都会评选出全球的品牌排行，这个排行对于各公司的股价会产生巨大的影响。

品牌估值是专业品牌资产管理的重要工具，因为无法度量就无法有效管理。品牌估值隐含的前提假设是：品牌是企业自身完全能够操控和把握的事。可事实是，品牌估值本质上是对企业的产品战略和传播战略实施后的市场效果评估，这种效果会存在一定的滞后性，也会因市场大环境的波动而波动，甚至会因为企业灵魂人物发生变故而遭受重大影响。所以，品牌价值并不是完全能由企业自己掌控的事情。另外，目前市场上使用的不同估值方法之间缺乏透明度，品牌咨询公司主观设定的一些关键假设会直接导致不同的估值结果，所以我们经常看到不同品牌咨询公司对同一品牌的估值并不一样，有时差异还很大。目前市场上使用的品牌估值方法论基本上遵循以下四个维度：品牌知名度、目标客户规模、目标客户复购率、粉丝的狂热程度（潜在客户的向往程度）。但是，这个品牌估值的方法论存在三个绕不开的问题：

　　其一，估值方法涵盖对市场占有率、品牌加盟合同金额的统计、客户规模和复购率、增长率的计算，这些内容和对企业估值如出一辙，当然大部分品牌咨询公司都会声称，将在最后减掉企业物理资产的价值。但是，对品牌估值和对企业估值的区别和边界在哪里？对于那些因故暂停经营的企业，它的品牌就没有价值了吗？

　　其二，基于我们在前面章节的论述，品牌战略实际上包含产品战略和传播战略两个部分，但目前品牌理论界大多都忽视了产品的部分，主要关注的是传播——也就是价值告知部分。由于缺失了价值创造这块基石，据此得出的估值结论就显得很薄弱，不得不设定许多主观假设的系数，缺乏客观性、公允性。

　　其三，企业灵魂人物对于产品的打造、对于价值主张的传播都起着主导作用，但目前的估值方法对于企业灵魂人物这个关键变量完全无视。

　　我们依然相信品牌估值是一门科学，尽管存在着种种复杂性和矛盾，还是应该将品牌估值开发成一个科学的管理工具。品牌的价值就是企业及其产品和服务在功能属性、社会属性、信仰属性三个维度上和消费者产生共鸣之后的变现能力，从财务角度上讲就是对一个品牌带来流量、复购和溢价能力的计算。可是，如果脱离了具体产品和服务讨论品牌变现能力显然就成了一种主观臆测，从这个意义上讲，其实这种主观而模糊的估值其实已经通过这个企业在股市市值的涨跌呈现出来了。排除任何人为操纵的因素和市场噪声，应该说股价就是消费者、投资者对于一个公司、品牌价值比较客观的评估。显而易见，对于非上市企业，这个路径就不存在了。如何对一家非上市企业的品牌进行评估呢？目前的做法是：先对某一个品牌的产品（服务）未来若干年产生现金流能力进行评估，然后减去物理性的资产价值后得出的。结合上文我们指出的目前品牌估值方法的不足，以下我们试图给出一个更客观、准确的估值公式，我们试图将品牌的三个核心要素——"灵魂人物、工匠精神、品牌个性"——进行量化，通过一个公式表达出来：

1. 灵魂人物指数
Key Person Index, KPI

正如前文我们阐述过的，一家公司的灵魂人物对于这家公司的品牌起着至关重要的作用。为了客观、量化地评价所谓"灵魂人物"，我们建议每个公司都应该在自己的官网添加上一个调查链接，邀请本品牌的消费者和粉丝在线回答一个《KPI 灵魂人物指数》的小调查，根据最终生成的结果来确定本公司掌舵者的灵魂人物指数。问卷具体内容如下：

（1）公司的掌舵者是否为公司提出了明确的价值主张？

（2）你对于此价值主张的支持和喜爱程度是多少？

（3）公司的掌舵者是否很好地实践了公司的价值主张？

（4）公司的产品创新、迭代能力如何？

（5）你对于这位掌舵者的喜爱和拥护程度如何？

在线问卷每个问题按1~20给分，最后用五个问题的分数之和除以100，得出灵魂人物指数。有一点要特别注意：用户规模也是衡量一个品牌价值的重要维度，这个在线调查要设置一个最低有效参与人数，可以按照此品类商品在全球用户规模总量的5%来设定，在算法中设定低于此数量的参与人数无法生成结果。

2. 品牌均价指数
Average Brand Price Index, ABPI

• 品牌均价指数ABPI＝本品牌平均成交价格／整体竞品市场平均成交价格

• 本品牌平均成交价格＝年度销售总额／年度销售总量

• 整体竞品市场平均成交价格＝（本品牌年度销售总额＋竞品年度销售总额）/（本品牌销售总量＋竞品销售总量）

• 竞品定义：消费者在购买时可能会发生二选一抉择的产品。必须是同品类的品牌，如家用电器、珠宝配饰、餐饮、酒店、汽车、腕表、手机、电脑。

基于以上两项指数，最终得出品牌价值指数公式。

3. 品牌价值指数
Brand Value Index, BVI

• 品牌价值指数BVI＝ABPI品牌均价指数×KPI品牌灵魂人物指数

从这个公式里可以看出，品牌估值本质上是对某个品牌的产品（服务）创造复购和溢价能力的评估。这里有几个关键变量需要谨慎确认：一个是如何确定你的竞品？比如说像苹果公司的产品，由于其创新性，早年并没有真正意义上的竞品。另外，电动车特斯拉本质上是有四个轮子的智能终端硬件，马斯克在计划将其植入人工智能，变成具有自动驾驶和许多新功能的崭新物种，那么你将特斯拉和保时捷、法拉利这样的燃油车放在一个竞品群里是否合适？也许在本书出版的时候特斯拉对于消费者的主要功能依然是车，但未来特斯拉公司实现了自动驾驶，那它对于消费者来说就是一个可移动的生活、工作空间，会叠加上更多传统燃油车无法具备的功能，到那个时候，特斯拉和燃油车就不应该是竞品关系了。就好像现在没有人还会认为苹果和华为的智能手表和百达翡丽、爱彼这样的机械腕表存在竞争关系。最后需要指出一点：笔者并不认为这就是一个完美的品牌估值公式，在这里只是希望启发大家从更高维度、更全面的视角来评估品牌价值。

拈花时刻
A Moment of Inspiration

◎ 品牌战略是产品战略和传播传略共同构建而成，其实品牌战略和公司战略是一体两面的事物。

◎ 对于一家企业、对于一个品牌，没有任何因素可以大过一个灵魂人物的作用。

◎ 企业的个性、特色和价值主张越是强烈、越是独特、越是能从它的竞争群中脱颖而出，它在消费者认知中的留痕就越深刻、越清晰，也就越可能形成强势品牌。

◎ 从所有伟大的成功企业走过的历程来看，打造品牌和占领客户心智没有捷径，必须先打造出一款伟大的产品或伟大的服务，必须用长期主义的价值观去选择做难而正确的事，品牌资产是随之而来的副产品。

◎ 从宏观视角来审视所有品牌——本质上只有两种定位：一种是价值驱动，一种是效率驱动。可以说，两种品牌取向的企业都很伟大，但是价值驱动的企业才是真正引领人类文明前行的发展引擎。

◎ 因为品牌是帮助消费者迅速作出购买决策的信用解码工具，如果解码出来的信息错综复杂、相互矛盾，消费者就不得不启动理性脑来思考和辨别，但当消费者启动理性脑的那一刻，你的品牌就失败了。

◎ 每个品牌都要弄清楚：你为目标消费人群在什么场景下、以什么样的价格、交付了什么样的价值？这就是定位。

◎ 从商业模式上讲，做不到效率最大化的中、低端产品（服务）无法生存；卖不出高溢价的奢华品牌也同样不可持续。这就是决定品牌生死的魔咒。

◎ 品牌的价值主张和企业掌舵者的格局、灵魂高度相关，离开了灵魂人物，品牌的价值主张就会越来越弱化、模糊、慢慢走入歧途。一般来说，品牌资产的价值含量在失去灵魂人物之后只能再延续十年、二十年左右，然后就会丧失殆尽，被市场遗忘。

◎ 驱动这些企业家和他们品牌成功的更底层驱动力是人类科技进步带来的经济周期迭代，以及全球地缘政治格局的演变、国家实力的此消彼长。

◎ 品牌的价值就是企业及其产品和服务在功能属性、社会属性、信仰属性三个维度上和消费者产生共鸣之后的变现能力，从财务角度上讲就是对一个品牌带来流量、复购和溢价能力的计算。

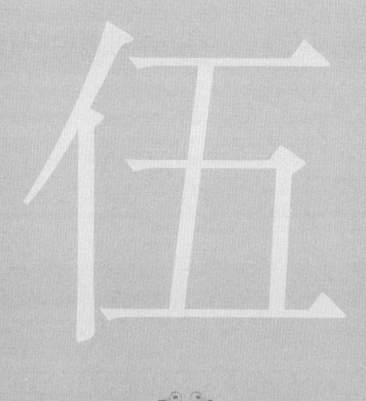

Chapter 5

The Endgame of Brands and the Future of Civilization

品牌的终局与文明的未来

一、品牌淡出，人格 IP 崛起

The Brand Fades Out, and the Influencer Rises

　　在未来万物互联和数据智能时代，一切的信息传递、信用解码的行为都将变得非常高效和丝滑，交易成本将趋近于零。价值承载物和信用符号将彻底合二为一，一切都将回归到人本身。价值创造者自身将成为直接和用户互动的人格 IP。工业时代有限的中心化渠道资源导致传播成本很昂贵，品牌传播必须提炼出两三个核心要素，一个几秒钟的广告能够传达的内容和信息非常有限。电商时代的网红主播则可以传达很多复杂的信息，由于人格化的特点，他们可以和粉丝、消费者进行持续互动。这里既有生理层面的因素比如主播的颜值、外貌，也有心理层面的因素，比如情绪互动，当然也会有精神层面的文化共鸣。这种现象也就暗合了我们前文阐述过的产品和品牌的三一律原则，在对商品功能信息的解码之外，还叠加了情绪和意义解码，形成人与人之间的深度链接、共鸣的关系，这是人格 IP 的崭新优势。其实，从某种意义上说，过去许多品牌的创始人和企业家就是我们现在所说的"人格 IP"，比如可可·香奈儿、范思哲、拉格菲尔德、乔布斯、马斯克。他们既是价值的创造者，也是价值观的输出者，同时具有鲜明的人格特征。可以说，他们创办的企业、打造的产品、提供的服务无不是他们自身能量场的外化而已，或者说是他们主体的价值主张在客体世界的投射。

　　可可·香奈儿是一个颇具个性的创始人，她的人生信条是：想要无可替代，就要与众不同。晚年的香奈儿从瑞士隐居 10 年后回到巴黎，她的第一场复出秀以惨淡收尾，但是，香奈儿有着不可动摇的信念，她知道，如果盲目跟风，即使获得一时的胜利，也会被迅速遗忘。要想让人们对香奈儿过目不忘，就要保持一种风格，延续独有的特点。香奈儿下定决心不改变原有的风格。趁着美国几大杂志正面报道的热度，香奈儿马不停蹄地召开了回归后的第二次新品发布会。她依旧推出了她钟情的颜色和面料：黑、白、米、蓝；天鹅绒、粗花呢……在样式上较之前有了创新，在剪裁和缝制上也更加精致。虽然理念和风格要始终如一，但设计和样式不能一成不变。那时，好莱坞的众多女星成为香奈儿的追随者，美国媒体对她好评不断，法国与英国的舆论导向也开始称赞香奈儿，仿佛从未对她进行过无情的批判。《生活》杂志写道："她已经引领一切，71 岁的香奈儿创造的不仅是一种时尚，更是一种革命。"《时尚》（VOGUE）杂志写道："她始终特立独行……她依旧属于这个时代。"可可·香奈儿推崇的不是时尚，而是一种专属的风格，一种坚持自我的个性，一种自我解放、追求独立、崇尚自由的精神。她相信：女人要想迷人，首先要成为一个谜。

在工业时代，这些品牌创始人的独特个性和价值主张只能通过企业文化、产品、媒体、广告来传播。而在如今万物互联时代，独特的个性和价值主张的传播成本大大降低，比如埃隆·马斯克每天的言行几乎完全暴露在全球几十亿互联网用户的目光之下。在美国艰难度过其历史上最困难的时期之际，特斯拉和 SpaceX 是民族自豪感的巨大源泉，证明美国人仍然可以做伟大的事情，也证明美国没有失去自己在世界上的影响力。纵观人类历史，你会发现，没有哪个事业会必然胜出，也没有哪个英雄注定是天命所归。历史教给我们的不是什么必然性，而恰恰是可能性。当遭遇多次失败的重型猎鹰火箭终于发射成功。马斯克把一辆红色特斯拉跑车送上了太空轨道，跑车的仪表盘上写着 "Don't Panic（不要惊慌）"。我们知道，猎鹰火箭也知道，一艘

回收船 "Of Course I Still Love You" ——在地球的蓝色海洋上漂浮着，等待着它的回归。可以说马斯克伟大的梦想——"星际移民，登陆火星"为他的特斯拉汽车在全球消费者的心智中奠定了一个非同寻常的信仰制高点。这要比多少个亿的广告、营销投入都更有效。

工业时代的广告界一直流传着一个著名的"梗"：企业老板最头疼的事是，"我知道有一半的广告支出是浪费掉的，但不知道是哪一半？"随着线上购物在人们生活中的普及，被电商平台催生的带货主播也作为一种商业 IP 开始崛起，并成为现象级的趋势，比如中国的李子柒、李佳琦、董宇辉。带货主播们有各自鲜明的性格特征，他们会聚拢起一大批粉丝人群，他们则用自己的影响力来销售商品。随着直播带货越来越普遍，这些网红也成为供给方和需求方的交互界面。除了卖货以外，网红商业 IP 还通过互动获得了对市场需求的感知，他们各自的团队本身也具备了一些策划、设计、筛选的能力，甚至反向整合供应链的能力。直播电商模式的爆发式的增长，根本原因在于其对需求方的引导和整合，为厂商提供了明确的产品需求。将用户代理人和厂家产品经理两个角色融为一体，成为商业世界新的关键节点和枢纽。从某种意义上说网红 IP 自身就是一种信用符号，他们正在逐渐代替工业时代的品牌成为崭新的信用标签和解码器。借助电商平台、社交平台、强大的供应链等基础设施的三级支撑，人格 IP 形成了代表未来的一种新型的商业模式。网红 IP 们会聚拢起一大批喜爱和信任自己的粉丝，因此具有强大的社会影响力，可以影响并且引领"粉丝"的消费行为，形成新消费趋势。他们以互动社交的方式维护自己的粉丝群，建立起极强的用户黏性。虽然工业时代的政要名人、影视明星也是某种意义上的信用符号，但他们不会专职服务于某个商家，通常是企业支付给他们高昂的代言费，请他们作为产品或品牌的形象代言人，比如退休后的苏联前领导人戈尔巴乔夫就受雇成为路易威登的代言人，拍摄了一系列经典的广告。而电商催生的人格 IP 则完全不同，它是由网络主播与"粉丝"共同创造的，消费者不需要被说服，因为他们早已认同了这个主播，将其视为自己的一部分，不再会对商品在功能上、价格上去思考、去权衡，他们相信自己喜欢的主播作为他们的代理人，会反向整合供应链、筛选、推送给他们最优的价格、最好品质的商品。这就是工业时代的品牌和电商时代人格 IP 的本质区别。

从人类的商业文明历程来看，农业时代是零和游戏的时代，谁掌握了原料和货源谁就是王者；工业时代是竞争的时代，谁物美价廉谁是王者；后工业时代是服务的时代，谁能提供一揽子解决方案谁就是王者；智能化时代是创意与体验的时代，谁能给客户带来难忘的体验谁就是王者。从这种层层跃迁的路径，我们可以看出自己所处的位置。企业要避免自己的产品和服务被降维成追求性价比的初级产品，一定要向上跃迁、实现"体验化"，占领价值制高点。在体验经济时代，产品即服务、服务即体验、体验即信任、信任即客人满意和复购。在移动互联时代生产与消费，工作与生活也开始融合。一个全新的连接供给侧和需求侧的互动经济体系就此建立。体验经济时代的工作则是更多地展示真实的自己，因为只有真实地做自己喜欢的事也才能为顾客创造更好的体验。大型互联网生活方式平台将被用来连接服务业的供给方与需求方，酒店、餐饮行业将会不断涌现出网红 IP 厨师、网红 IP 调酒师、网红 IP 咖啡师、网红 IP 甜点师、网红 IP 清洁收纳员，等等。工业时代在基层工作岗位上默默无闻的员工，未来他们的努力将和艺术家一样可以被看到，可以获得即时正向反馈，所有创造价值的人都能够获得存在感和意义感。这样的回馈体系将重塑人类的服务业，也将催生出一大批新时代的独具匠心的服务业明星 IP。人们只有以自己喜欢的方式生活，才是面对世界的最佳状态。我们可以看到，品牌这一商业演进过程中出现的信用标签将变得越来越可有可无，取而代之的是鲜明的人格和完整的生活方式，供方与需方的角色也会越来越模糊和重合。形成价值的创意可以来自任何一方，每个人都可以参与创造，也可以和他人组成团队一起创造，可以自己发布需求或和他人一起发布需求。品牌不是从来就有的，也不会永远存在，它只是价值告之、信用解码的工具而已。它随着人类商业文明的演进而出现、而消亡，但价值创造将会一直进行下去。整个商业文明的供给侧和需求侧都会被智能化技术的逻辑重新塑造，新的万亿增量市场也会起步于此。

二、商业的未来：从碎片化的商品、服务到完整的美好生活方式

The Future of Commerce: From Goods and Services to a Complete Lifestyle

露华浓的创始人查尔斯·雷弗森（Charles Revson）曾经说："在工厂里，我们生产的是化妆品；在零售店里，我们卖的是一瓶一瓶的希望。"商家一直都知道：利用更高级的生活方式来向人们销售产品很有效，因为人们总是渴望过上比自己高一层级的人们的生活方式。人们头脑中高级的生活方式是什么？也许是拥有一幢带有草坪的大房子，周末可以在自家草坪上开烧烤聚会；也许是住进纽约上东区的高级公寓，生活工作在精英人群聚集的街区；也许是为了假期去远足、探险而添置的一堆露营用具；也许是为了一年两三次的马术课而置办的昂贵马术用具、服装。20世纪美国七八十年代的年轻男性，为了追求狂野彪悍的男子汉形象而追捧标榜牛仔气质的万宝路香烟，而万宝路香烟原本是一个不成功的小众、女士香烟品牌，后来被重新定位后才一炮而红。当美国城市中产们厌倦了两点一线的枯燥生活，汽车厂家推出了彪悍的越野车和哈利戴维森摩托就成了一大批人的拥趸。人们总是试图摆脱现实生活不尽如人意的羁绊，成为想象中另一个平行世界中更好的自我，这也直接促成了好莱坞电影产业的繁荣，007系列、侏罗纪公园系列、漫威英雄系列等电影作品也都成了全球消费者耳熟能详的文化IP。那么商家一直在卖的是什么？其实是美好生

活方式。对美好生活方式的向往，是人类文明进步的动力。从商业史上来看，当一个品类中的顶级品牌拥有了无可撼动的市场地位之后，为了扩大业务规模，只能选择横向拓展，进军更多的品类。事实上也就是在向完整的生活方式解决方案过渡。

让我们看看顶级奢侈品牌爱马仕从单一品类逐渐演化到奢华生活方式提供者的历程。

1837 年，创始人蒂埃利·杜马斯创立了人生中的第一家商铺，给马车供应马蹄铁。很快，他就成了当时欧洲贵族们最喜爱的供货商。商铺经营到第二代时业务扩张到兼营马鞍和骑马专用的行李袋；传到第三代时，爱马仕就已经成为一家销售以精致手工工艺为特色的奢侈皮具商了。之后爱马仕家族发现了那些在工业化大潮中逐渐式微、即将消亡的传统手工艺品的价值，以及丝绸制品所具备的市场潜质，爱马仕品牌将产品线扩大到服装配饰、皮靴、餐具领域。与此同时，爱马仕品牌开设了自己的手工作坊，接手制造环节，最终开创出爱马仕独特的品牌文化：尊贵、优雅。爱马仕的精英客户都有极高的知名度，但他们为人低调、内敛，从容优雅。老一代的显要客户中有英国女王、戴安娜王妃、摩纳哥王妃格蕾丝·凯利和杰奎琳·肯尼迪。新一代的显要客户中，凯特王妃称得上是忠实的追随者，她承袭了婆婆戴安娜王妃佩戴爱马仕围巾的传统，她和多才多艺的法国前第一夫人卡拉·布吕尼一样非常受民众欢迎。爱马仕从不会利用自己的显贵客户们做广告，而是留待大众和媒体自己去发现，因此那些内敛低调的大客户们也会一直选择爱马仕。当第六代掌门人让 – 路易的儿子皮埃尔 - 亚历克西斯·杜马斯被任命为爱马仕的艺术总监之后，不同的产品线中的创意开始越来越丰富，将创新和想象力结合在一起。于 2010 年推出了首个高级珠宝系列，2011 年又首次推出了家居面料和壁纸。之后，爱马仕开始提供独特的定制产品，比如 2015 年的爱马仕苹果腕表（Apple Watch Hermès），见证了传统奢侈品与消费电子产品苹果公司的大胆破圈合作。近年，爱马仕又进入了公司的第十六个品类"美妆"，推出了爱马仕口红系列。

第三代爱马仕掌门人埃米尔·莫里斯·爱马仕的办公室是一个小型博物馆，偶尔开放给 VIP 客户和爱马仕创意团队参观。经过几代人的努力，它已基本被填满。目前正在扩建，未来还将增加图纸、绘画、工具、书籍和旅行纪念品。"在这里你可以找到公司的灵魂"，爱马仕公司的遗产保护团队成员斯蒂芬·拉韦里埃说。在带有杏仁绿色天鹅绒窗帘的橡木镶板办公室中，由橱柜制造商和银匠马丁－纪尧姆双年展为拿破仑的大臣让·康巴塞雷斯制作的铜镶胡桃木行李箱立在拿破仑三世的儿子欧仁小王子的摇摇马旁边，还有 18 世纪的摩洛哥马鞍。一个玻璃柜里展示了一把带有瓷柄的猎刀和一把绿鞘的长剑——索菲亚·科波拉（Sofia Coppola）为拍摄电影《玛丽·安托瓦内特》借用过的精美物品。也许最令人惊讶的是看起来像金属蛇的拉链。"在一次去美国出差时，埃米尔带回了一个拉链，他很快就把它们用在皮革制品和衣服上，温莎公爵是第一个穿爱马仕拉链夹克的人"，博物馆的员工介绍说。当年埃米尔·莫里斯·爱马仕在公司的传统产品之外率先推出了手袋、行李箱、旅行及运动用品和汽车内饰配件，再后来推出了丝巾、皮带、手套和珠宝、瓷器。今天，爱马仕的设计师经常参观埃米尔的办公室博物馆以寻找灵感。最近，一把覆盖着野鸡羽毛的古董阳伞被改成了魔术伞围巾，而一个马蹄铁墨水瓶则是一枚半人马戒指的材料来源。1837 年以来，爱马仕一代又一代掌门人遵循的双主线—— 一方面是在工作室里一丝不苟的工匠精神，另一方面是对市场和客户生活方式的洞察。在永恒的自由和创新精神推动下，爱马仕的掌舵者始终对社会进步和市场变化保持着高度敏感和关注。

随着底层技术的进步和迭代，人们的工作方式、生活方式都会自下而上、一层一层地被重塑。因此，没有什么是永恒不变的，任何一种产品或服务都有它的生命周期。通常技术驱动型的产品迭代周期会更快，因为它距离技术底层更为接近，硅谷提出来的摩尔定律揭示的就是这种现象。而文化、娱乐这些生活方式和精神消费总是会相对滞后一些才会发生变化，因为它们距离技术底层比较远，被影响和重塑的时间会也相对滞后。人类经济活动中创造价值的路径有其自然演进的趋势：从最开始生产原料和初级产品，到生产附加值更高、品类更细分的商品；再到提供更全面的解决方案——服务，最后到提供美好的体验。体验经济就是商家以消费者为中心，以服务场所为舞台、以商品为道具、以交付过程为表演、创造能够使消费者参与、值得回忆的体验。人们越来越从基本的生理需求中解脱出来，寻找更高层次的心理和精神的体验。在未来，任何一个企业都会变成体验型企业。因为消费者真正需要的是全方位的解决方案，是美好的体验，而不是一件孤立的商品和碎片化的服务。客户与商家将越来越深度地互动和交融，这不是人为的创新，而是技术进步使然，也是底层技术迭代对于人类商业范式和生活方式的重塑。

一般来说，社会上层和金字塔尖的精英人群的生活方式就被普罗大众默认为是美好的生活方式，所以英国王室、演艺明星们用了什么，穿了什么，住什么样的房子，有什么样的花园，去哪里度假，光顾哪个餐馆、酒吧，很快就会成为爆款商品被广大民众追捧和仿效。2018 年，美国耶鲁人类学博士温妮斯蒂·马丁出版了一本书《Primates of Park Avenue》，它的中译版被译作《我是个妈妈，我需要铂金包》。作为人类学家的温妮斯蒂用不折不扣的人类学视角记录了自己和丈夫一起带着孩子搬到纽约曼哈顿上东区六年中的经历。作为世界经济中心的中心，纽约上东区有一整套严格的生存规则：从物色公寓、购买学区房、给孩子申请私立校开始，一环接着一环，像打一场艰苦卓绝的"战争"。最令她震惊的是，只是有钱还不足以踏入上东区，买房还要经过严格的"购屋申请过程"，夫妇两人的家世背景、教育背景、学习成绩、资产证明都要被审核，最后还要经过住户委员会的面试——当时她正好处于在孕期休养期间，是半坐在床上接受的面试。这场"战争"持续了六年，为了融入这个社区，她还排除万难买到了作为身份标签的"爱马仕铂金包"。她在书里这样写道："我渐渐知道，凡是住在上东区的人，我们的欲望，我们的身份地位，要看某几样稀有物品，也就是那些'不可能得到的东西'。铂金包代表着很多意义。即使富裕如上东区，在这个物质过剩的世界，它代表着求而不可得的痛苦。铂金包的确代表着一个你想要的物品，然而它真正的本质是诚心盼望，无止境地等待，接着失望，求而不可得，包上的一针一线都是血泪。……纽约这座城市看重特权与成功的能指甚至到了执着的程度，铂金包是一个符号，代表着人上人的地位，特别是对女人来说，铂金包意味着最终极的身份地位。"

其实，无论是纽约、巴黎、伦敦、苏黎世、北京、上海、香港，这些国际大都会城市都有自己的"上东区"，那是精英圈层的专属社区。作者温妮斯蒂在书里愤怒地总结道："那些看不出我们的生活有多荒谬、多极端、多好笑、多疯狂的人，我不想与那种人为伍。"这种固化到荒唐的"高级生活方式"是资本家们刻意营造出来的消费主义陷阱，既不可持续，也会被趋于平等的社会潮流所摒弃。马克思在《共产党宣言》里描述社会更迭时说："一切固定的僵化的关系，以及与之相适应的被尊崇的观念和见解都被一扫而空了，一切新形成的关系等不及固定下来就过时了。一切等级的和固定的东西都烟消云散了，一切神圣的东西都被亵渎了。人类最终得以用冷静的眼光去面对他们的生活地位、他们与同类的社会关系。"① 那么，什么是可期盼的、可持续的和值得追求的美好生活方式呢？人类应该如何为营造自己未来呢？正如我们在本书第一个章节回顾过的，纵观有文字以来几

---

① 马克思，恩格斯.共产党宣言（纪念版）[M].北京：人民出版社，2018.

千年人类文明的历程，我们有充足的理由可以认为，美好的生活方式应该符合以下三个要求：

美好生活方式首先体现在人类对科学的认知和掌控程度：想想原始社会人类经历过的茹毛饮血的岁月，在漫长的农业时代没有电灯、自来水、抽水马桶和暖气、空调的时代，想想中世纪的欧洲人靠理发匠放血给病人治病，一个国王都可能因为一次感冒引发肺炎而轻易死去。如果连人类肉身的基本需求都无法保障，那显然不能被称为美好生活方式。随着科技的进步，人类对自然界、对自身的掌控能力也越来越强。衣食住行都被现代科技武装起来，生活越来越方便舒适。人类文明发展至今，一个不可逆转的大趋势是：社会架构中垂直的层级分布越来越扁平，人类正在越来越平等和自由。抛开繁文缛节的礼仪和威严感之外，今天一个普通北京市民的生活质量要远远好过明朝的皇帝，同样，罗马、巴黎、伦敦普通市民的生活质量也都好过中世纪的教皇和神圣罗马帝国的皇帝。

美好生活方式的第二个要素就是更多的闲暇、美感和艺术。艺术、美感这些无用之用原本是只有王室、贵族和巨富之家才能享受的。随着技术的进步，许多原本高高在上的稀缺品也越来越普惠和下沉，普罗大众也有更多的可能选择过上有艺术格调和审美的讲究生活；在未来，效率驱动的产品和服务最终都会移交给机器和人工智能，人类将集中在创意和情感驱动的领域发挥自己的价值。在智能化和万物互联的时代，信用追溯、合约管理、支付管理等行为都可以在智能化移动互联平台上完成，不创造价值的交易成本将趋近于零。那些有独特艺术天赋和创意能力的个体将从繁文缛节科层制、官僚组织的束缚中脱身出来，依托于互联网平台，自主、自由地在市场上释放自己的价值。人类将有更多的闲暇时间把生命花在自己热爱的事物上。OpenAI 的 CEO 萨姆·奥特曼（Sam Altman）发明了一个概念——"万物摩尔定律"，他说：因为通用人工智能将创造很多财富，因此也将颠覆财富分配规则，他将之命名为 UBI（Universal Basic Income）计划——全民基本收入计划，因为人工智能创造了大量的财富，要把这些财富回馈给所有人，每个成年人每个月都能无条件地收到一个月 13 500 美元，能够维持生活所需。在商品和服务的价格低到可以忽略不计的时候，13 500 美元已经是一笔巨资了。到那个时候，人类历史上第一次不再是为了生存而去工作，而是为了自己的兴趣而去工作。这听起来不正是马克思所描述的共产主义社会吗？

但科技进步是一把"双刃剑"，就像打开了潘多拉盒子。战争和大规模屠杀的工具也越来越发达。人类对彼此的杀戮，对大自然的过度开发和肆意污染也到了几乎毁灭自身的边缘。这就引出了美好生活方式的第三个核心要素：人类要学会与彼此、与大自然和谐共生。1959 年 BBC（英国广播公司）采访了 87 岁高龄的哲学家罗素。记者问道："假定这段录像将被我们的后人看到、如同死海古卷在一千年后被人看到，基于您一生的经历和感悟，您想对未来的人说些什么呢？"罗素回答道："我想要说两点，一个关乎智慧，一个关乎道德。关于智慧：不管你是在研究什么事物，还是在思考任何观点，只问你自己，事实是什么，以及这些事实所指向的真相是什么，而不是自己更愿意相信什么，或是让人们相信什么对社会更好，永远不要被那些想法左右。只是单单去审视什么才是事实。关于道德：爱是明智的，恨是愚蠢的。在这个日益紧密相连的世界，我们必须学会彼此容忍，我们必须学会接受这样一个事实：总会有人说出我们不想听的话。只有这样，我们才有可能共同生存。假如我们想要共存而非共亡，我们就必须学会这种善意与宽容。它们对于人类在这个星球上的存续至关重要。"我猜想罗素在说这些话的时候，脑海中一定闪现过英军官兵在索姆河战役中被德军机枪像割草机一样屠戮的景象，以及二战时日本广岛、长崎升起的蘑菇云。

人类的本质是社会动物，需要群体化生存和无障碍地沟通和链接，人们在心理上渴望看见和被看见。最幸福的体验是当人与人之间在身、心、灵三个维度上发生了同频共振。这也就是节日、赛事和庆典的样子——人们聚集在一起畅谈、歌唱、起舞、分享美食、美酒。记得当年汉城奥运会开幕式《手拉手》歌声前奏响起的瞬间，所有人都热血沸腾起来，无论你是在现场的还是在电视机前面。越是经济发达的国家，公民的节日、假日、休息日就越多。各种庆典、狂欢、体育赛事，本质上都是人类的社会属性使然。人类不用害怕技术进步，也无须迷信技术。只需保有一个乐观、向善的价值导向，那样的话无论做什么都不会迷失。其实，科技越是发达，人性就越是宝贵；工艺越是先进，手工就越会昂贵；内容越是丰富和强大，承载内容的优质物理空间就会变得稀缺。能被技术赋能的要素最终都会越来越便宜，而无法用技术赋能的资源——风、花、雪、月、温泉、溪流、瀑布、海滩、动物群落、森林植被就会成为稀缺的资源。人类应该像爱护自己一样爱护这些宝贵的自然资产。

有什么是价值创造的真北指标吗？从终极意义上讲，世界上最稀缺的资源是每个人的时间和生命，所以，消费者使用你产品或服务的时长，或重复使用你的产品、光顾你的服务的次数最能说明你是否走在价值创造的正确之路上。商业的终极较量是占据顾客时间能力的较量，这就是衡量价值创造能力的真北指标。商业从本质上讲就是"创造美好生活方式"，无论是投资者、经营者、生产者还是服务者，我们的使命就是：提供这样一个解决方案，让你的客户能够体验到美好，感受到幸福，身心都获得滋养，让他们成为更好的自己。

三、万物互联：重塑人类文明和宇宙的关系

The Internet of Everything: Reshape the Relation Between Human Civilization and the Universe

　　人类的技术进步最终体现在两个方面：能源使用方式和信息传递方式的进步。从燃烧木柴、煤块，到使用石油、天然气、电能，再到使用太阳能、风能、核能，这种能源利用方式的进步也让之前渺小无力的人类在大自然面前越来越强大、自信。从最原始的结绳记事，到在龟甲、兽骨、竹简上刻字，到狼烟、烽火报信、八百里驿站传书；从羊皮古卷到中国人发明的造纸术、从毕昇的活字印刷术到古登堡印刷术；从工业革命后的电报、电话，到现在的卫星、互联网、智能手机，信息传递效率已经到了在古人眼里是神话般的境界。文明就是人类协作共创美好生活方式的过程，人类协作共生的价值网络从几十个原始人的部落到氏族、村落、乡镇、城邦、国家，再到如今比特世界的微信、脸书、微博、推特、抖音等几十亿人的社交网络平台，以及淘宝、拼多多、亚马逊等电商平台千万级别的商家网络。人类协作的价值网络越来越宽广、深入，而且同时覆盖线上的比特世界和线下的物理世界。人与人的互动越来越方便、越来越高频，因此人的社会属性也得到了前所未有的赋能和彰显。正是因为信息传输的高效和便捷，使得人类协作中最大的瓶颈——信用不透明，被彻底改变了。每一个个体、每一个组织、每一个企业、每一件商品、每一种服务，它们的信用数据都成了非常透明的东西。这得益于推动开放和共享的万

物互联技术，在这个新技术底层上衍生出的人类协作机制促成了信任在更大的深度和广度范围内建立。对于个体信用的轻松追溯和识别，使得人类的大规模、深度协作也因而有了全新的可能性。人类文明的本质是协作共生，日益增强的协同能力正是人类文明进步的标志。智能商业除了将人类协作的效率大大提升，最重要的是它正在重塑信用系统，比如区块链、比特币的出现。信用系统的重塑将大大降低交易成本，提升人类协作共生的效率。

iPhone 的出现则为移动互联时代的到来提供了物理硬件的基础设施。乔布斯深知 21 世纪创造价值的最佳途径就是将人文与科技结合起来，他所做的是在消费者还没有意识到其需求的时候，就为其提供全新的设备和服务。从 iPod 时代的以电脑为中心，再到如今以手机为中心，未来将过渡到以云为中心。2008 年 7 月 11 日，苹果上线了应用商店（App Store）。应用商店可以说是乔布斯最具革命性的创意。它最大的创新在于它建立了一个虚拟空间的全球统一市场。这个虚拟线上市场把所有不产生价值的交易成本统统剔除了，降低了所有参与者的交易成本。你只需要上传你的产品，就有可能在全球市场走红——全球渠道已经完全打通，这个平台让这些线上产品的功能、价格、受欢迎程度一目了然。在苹果公司引领的智能手机世界里，全世界完成了移动互联网化，通过云（iCloud）对个人生活、工作的全方位覆盖。

未来的人类文明将是一个人机交互、融为一体的世界，移动互联网的蓬勃发展，使人类社会无数的信息得以被准确地捕捉和利用，大数据成为未来新的动力来源。我们的吃、喝、住、行、工作、游玩、购物与娱乐都会被数字化与智能化赋能，产品和服务也将越来越人性化。全世界都在努力开拓数字智能经济。随着在比特世界的连接不断深化，信息和人都已经在线化，而且程度越来越高，人和人、人和信息之间的互动越来越频繁，最后形成网络协同——去完成许多看起来不可能实现的事情：比如维基百科、中国的字幕组、抖音，而爱彼迎（AIR B&B）、优步、滴滴打车都是通过网络协同成为商业模式的典型。其实商业形成的原因就是人群的聚集，此前几千年的人类文明都是在物理空间的聚集，而此时已经演化成为在虚拟空间的聚集。当海量的人群已经可以同时在线互动的时候，就会产生如同海啸和台风一样的力量，用在线协作的方式去完成某一件事情，已经越来越成为主要的商业范式。

支撑起未来商业的最重要的新底层技术是网络协同与人工智能工具支撑的数据智能，它们构成未来商业的新引擎。[①] 未来的价值创造企业都会有一个和目标客户在线互动的界面，或者是让自己作为生活方式平台的一部分和客户互动。在更远的未来，任何一个产品、服务或内容提供商在未来都会是某个大型互联网生活方式平台的一部分，比如亚马逊、抖音、奈飞、脸书。生产制造厂商不必是传统的兼具行政、营销、人力资源、财务的独立的企业，而是成为附着在庞大的底层互联网基础设施平台之上的、服务闭环里的一个模块而已。智能商业意味着现有的工业时代的商业逻辑被彻底重构，产品和服务都实现了在线化、双向互动。使得企业和用户的关系成为一个不断循环往复的交互过程，企业端可以实时回应用户的询问和诉求，而用户的实时反馈则成为产品和服务快速迭代与更新的源泉。企业对客户需求的洞察从过去的基于"猜测"的预判转为基于直接"倾听"和"征询"，未来的企业甚至会允许用户参与研发和产品设计的环节，也只有到那个时刻，用户至上才会真正成为现实。

1995 年，乔布斯在接受一个访谈的时候对方问："你发明了 Mac 电脑，做出了这么多电脑，在你心目中什么是电脑的终极状态？"乔布斯说："我希望有一天，我们能够在计算机中捕捉到亚里士多德的

---

① 曾鸣.智能商业［M］.北京：中信出版集团，2018.

世界观，学生不仅能够阅读亚里士多德写的文字，并且还能够向他提出问题，并得到答案。"最近，OpenAI 公司推出的大语言模型的工具 ChatGPT 上线了，实现了乔布斯的愿望，你可以和 ChatGPT 对话，有问必答。它甚至可以按照你的要求，用任何一个先哲的理论与思想和你对话。AI 技术给人类带来的不仅是某一个行业迭代更新，而是新的工业革命，将重塑人类文明的一切。万物互联之上再叠加通用人工智能，人类文明将进入一个崭新的文明高度。网络协同和人工智能是未来驱动人类文明进步的双引擎，这两个技术范式将重塑人类

给岁月以文明

在无限的宇宙中，有无数个"世界"在产生和消灭，不过作为无限宇宙的本身，却是永恒存在的，生命不仅地球上有，在那些看不见的遥远行星上也可能存在。——霍金《时间简史》

现有的一切上层建筑：生产方式、社会组织、政治生态、生活方式乃至全新的人类价值观和普世原则。得益于信用透明，未来的交易成本将降低到几乎为零，商业文明将空前繁荣，多元化的美好生活体验将如雨后春笋被创造出来。既然交易成本降到最低，未来创造人类文明的重心，将主要围绕着价值创造展开。

1990 年，距离地球 60 亿千米处的旅行者 1 号卫星即将飞出太阳系，NASA 给它发布指令，让它回望一下地球。一张著名的名为《暗淡蓝点》的地球照片就是旅行者 1 号当时拍摄的，图中一个微小的亮点悬浮在漆黑的宇宙背景中，那就是地球。著名科普作家卡尔·萨根博士看到这张照片后非常有感触，他在一次讲演中指着这张照片说：

"我们成功地从外太空拍到这张照片，你细心再看会看见一个小点，就是这里，是我们的家，是我们。在这个小点上有每个你爱的人、每个你认识的人、每个你曾经听说过的人，以及每个曾经存在过的人，都是在那里过完的一生。这里集合了一切的欢喜与苦难，数千个自信的宗教、意识形态以及经济学说，每个猎人和搜寻者、每个英雄和懦夫、每个文明的创造者与毁灭者、每个国王与农夫、每对相恋中的年轻情侣、每个充满希望的孩子、每对父母、发明家和探险家，每个教授道德的老师、每个贪污的政客、每个超级巨星、每个至高无上的领袖、每个人类历史上的圣人与罪人，都住在这里，一粒悬浮在阳光下的微尘。地球是目前唯一有生命的星球，再无其他去处，至少在不久的将来亦是如此，没有外星球供人类迁移，只可参观，不能定居。不管你喜欢与否，现在，只有地球供我们立足。一直有人说天文学令人谦卑，同时也是一种塑造性格的学问。对我来说，希望没有比这张从远处拍摄的我们微小世界的照片更好的示范，去展示人类的自负和愚蠢。对我来说，这强调了我们应该更加亲切和富有同情心地去对待身边的每一个人，同时更加爱护和珍惜这个暗淡蓝点，这个我们目前所知唯一的家"。①

　　我们身处的世界是由能量和秩序所共同构建的。人类文明也是一种秩序，量子物理学家薛定谔说："生命和有机体本质上就是克服熵增，维持有序。"那么我们可以这样定义人类文明：通过有效地获取能量、使用能量做功，创造并维持更高效的秩序。并将这种秩序从人类自身、和我们所在的这个星球扩展到人类所能抵达的更广大的宇宙中去。当下的技术周期已经使我们从人—人互联到人—物互联、物—物互联，最终将进入万物互联。物联网的发展目标就是把全世界——包括所有的人和物都连成一个网络，"万物互联，实时互动"将成为未来人类文明的最根本的特征。自宇宙大爆炸的亿万年以来，一个碎片化的、各自孤立的物理世界，此刻都将接入这张由人类文明创造出的巨大网络之中。从此，万事万物都将不再是割裂开来的个体，而是一个彼此联接、彼此互动的巨大的"生命"网络，也就塑造了一个崭新的宏大秩序。也许，这就是人类文明出现的意义和宇宙奥秘的终极答案。

---

① "暗淡蓝点"拍摄 30 周年［EB/OL］. https://www.nasachina.cn/info/7854.html，NASA中文网站，2020-02-14.

拈花时刻
A Moment of Inspiration

◎ 从某种意义上说网红 IP 自身就是一种信用符号，他们正在逐渐代替工业时代的品牌成为崭新的信用标签和解码器。

◎ 商家一直在卖的是什么？其实是美好生活方式。对美好生活方式的向往，是人类文明进步的动力。

◎ 在未来，任何一个企业都变成体验型企业。因为消费者真正需要的是全方位的解决方案，是美好的体验，而不是一件孤立的商品和碎片化的服务。客户与商家将越来越深度地互动和交融。

◎ 美好生活方式首先体现在人类对科学的认知和掌控程度，美好生活方式的第二个要素就是更多的闲暇、美感和艺术，美好生活方式的第三个核心要素：人类要学会与彼此、与大自然和谐共生。

◎ 人类的本质是社会动物，需要群体化生存和无障碍地沟通和链接，人们在心理上渴望看见和被看见。最幸福的体验是当人与人之间在身、心、灵三个维度上发生了同频共振。

◎ 人类不用害怕技术进步，也无需迷信技术。只需保有一个乐观、向善的价值导向，那样的话无论做什么都不会迷失。

◎ 商业的终极较量是占据顾客时间能力的较量，这就是衡量价值创造能力的真北指标。

◎ 得益于信用透明，未来的交易成本将降低到几乎为零，商业文明将空前繁荣，多元化的美好生活体验将如雨后春笋被创造出来。既然交易成本降到最低，未来创造人类文明的重心，将主要围绕着价值创造展开。

◎ 我们可以这样定义人类文明：通过有效地获取能量、使用能量做功，创造并维持更高效的秩序。并将这种秩序从人类自身、和我们所在的这个星球扩展到人类所能抵达的更广大的宇宙中去。

附录　图片、版权和文献说明

（Appendix　About the Illustrations, Copyrights and References）

本书封面和案例中所采用的品牌和 Logo，是为了无差别地阐释品牌理论，同时向这些兼具功能价值、心理价值、精神价值的高势能品牌致敬，而不是为了利用这些品牌的光环销售图书获利。尽管如此，如果相关品牌仍认为合法权益受到了侵害，请及时与我们联系，我们会在后续印次中予以删除。

本书在理论阐释过程中，使用了很多品牌的案例，若处处标注来源，会影响阅读，书稿中只择其精要，部分列出。对于常见信息，如来自品牌官网中的数据，则没有标注来源，但在文末列出了各个品牌所有信息来源网站和书籍，读者应该很容易就能找到。如果某处信息读者在这些网站和书籍上没有找到，又特别感兴趣，欢迎向作者蒋海峰先生（allanjiang128@qq.com）索问来源。

本书中所有图片均来自公共图片网站，具有知识共享（CC0）协议。具体来源如下：

第 14 页　查尔斯王子和戴安娜王妃的婚礼场面

来源网址：https://unsplash.com/photos/a-bride-and-groom-riding-in-a-horse-drawn-carriage-lBiP-INLseg

第 44 页　欧洲某建筑物上的家族纹章

来源网址：https://www.pexels.com/zh-cn/photo/14283001/

第 47 页　哈布斯堡王朝全盛时期的家族纹章

来源网址：https://www.pexels.com/zh-cn/photo/18272535/

第 81 页　人脑的结构

来源网址：https://unsplash.com/photos/a-computer-generated-image-of-a-human-brain-8-zt2nE-vnk

第 97 页　梵蒂冈城圣彼得广场圣彼得大教堂

来源网址：https://unsplash.com/photos/brown-dome-building-during-daytime-photo-EfDPOkZFPLw

第 99 页　意大利罗马巴贝里尼宫

来源网址：https://unsplash.com/photos/gold-and-blue-floral-wall-art-TVsgRyKJDc0

第 124 页　站在人文与科学交叉点的苹果电子产品

来源网址：https://www.pexels.com/zh-cn/photo/i-pad-macbook-pro-4158/

第 131 页　星巴克的咖啡制作过程

来源网址：https://www.pexels.com/zh-cn/photo/11535481/

第 150 页　备受推崇的标志性法拉利 F40

来源网址：https://unsplash.com/photos/red-ferrari-458-italia-parked-near-building-ANY0Pyj5X8Y

第 159 页　美杜莎头像来源的雕塑

来源网址：https://unsplash.com/photos/a-black-and-white-photo-of-a-statue-BmNSc2GtEl0

第 181 页　瑞士圣加仑大教堂

来源网址：https://unsplash.com/photos/pews-inside-church-cEO2JljCF8M

第 195 页　SpaceX 火箭发射的场面

来源网址：https://unsplash.com/photos/rocket-ship-launchingduring-daytime-Ptd-iTdrCJM

第 229 页　Interbrand 咨询公司评出的 2023 年度全球品牌前 100 名

来源网址：https://interbrand.com/newsroom/brand-growth-slows-finds-interbrands-best-global-brands-report-2023/

第 255 页　给岁月以文明

来源网址：https://www.piqsels.com/en/public-domain-photo-jfqwp

参考文献

（References）

T. S. 阿什顿. 工业革命（1760—1830）［M］. 李冠杰，译. 上海：上海人民出版社，2020.

阿什利·万斯. 硅谷钢铁侠——埃隆·马斯克的冒险人生［M］. 周恒星，译. 北京：中信出版集团，2016.

巴里·埃森格林. 资本全球化：一部国际货币体系史（原书第3版）［M］. 麻勇爱，译. 北京：机械工业出版社，2020.

大卫·W. 霍尔，马修·D·中国伯顿. 加尔文与商业［M］. 石松，译. 成都：四川人民出版社，2015.

德斯蒙德·莫利斯. 裸猿：裸猿三部曲之一［M］. 何道宽，译. 上海：上海译文出版社，2021.

杜兰特. 世界文明史［M］. 台湾幼狮文化，译. 北京：东方出版社，2010.

弗兰克·特伦特曼. 商品帝国：一部消费主义全球史［M］. 马灿林，桂强，译. 北京：九州出版社，2022.

黄洪波，徐丽. 商业简史：从大航海到物联网时代［M］. 成都：西南财经大学出版社，2020.

劳伦斯·贝尔格林. 丝绸、瓷器与人间天堂，黄金、香料与殖民地［M］. 周侠，李文远，译. 北京：新世界出版社，2022.

龙多·卡梅伦（Cameron, R.），拉里·尼尔（Neal, L.）. 世界经济简史——从旧石器时代到20世纪末［M］. 潘宁，译. 上海：上海译文出版社，2018.

马蒂·斯克拉. 造梦者：迪士尼如何点亮神奇的创意［M］. 冷迪，译. 杭州：浙江人民出版社，2016.

尼克·巴蒂亚. 货币金字塔：从黄金、美元到比特币和央行数字货币［M］.

孟庆江，译．北京：社会科学文献出版社，2021.

斯蒂芬·布劳德伯利，凯文·H·奥罗克．剑桥欧洲经济史［M］．北京：中国人民大学出版社，2021.

亚当·蓝辛斯基．苹果内幕［M］．许恬宁，译．台湾：台湾大块文化出版社，2012.

一苒，孟路．火星人马斯克的地球创业游戏［M］．北京：电子工业出版社，2020.

伊萨多·夏普．四季酒店 云端筑梦——世界顶级豪华酒店集团创立者亲述传奇［M］．赵何娟，译．海口：南海出版公司，2011.

关于香奈儿

贾斯迪妮·皮卡蒂．可可·香奈儿的传奇一生（修订版）［M］．郭昌京等，译．南京：广西科学技术出版社，2011.

保罗·莫朗．香奈儿的态度［M］．段慧敏，译．南京：南京大学出版社，2014.

紫惠．香奈儿：硬气是我的底色［M］．北京：台海出版社．

https://www.thezoereport.com/

https://www.lovehappensmag.com/

https://www.chanel.com/us/about-chanel/the-history/

关于伯爵

胡雨馨．奢侈的诱惑——遇见顶级珠宝和腕表品牌的梦幻世界［M］．北京：社会科学文献出版社，2017.

https://www.piaget.cn/

关于百达翡丽

https://revolutionwatch.com/leading-legacy-thierry-stern-shaping-future-patek-philippe/

https://deployant.com/history-at-a-glance-the-story-of-patek-philippe/

https://www.watchcollectinglifestyle.com/home/history-of-patek-philippe

关于宝格丽

https://www.bulgarihotels.com/en_US/meta/About-Bvlgari

https://lavocedinewyork.com/en/arts/

https://www.sothebys.com/en/articles/the-history-of-bulgaris-iconic-serpenti-collection

https://www.company-histories.com/Bulgari-SpA-Company-History.html

关于保时捷

https://www.biography.com/business-leaders/ferdinand-porsche

https://newsroom.porsche.com/en/history.html

https://jbrcapital.com/porsche-finance/porsche-history/

https://www.supercars.net/blog/porsche-history/

https://www.stuttcars.com/ferry-porsche/

关于梵克雅宝

https://www.vancleefarpels.com/

https://theadventurine.com/

关于宝格丽

https://www.sothebys.com/en/articles/the-history-of-bulgaris-iconic-serpenti-collection

https://www.company-histories.com/Bulgari-SpA-Company-History.html

关于爱彼

https://www.audemarspiguet.com/com/zh-hans/home.html

https://bespokeunit.com/watches/audemars-piguet/

https://www.watchtime.com/featured/concept-caliber/2/

关于蒂芙尼

https://press.tiffany.com/our-story/

https://www.fastcompany.com

https://www.pentagram.com/work/tiffany-co/story

https://www.thejewelleryeditor.com/jewellery/

https://www.pantone.com/articles/case-studies

https://www.businessinsider.com/tiffany-and-co.

https://www.luxuryabode.com/blog/the-brand-story-of-tiffany---co/

关于法拉利

https://www.ferrari.com/zh-CN/history

https://blog.dupontregistry.com/news/636605/ferrari-faq/

https://interestingengineering.com/transportation/13-facts-about-ferraris-you-didnt-know

https://www.granturismoevents.com/story-the-epic-story-behind-the-ferrari-and-lamborghini-rivalry/

关于苹果公司

艾萨克森.史蒂夫·乔布斯传（修订版）[M].管延圻等，译.北京：中信出版集团，2014.

亚当·蓝辛斯基.苹果内幕[M].台北：台湾大块文化出版社，2012.

关于爱马仕

https://www.hermes.com/ca/en/content/271366-six-generations-of-artisans/

https://martinroll.com/resources/articles/strategy/hermes-the-strategy-behind-the-global-luxury-success/

https://www.fastcompany.com/90605195/hermes-most-innovative-companies-2021

https://www.fashionintime.org/hermes/

https://www.vanityfair.com/style/2021/09/in-the-details-hermes

克里斯蒂安·布朗卡特.爱马仕总裁日记[M].纪江红，徐碧茗，译.上海：上海三联书店，2023.

关于范思哲

https://gevrilgroup.com/versace/world-of-versace-fashion-house/

https://www.factinate.com/people/versace-family-facts/

https://www.luxuryabode.com/blog/versace--the-brand-story/

关于劳斯莱斯

https://www.rolls-royce.com/about/our-history.asp

https://www.rolls-roycemotorcars.com.cn/zh-CN/journal.html

https://www.sohu.com/a/169426342_385210

https://new.qq.com/rain/a/20200817A07TNP00

关于丽兹·卡尔顿

Schulze H. Excellence Wins: A No-Nonsense Guide to Becoming the Best in a World of Compromise [M]. Michigan: Zondervan, 2019.

关于星巴克

霍华德·舒尔茨,多莉·琼斯·扬.将心注入 [M].文敏,译.北京:中信
出版集团出版,2011.

霍华德·舒尔茨,乔安·戈登.一路向前 [M].张万伟,译.北京:中信出
版集团出版,2015.

霍华德·舒尔茨著.从头开始 [M].吴果锦,译.北京:北京联合出版公司,
2020.

关于迪士尼

马蒂·斯克拉.造梦者:迪士尼如何点亮神奇的创意 [M].冷迪,译.杭州:
浙江人民出版,2016.

https://www.disney.com/

https://d23.com/disney-history/

https://www.disneyfoodblog.com/

https://disneyparks.disney.go.com/blog/latest-stories/

关于四季酒店

Sharp I. Four Seasons: The Story of a Business Philosophy [M]. Portfolio
Hardcover, 2009.

https://www.fourseasons.com/about_four_seasons/four_seasons_history/

https://www.company-histories.com/Four-Seasons-Hotels-Inc-Company-
History.html

后　记

（Postscript）

在以往十八年的商业咨询生涯中，我几乎每周都会和各行业前二十强的央企、上市公司、民企等甲方领导开会，因为酒店、景区类项目都属于重资产，涉及这类资产的投资决策少则两三亿，多则十几亿、几十亿的资金。而会上讨论最多的问题都是如何创造价值制高点？如何通过营销获取流量？如何打造国人自己的品牌？如何做一家基业长青的伟大企业？这也就意味着我每天都要面对和思考这些价值百万美元的问题。在早年的求学生涯中，无论是在荷兰的马斯特里赫特作为交换生进修，还是在瑞士理诺士酒店管理学院求学期间，甚至后来在法国索邦商学院读 MBA，都没能找到一套简洁、透彻、自洽的品牌理论。在工作过程中，我又找来德鲁克、明茨伯格、戴明、杰克·韦尔奇的书籍以及麦肯锡、波士顿战略咨询公司的资料来研究，依然没能发现一个用三句话就能讲清楚的品牌理论。

慢慢地，我逐渐意识到这是工业时代的学术局限性使然，不要指望前人可以跨越时代为你解决此刻的问题。习近平总书记曾说："这是一个需要理论而且一定能够产生理论的时代，这是一个需要思想而且一定能够产生思想的时代。我们不能辜负了这个时代。"[①]这段话给我带来的触动很大，我开始思考：中国的理论界不能只是跟在西方学术界后面亦步亦趋了，我们完全可以让自己站在世界的高度来思考，

[①] 习近平：在哲学社会科学工作座谈会上的讲话［EB/OL］.新华网，http://www.xinhuanet.com/politics/2016–05/18/c_1118891128.htm，2016–05–18.

并提出自己的理论构想，指导商业实践中面临的种种现实挑战。无论是否能被西方学术界认可，但至少要有勇气去尝试。

其实，我最开始的想法是将这个"品牌三一律理论"在国际学术期刊上发表，但回想起在索邦商学院写毕业论文时，导师一再阻止我提出太多原创思想，而是让我多多引用现有的理论成果。但是现有的工业时代的品牌理论是有明显缺陷和谬误的，我怎能将自己的思想框架设定在一些存在谬误的前提假设上呢？由此我意识到西方学术界的游戏规则是维护一个蜗居在象牙塔中的、既得利益者的小学术圈子，只有让后来者多多引用那些"圈内人"的理论假设，才能稳固他们的学术地位。但问题是，社会科学不是"科学"，与物理、化学、数学有着本质的不同，只有突破前人的框架才能获得新的认知和洞见，而不是像自然科学领域那样必须建构在前人的研究成果之上，研究社会科学问题更像是画一只大象，即使前人把象腿、象鼻、象尾巴画得很精确了，如果他们囿于时代的局限，没能看到大象的全貌，那就依然没能正确回答"大象是什么"这个问题。

去年初离开工作了十八年的浩华顾问公司（Horwath HTL），终于有了一些整块的时间来梳理这么多年的商业实践和个人思考，把以往在各大峰会演讲、在大学授课的观点和案例都整理出来，提炼成一个简洁、有效、易用的品牌打造方法论。第一稿出来时 word 字数达到了 28 万，和本书的编辑朱老师讨论后，决定把字数压缩下来。开始我还很犹豫，觉得哪块内容都不舍得砍掉，这也说明当时我的不自信，害怕由于内容精简下来会削弱书的价值。但我问自己：如果这本书像《石头记》一样诞生在没有印刷机的时代，你觉得读者会为了看你的内容而传抄吗？如果不能，就说明精炼得不够。这样一想就豁然开朗了，前后在六个月的时间里从第一个字到最后一个字，先后共优化、精简了十五遍，如今呈现在读者面前的这本书 word 字数在十八万左右。当然，经过高度浓缩、精炼之后，这本书颇有尤瓦尔·赫拉利《人类简史》那样的文风了，要想读懂这本书，对于读者自身的商业实践的经历、理论功底、知识结构的要求也非常高。

我也想通过这本书向给我带来人生启迪的几本经典名著及它们的作者致敬：

● 纳粹集中营的幸存者，奥地利心理学家维克多·弗兰克的《追寻生命的意义》

● 美国社会学家尼尔·唐纳德·沃尔什的《与神对话》

● 当代中国知识分子的脊梁——傅雷的《傅雷家书》以及他翻译的罗曼·罗兰的《约翰·克里斯朵夫》、丹纳的《艺术哲学》

● 美国科普作家卡尔·萨根的《布鲁卡的脑——对科学传奇的反思》

● 美国未来学家凯文·凯利的三部曲《失控》《科技想要什么》《必然》

这些经典著作一直陪伴着我，为我构筑起了一个宏大的精神空间，也带给我无穷的力量。我试着将自己的感悟归纳成九个字，就是：入窄门，行远路，见微光。

当然，我也希望这本《终极品牌》能为读者带来宏大的精神视野和格局，提供一种精神通达之后的勇气和力量。如果真能实现这个效果，也就算把这些伟大作者们交到我手里的"微光"继续向下传递了！

此刻我忽然想起一件往事：早年在瑞士理诺士酒店学院学习时，曾在一间米其林餐厅的厨房实习，实习生活非常艰辛且充满压力，是我此生最艰难的阶段。厨房有个瑞士的副厨师长，是个很善良且有喜感的人。每天大家下班离开前说再见的时候，他都会看着你的眼睛说：I love you, too. 我第一次听了一脸懵，这是一个承接句，人家也没上句，你咋就冒出个下句呢？觉得他可能就是个没心没肺的人，就呵呵一笑过去了。可是几个月下来，每天都听他说这么一遍，我们这些小孩似乎被施了魔法，都把他当成了自己的亲人一样，心里充满了温暖……几年后我学业结束要离开瑞士了，那会儿因为找工作的事不太顺利，父母又催着回国，心情一直很郁闷。我坐火车来到卢塞恩，和他相约在卢塞恩"哭泣的狮子"景点旁一个咖啡馆见面，那会儿是九月中，阴雨绵绵，我们坐在温暖的咖啡厅里，透过落地窗，望着远处已经被第一场雪染成白色的皮拉图斯山峰。我说：我要回中国了，也不知道未来会怎样，会找到什么样的工作、会开始怎样的人生……，他盯着我的眼睛，缓缓地说："Allan，无论怎样，要做一个热爱生活的人，对世界永远保持好奇，但别让它轻易改变你。"回国之后，由于无法使用脸书和 GMAIL，也就和他失掉了联系。但我一直记得他的忠告。

最后，我想把这句忠告送给所有未曾谋面的、这本书的读者们，还有我远在英国的两个孩子——蒋瀚睿、蒋瀚德："无论怎样，要做一个热爱生活的人，对世界永远保持好奇，但别让它轻易改变你……and I love you, too."

蒋海峰

2024 年 5 月 24 日于北京国贸中心